# 高校人才培养的理论与实践探索
## ——2018年度陕西高等院校国家级教学成果奖汇编

GAOXIAO RENCAI PEIYANG DE LILUN YU SHIJIAN TANSUO

主　编　刘建林
副主编　郭立宏

National
Teaching
Achievement
Award

西北大学出版社

图书在版编目（CIP）数据

高校人才培养的理论与实践探索：2018年度陕西高等院校国家级教学成果奖汇编/刘建林主编.--西安：西北大学出版社，2019.9
ISBN 978-7-5604-4439-0

Ⅰ.①高… Ⅱ.①刘… Ⅲ.①高等学校—人才培养—教学研究—陕西—文集 Ⅳ.①G649.2—53

中国版本图书馆CIP数据核字（2019）第226874号

# 高校人才培养的理论与实践探索
## ——2018年度陕西高等院校国家级教学成果奖汇编

| | |
|---|---|
| 主　　编 | 刘建林 |
| 副 主 编 | 郭立宏 |
| 出版发行 | 西北大学出版社 |
| 地　　址 | 西安市太白北路229号 |
| 邮　　编 | 710069 |
| 电　　话 | 029-88302825 |
| 经　　销 | 全国新华书店 |
| 印　　装 | 陕西向阳印务有限公司 |
| 开　　本 | 787毫米×1092毫米　1/16 |
| 印　　张 | 19 |
| 字　　数 | 380千字 |
| 版　　次 | 2019年9月第1版 |
| 印　　次 | 2019年9月第1次印刷 |
| 书　　号 | ISBN 978-7-5604-4439-0 |
| 定　　价 | 98.00元 |

本版图书如有印装质量问题，请拨打029-88302966予以调换。

# 《高校人才培养的理论与实践探索
## ——2018年度陕西高等院校国家级教学成果奖汇编》

## 编 委 会

主　任：刘建林

副主任：郭立宏　　王正斌　　胡海宁

编　委：姚聪莉　　何玉麒　　杨　鹏

　　　　李尧远　　何文来　　伍小东

# 前 言

高等教育国家级教学成果奖是国家在教学研究和实践领域中颁授的最高奖项。在全国开展教学成果奖励活动是国家实施科教兴国战略、人才强国战略和落实立德树人根本任务的重要举措,是对高等教育领域人才培养工作和教育教学改革成果的检阅和展示。每一项获奖成果,都凝聚着奋斗在高等教育战线上的教育工作者的心血、汗水和智慧,都代表了近年来高等教育领域在教学改革和人才培养方面所取得的重大进展和杰出成就。

2018年12月,教育部公布了第八届国家级教学成果奖评选结果,陕西省本科高校教学成果显著。在本届教学成果奖评审中,陕西省本科高校共获奖42项,其中一等奖7项(含军校1项)、二等奖35项。推荐项目获奖率全国第2,一等奖获奖数全国第3,获奖总数全国第3。西安交通大学与浙江大学获奖数并列全国高校第1,3所高校实现历史"零"的突破,取得历史性的好成绩。陕西高校在本次评奖中取得的成绩,是陕西省近年来采取的加强分类指导、优化学科专业结构、创新人才培养机制、建设优质教育资源共享体系等一系列高等教育改革举措成效的体现,代表了陕西高等教育人才培养理论与实践的最高水平。

《教育部关于批准2018年国家级教学成果奖获奖项目的决定》(以下简称《决定》)明确指出:各级教育行政部门和各级各类学校要结合实际情况,认真学习和应用好获奖成果,以习近平新时代中国特色社会主义思想为指导,进一步深入贯彻党的十九大和全国教育大会精神,落实好《中共中央 国务院关于全面深化新时代教师队伍建设改革的意见》,深化教育改革,推进素质教育,创新教育方法,提高人才培养质量,努力培养德智体美劳全面发展的社会主义建设者和接班人。

为认真贯彻《决定》的要求,对获奖作品进行展示、宣传和转化,让更多高校从先进的成果中受益,进一步深化教育教学改革,提高人才培养质量,加快陕西本科高校的现代化进程,推动陕西教育强省战略的实现,本书汇编了陕西本科高校2018年获得的41项(不含军队院校)国家级教学成果,以供广大同仁学习、借鉴和运用。

编 者

2019 年 8 月

# 陕西省2018年本科院校国家级教学成果奖获奖项目名单
（按评审结果排序）

## 一等奖成果

| 序号 | 成果名称 | 成果完成人 | 成果完成单位 | 成果推荐单位 |
|---|---|---|---|---|
| 1-25 | 一流学科支撑，一流教师领航，一流航宇材料人才培养体系的改革与实践 | 李贺军,张 军,王永欣,李文亚,李克智,耿 林,杨延清,李付国,王锦程,董文强,李金山,苏彦庆,陈忠伟,闫久春 | 西北工业大学,哈尔滨工业大学 | 陕西省教育厅 |
| 1-26 | 面向国家急需，构建"三位一体"集成电路人才培养模式的改革与实践 | 郝 跃,张进成,郑雪峰,庄奕琪,张玉明,冯晓丽,侯晓慧,赵树凯,程 珺,蔡觉平,张士红,柴常春 | 西安电子科技大学 | 陕西省教育厅 |
| 1-28 | 服务国家战略新兴产业，研究和推广物联网工程专业人才培养体系 | 桂小林,傅育熙,王 东,黄传河,温莉芳,秦磊华,朱 敏,李士宁,胡成全,吴功宜 | 西安交通大学,上海交通大学,武汉大学,华中科技大学,西北工业大学 | 陕西省教育厅 |
| 1-38 | 课程与时俱进，重大项目引领，着力品行养成，构建创新型研究生一流培养平台 | 陶文铨,何雅玲,王秋旺,何茂刚,李增耀,唐桂华,赵小明,刘志刚 | 西安交通大学 | 陕西省教育厅 |
| 1-41 | 探索理论，更新理念，厘革路径，贯穿PACE要素的三元课堂模式创新与实践 | 李贵安,衣新发,宋永成,何聚厚,龙宝新,郑海荣,乜 勇,李铁绳,王文博,李正德,耿晓丹 | 陕西师范大学 | 陕西省教育厅 |

续表

| 序号 | 成果名称 | 成果完成人 | 成果完成单位 | 成果推荐单位 |
|---|---|---|---|---|
| 1-48 | 面向国防重大需求"五维一体"的国防科技创新人才培养体系构建与实践 | 王海燕,张卫红,李勇,李春科,晁小荣,郭喜平,李玉龙,林欢欢,李圣,谢发勤,侯俊 | 西北工业大学 | 陕西省教育厅 |
| **二等奖成果** | | | | |
| 2-10 | 创建"五阶段递进式"教师教学培养体系 打造一流师资队伍 引领西部教师发展 | 马知恩,王小力,鲍崇高,张健,雷利利,赵欣,李远康,左莹莹,董喆,张明,李宏荣,吉康敏,朱继洲,胡奈赛 | 西安交通大学 | 陕西省教育厅 |
| 2-29 | 基于经典细读与方法引导的古代文学创新人才培养系列教材建设与教学实践 | 李浩,段建军,张文利,李芳民,成明明,田苗,杨新平,杨遇青,邱晓,赵阳阳 | 西北大学 | 陕西省教育厅 |
| 2-31 | 中国古代文学博士研究生培养模式的探索与实践 | 张新科,霍松林,刘锋焘,高益荣,刘生良,傅绍良,吴言生,赵望秦,霍有明,曹胜高,高一农,柏俊才,杨晓斌,程世和 | 陕西师范大学 | 陕西省教育厅 |
| 2-34 | 翻译专业人才协同培养体系创新与实践 | 贺莺,王军哲,曹怀军,张旭,李向东,祖赟,崔启亮,石丁,李程,王晓东 | 西安外国语大学,环球时报在线(北京)文化传播有限公司,知识产权出版社,中译语通科技(陕西)有限公司 | 陕西省教育厅 |

续表

| 序号 | 成果名称 | 成果完成人 | 成果完成单位 | 成果推荐单位 |
|---|---|---|---|---|
| 2-41 | 十年坚守:创新中华经典学习与汉字教育体系,提升大学生人文素养 | 党怀兴,李贵安,刘生良,曹胜高,郭迎春,石洛祥,王文博,朱晓彧,余志海,张向侠,张小东 | 陕西师范大学 | 陕西省教育厅 |
| 2-60 | 五位一体、贯通融合的复合型美术类创新创业人才培养体系构建与实践 | 郭线庐,贺 丹,李云集,王彬羽,李四军,闫 伟,廖宗蓉,韩晓剑,李路葵,万晶晶,李 巍,谢 瑶,王中乐,吴 靖,张 乐 | 西安美术学院 | 陕西省教育厅 |
| 2-99 | 注重基础 强化实践 以国际化视野构建矿物岩石学"434"教学新体系 | 赖绍聪,刘养杰,刘林玉,陈丹玲,康 磊 | 西北大学 | 陕西省教育厅 |
| 2-103 | "不忘初心三十载"——电波传播高层次创新人才培养的改革与实践 | 郭立新,吴振森,魏 兵,李平舟,林 波,张 民,李江挺,郭宏福,韩香娥,金阳群 | 西安电子科技大学 | 陕西省教育厅 |
| 2-126 | 集一流队伍、建一流基地、创一流环境,培养一流力学人才 | 王铁军,李跃明,吴 莹,殷 民,张亚红,申胜平,胡淑玲,陈玲莉,陈振茂,徐志敏,刘书静,侯德门,田 征 | 西安交通大学 | 陕西省教育厅 |
| 2-139 | 深化内涵,创新路径,多方协同:机械工程领军潜质人才培养"一五三"新模式 | 陈雪峰,卢秉恒,王永泉,段玉岗,李 兵,徐莉莉,郭艳婕,李瑞萍 | 西安交通大学 | 陕西省教育厅 |

续表

| 序号 | 成果名称 | 成果完成人 | 成果完成单位 | 成果推荐单位 |
|---|---|---|---|---|
| 2-141 | "上天入海、四维融合",构建工业设计创新人才培养体系 | 余隋怀,陈登凯,苟秉宸,于明玖,初建杰,卢凌舍,王淑侠,吴 通 | 西北工业大学 | 陕西省教育厅 |
| 2-144 | 面向西部的绿色建筑多层次人才培养模式建构与实践 | 刘加平,杨 柳,雷振东,李志民,叶 飞,李 昊,李 钰,张 倩,王 芳,何文芳,宋 冰 | 西安建筑科技大学 | 陕西省教育厅 |
| 2-150 | 聚焦海洋强国战略,面向卓越人才培养的行业特色专业综合改革与实践 | 杨益新,宋保维,王惠刚,潘 光,杜向党,张效民,胡海豹,崔荣鑫,姜 军,卓 颉,张立川,曹永辉,史文涛,蒲传新,李道江 | 西北工业大学 | 陕西省教育厅 |
| 2-165 | 基于"提高解决复杂地质问题能力"的地质类专业创新人才培养体系构建与实践 | 范 文,杨兴科,李同录,焦建刚,彭建兵,李永军,卢全中,李荣西,刘建朝,祝艳波 | 长安大学 | 陕西省教育厅 |
| 2-167 | 主动适应多元需求,因材施教个性发展,培养特色鲜明的材料类高层次人才 | 孙 军,王红洁,张立学,丁向东,单智伟,高义民,李长久,邢建东 | 西安交通大学 | 陕西省教育厅 |
| 2-174 | 校企全过程深度融合的软件工程实践教学体系构建与实践 | 郑江滨,樊晓桠,李 辉,刘志强,马春燕,蔡康英,郑 炜,周 玲 | 西北工业大学 | 陕西省教育厅 |

续表

| 序号 | 成果名称 | 成果完成人 | 成果完成单位 | 成果推荐单位 |
|---|---|---|---|---|
| 2-183 | 以能力为核心,"三强递进式"培养电子信息类创新人才的改革与实践 | 郭宝龙,李建东,石光明,赵韩强,杨敏,黎娜,辛红,毛立强,王林雪,李亚汉,朱伟,张宇鹏,云广平 | 西安电子科技大学 | 陕西省教育厅 |
| 2-188 | "五位一体"大学生信息设计创新能力分类培养模式改革与实践 | 耿国华,董卫军,李剑利,彭进业,李康,张志勇,屈健,张蕾,刘晓宁,冯筠,赵武,王小凤 | 西北大学 | 陕西省教育厅 |
| 2-192 | 明确目标、创新模式、强化能力,培养电气工程领军型人才的研究与实践 | 罗先觉,别朝红,杨旭,荣命哲,刘进军,李盛涛,王兆安,张保会,杨爽,方丽 | 西安交通大学 | 陕西省教育厅 |
| 2-195 | 创建大学生"系统性实践"模式,培育航天创新人才 | 周军,刘莹莹,于晓洲,牟蕾,郭建国,黄河,李春科,刘光辉,白博,李朋,张佼龙,谭雁英,刘睿,薛国粮,卢晓东 | 西北工业大学 | 陕西省教育厅 |
| 2-197 | 面向国家战略与行业需求的公路交通类本科拔尖创新人才培养的探索与实践 | 沙爱民,申爱琴,蒋玮,张洪亮,张驰,陈红,马骉,胡力群,马峰,陈华鑫,秦雯 | 长安大学 | 陕西省教育厅 |
| 2-202 | 面向纺织行业转型升级,"一强化三突出五融合"实践育人体系的构建与实施 | 刘江南,黄新波,万明,王进富,赵小惠,郭嫣,吕钊,王进美,刘静 | 西安工程大学 | 陕西省教育厅 |

续表

| 序号 | 成果名称 | 成果完成人 | 成果完成单位 | 成果推荐单位 |
|---|---|---|---|---|
| 2-203 | 适应行业转型升级的轻工类专业"323"人才培养模式构建与实践 | 马建中,王学川,弓太生,鲍艳,蒲永平,张辉,张素风,吕斌,强涛涛,陈李斌,吴鲁阳 | 陕西科技大学 | 陕西省教育厅 |
| 2-222 | 德育为先、实践为重、特色为本的森林保护专业创新人才培养体系改革与实践 | 谢寿安,唐明,李孟楼,陈辉,韩崇选,余仲东,贺虹,郭新荣,汪爱兰,王娟娟,杨士同 | 西北农林科技大学 | 陕西省教育厅 |
| 2-240 | 中医研究生"院校+分层师承"培养模式的构建与实践 | 闫咏梅,周永学,邢玉瑞,张慧,卫昊,陈震霖,杨景锋,王亚丽,辛静,董盛 | 陕西中医药大学 | 陕西省教育厅 |
| 2-258 | 国际化视野下大学生工程能力培养体系的构建与实施 | 郭涛,李建东,傅丰林,苏涛,谢琨,孙肖子,周端,胡晓娟,左愿远,刘涛,陈彦辉,周佳社,李勇朝,孔难难,王小娟 | 西安电子科技大学 | 陕西省教育厅 |
| 2-262 | 高校思政课"三理贯通、三环相扣"的教学理念和实践模式 | 王宏波,燕连福,苏玉波,卢黎歌,陆卫明,刘儒,陈建兵,周远,郑冬芳,李永胜,杨华,宋永平,马金玲,宋希斌,韩锐,樊晓燕 | 西安交通大学 | 陕西省教育厅 |
| 2-278 | 渗透家国情怀的工科专业育人模式研究与实践 | 郑晓静,夏永林,石光明,李波,李瑾,秦明,刘建伟,刘丰雷,李云松,刘宏伟,马建峰,傅超,辛红 | 西安电子科技大学 | 陕西省教育厅 |

续表

| 序号 | 成果名称 | 成果完成人 | 成果完成单位 | 成果推荐单位 |
|---|---|---|---|---|
| 2-301 | 首创教学质量实时监测大数据平台 打造采评督帮"四精模式"新课堂 | 郑庆华,田锋,锁志海,张萍,徐墨,鲍崇高,刘俊,张俊斌,周远,李德成 | 西安交通大学 | 陕西省教育厅 |
| 2-323 | 科学选拔,因材施教,敦笃育人——西安交大少年班32年拔尖创新人才培养探索与实践 | 朱世华,郑庆华,杨森,宋红霞,王娟,邱捷,訾艳阳,李福利,张爱民,梅红,王佩东,张昕 | 西安交通大学 | 陕西省教育厅 |
| 2-326 | 创新驱动,构建知行合一卓越工程人才培养体系 | 韩玲,王腾军,白璘,李艳波,惠萌,田永瑞,黄鹤,汪贵平,王会峰,黄观文,赵超英,顾俊凯,武奇生,雷旭,杨耘,王爱萍 | 长安大学 | 陕西省教育厅 |
| 2-360 | 西部地方高校应用型创新人才可持续发展能力培养体系的研究与实践 | 刘晓君,高明章,邵必林,马川鑫,黄廷林,郭振宇,高旭阔,张成中,姚继涛,何廷树,赵会朋,周元臻,陈向阳,郑成华,任建国 | 西安建筑科技大学 | 陕西省教育厅 |
| 2-367 | 理论引领,平台支撑,模式创新,高校教师专业能力发展的有效探索与实践 | 赵彬,胡卫平,党怀兴,李贵安,何聚厚,傅钢善,石洛祥,石云,胡雯洁,王文博,李正德,段海军 | 陕西师范大学 | 陕西省教育厅 |

续表

| 序号 | 成果名称 | 成果完成人 | 成果完成单位 | 成果推荐单位 |
|---|---|---|---|---|
| 2-380 | 校企协同、创新引领,打造"两交叉四融合"菁英班实践育人新模式 | 徐忠锋,管晓宏,王小华,陈立斌,段玉岗,罗新民,吴莹,陈磊,曹猛,高腾 | 西安交通大学 | 陕西省教育厅 |
| 2-399 | 以提升学生实践与创新能力为核心的"多学科融合式"基础实验教学探索与实践 | 张尊听,白云山,杨万民,张宗权,段玉峰,刘志存,彭菊芳,秦健,张玉梅,闫生忠,苏惠敏,强雪 | 陕西师范大学 | 陕西省教育厅 |

# 目 录

成果一 一流学科支撑,一流教师领航,一流航宇材料人才培养体系的
改革与实践 ………………………………………………………………（1）

成果二 面向国家急需,构建"三位一体"集成电路人才培养模式的改革
与实践 ……………………………………………………………………（8）

成果三 服务国家战略新兴产业,研究和推广物联网工程专业人才培养
体系 ………………………………………………………………………（16）

成果四 课程与时俱进,重大项目引领,着力品行养成,构建创新型研究生
一流培养平台 ……………………………………………………………（19）

成果五 探索理论,更新理念,厘革路径,贯穿 PACE 要素的三元课堂
模式创新与实践 …………………………………………………………（27）

成果六 面向国防重大需求 "五维一体"的国防科技创新人才培养体系
构建与实践 ………………………………………………………………（34）

成果七 创建"五阶段递进式"教师教学培养体系 打造一流师资队伍
引领西部教师发展 ………………………………………………………（39）

成果八 基于经典细读与方法引导的古代文学创新人才培养系列教材
建设与教学实践 …………………………………………………………（48）

成果九 中国古代文学博士研究生培养模式的探索与实践 ………………………（54）

成果十 翻译专业人才协同培养体系创新与实践 ……………………………………（63）

成果十一 十年坚守:创新中华经典学习与汉字教育体系,提升大学生
人文素养 …………………………………………………………………（70）

— 1 —

成果十二　五位一体、贯通融合的复合型美术类创新创业人才培养体系
　　　　　构建与实践……………………………………………………（77）

成果十三　注重基础　强化实践　以国际化视野构建矿物岩石学"434"
　　　　　教学新体系……………………………………………………（83）

成果十四　"不忘初心三十载"
　　　　　——电波传播高层次创新人才培养的改革与实践…………（91）

成果十五　集一流队伍、建一流基地、创一流环境，培养一流力学人才……（99）

成果十六　深化内涵，创新路径，多方协同：机械工程领军潜质人才培养
　　　　　"一五三"新模式………………………………………………（106）

成果十七　"上天入海、四维融合"，构建工业设计创新人才培养体系……（113）

成果十八　面向西部的绿色建筑多层次人才培养模式建构与实践………（118）

成果十九　聚焦海洋强国战略，面向卓越人才培养的行业特色专业综合
　　　　　改革与实践……………………………………………………（127）

成果二十　基于"提高解决复杂地质问题能力"的地质类专业创新人才
　　　　　培养体系构建与实践…………………………………………（133）

成果二十一　主动适应多元需求，因材施教个性发展，培养特色鲜明的
　　　　　　材料类高层次人才…………………………………………（142）

成果二十二　校企全过程深度融合的软件工程实践教学体系构建与实践……（149）

成果二十三　以能力为核心，"三强递进式"培养电子信息类创新人才的
　　　　　　改革与实践…………………………………………………（154）

成果二十四　"五位一体"大学生信息设计创新能力分类培养模式改革
　　　　　　与实践………………………………………………………（162）

成果二十五　明确目标、创新模式、强化能力，培养电气工程领军型人才
　　　　　　的研究与实践………………………………………………（170）

成果二十六　创建大学生"系统性实践"模式，培育航天创新人才………（177）

成果二十七　面向国家战略与行业需求的公路交通类本科拔尖创新人才
　　　　　　培养的探索与实践…………………………………………（184）

成果二十八　面向纺织行业转型升级,"一强化三突出五融合"实践育人
　　　　　　体系的构建与实施 …………………………………………（191）

成果二十九　适应行业转型升级的轻工类专业"323"人才培养模式构建
　　　　　　与实践 ………………………………………………………（199）

成果三十　　德育为先、实践为重、特色为本的森林保护专业创新人才培养
　　　　　　体系改革与实践 ……………………………………………（205）

成果三十一　中医研究生"院校＋分层师承"培养模式的构建与实践 ………（211）

成果三十二　国际化视野下大学生工程能力培养体系的构建与实施 ………（218）

成果三十三　高校思政课"三理贯通、三环相扣"的教学理念和实践模式 …（223）

成果三十四　渗透家国情怀的工科专业育人模式研究与实践 ………………（228）

成果三十五　首创教学质量实时监测大数据平台　打造采评督帮"四精
　　　　　　模式"新课堂 ………………………………………………（235）

成果三十六　科学选拔,因材施教,敦笃育人
　　　　　　——西安交大少年班32年拔尖创新人才培养探索与实践……（240）

成果三十七　创新驱动,构建知行合一卓越工程人才培养体系………………（245）

成果三十八　西部地方高校应用型创新人才可持续发展能力培养体系的
　　　　　　研究与实践 …………………………………………………（253）

成果三十九　理论引领,平台支撑,模式创新,高校教师专业能力发展的
　　　　　　有效探索与实践 ……………………………………………（262）

成果四十　　校企协同、创新引领,打造"两交叉四融合"菁英班实践育人
　　　　　　新模式 ………………………………………………………（270）

成果四十一　以提升学生实践与创新能力为核心的"多学科融合式"基础
　　　　　　实验教学探索与实践 ………………………………………（278）

## 成果一

# 一流学科支撑，一流教师领航，一流航宇材料人才培养体系的改革与实践

（成果编号：1-25）

### ■ 获奖等级
一等

### ■ 完成单位
西北工业大学，哈尔滨工业大学

### ■ 主持人
李贺军，教授，博士生导师，国家杰出青年科学基金获得者。现为西北工业大学材料学院院长，国家自然科学基金委员会创新研究群体学术带头人，超高温结构复合材料重点实验室副主任，先进材料及成形技术"111"创新引智基地负责人，教育部科技委材料学部委员，中国材料研究学会常务理事，中国复合材料学会常务理事。主要从事先进碳/碳复合材料、纸基摩擦材料、纳米材料和液固挤压成形等方面的研究。获得国家技术发明奖二等奖2项，国家教学成果奖二等奖1项，省部级一等奖5项，二、三等奖7项。曾先后获得陕西省"三五人才"、国防科技工业有突出贡献的中青年专家、全国模范教师、全国百篇优秀博士论文指导教师、三秦学者等荣誉。

### ■ 团队成员
李贺军，张军，王永欣，李文亚，李克智，耿林，杨延清，李付国，王锦程，董文强，李金山，苏彦庆，陈忠伟，闫久春

### ■ 成果简介
航宇材料对国家安全、航空航天、高技术武器装备具有强烈的支撑、引领和战略性作用。西北工业大学和哈尔滨工业大学材料学院经过60余年的发展，已形成国际知名、国内一流、航宇特色显著的材料学科。在2012年学科评估中两校材料学科

并列第三,2017年均为A,并同时入选"双一流"学科建设名单。两校材料学科师资力量雄厚,科教平台一流,共拥有11位院士、25位长江学者、杰青、8个国家级科研平台,自2002年以来荣获国家科技三大奖29项。

立项之初,正值西部大开发、东北再振兴、国防大加强、教育大发展时期,国防特色院校在人才培养方面面临新的机遇与挑战。在傅恒志、雷廷权两位院士倡导下,两校材料学院于2004年签署全面合作协议,强强联合,优势互补,协同育人。

在国家级教学研究项目支撑下,通过深度科教融合、重构课程体系、拓展专业面向、推进国际化办学等方法,解决了如何将学科优势、师资优势转化为教学优势的难题。提出了"立足学科优势,面向航宇特色,基础实践并重,强化创新发展"的教学理念,构建了"寓教于研、寓学于研"的人才培养机制,贯通了"开放共享,协同育人"的人才培养途径,最终构筑了"一流学科支撑,一流教师领航,培养一流航宇材料人才"的体系。

经过16年的改革、实践与应用,两校材料学院为国防科技事业和国民经济建设输送了大批高层次优秀人才,50余名毕业生在航空航天领域已成长为型号副总师以上的领军人才,40余名毕业生获得万人计划领军人才、杰青、优青等国家级人才称号。国务院总理李克强、原副总理马凯、全国人大原副委员长路甬祥、工信部部长苗圩等领导在视察材料学院时对人才培养给予充分肯定。

成果已在清华大学、上海交通大学、北京航空航天大学等院校推广应用。新增2个国家级教学平台,1个国家级特色专业和西北首家中外联合办学机构。建成5门次国家级课程,出版教材、专著67部,发表教改论文19篇。获得省级教学成果奖特等奖1项、一等奖2项、二等5项。

主要解决了3个突出问题(图1-1):

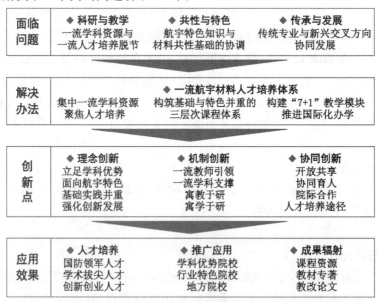

图1-1 成果框架结构

（1）科研与教学。一流学科资源与一流人才培养脱节问题。如何让一流教师上讲台、一流成果进教材、一流学术思想进头脑、一流实验室向本科生开放，是研究型大学面临的首要问题。

（2）共性与特色。航宇特色知识与材料共性基础协调问题。如何在夯实材料共性基础的同时，彰显航宇材料特色，实现二者协调发展，是行业特色型大学亟待破解的难题。

（3）传承与发展。传统专业与新兴交叉方向协同发展问题。如何在传统优势专业的基础上，大力发展新兴交叉学科方向，以适应新技术、新产业和新型武器装备对人才培养的新需求。

■ 成果总结报告

## 《一流学科支撑，一流教师领航，一流航宇材料人才培养体系的改革与实践》成果总结报告

### 一、成果解决教学问题的方法

两校材料学院以一流学科为依托，一流师资为引领，一流航宇材料人才培养为目标，坚持立德树人的根本要务，突出人才培养的中心地位，主要采取了以下方法。

（一）集中一流学科资源聚焦人才培养，推行研究型教学模式，实现深度科教融合

实施名师引领计划，组建课程教学团队，75%以上的专业课程由教授主讲，教授为本科生授课比例达95%。开展小班授课，推进研讨式教考模式改革。傅恒志院士连续6年为两校学生讲授"材料科学基础知识十讲"，并担任首届"翱翔英才追梦班"名誉班主任；项目负责人李贺军教授带领所有长江学者、杰青、千人组成团队，持续8年为全院新生开设研讨课并向全校开放，建成国家级精品视频公开课——材料科学与工程导论。

所有科研平台对本科生开放，国家级重点实验室承担90%以上的实践教学和创新创业活动；毕业论文选题90%以上来自国家级科研项目；国家、校、院三级大创项目覆盖70%以上学生；设立"高峰体验计划"，让最好的教师带最好的学生进最好的实验室；开设40余门学科前沿课程，让一流学术思想进头脑（图1-2）。

（二）构筑基础与特色并重的三层次课程体系，提升学生科学素养与创新能力

从所承担的国家和国防重大科研任务中提炼共性基础和前沿科学问题，将最新科研成果融入教学实践，如基于张立同院士国家技术发明一等奖和李贺军教授国家技术发明二等奖开设了"复合材料在极端环境下的服役行为"等课程。

建设"学科基础—专业核心—特色选修"三层次理论课程体系。新开"材料成

图1-2 解决方法一

形共性基础"等材料基础课"厚基础";增开"电子封装材料与工艺"等分方向专业核心课程"强能力";开设"隐身材料""高温涂层技术""空间材料学"等50余门特色选修课程"铸特色"。同时,依托国家级科教平台打造"课程实验—学科竞赛—科研创新"三层次实践课程体系;与西北有色金属研究院、中国航天四院等签订人才培养合作协议,深度参与培养计划制订修订、实习实训、创新实验等育人环节(图1-3)。

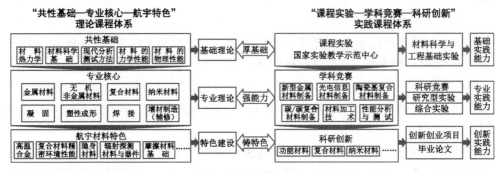

图1-3 解决方法二

(三)构建新老专业方向协同发展的"7+1"教学模块,推进国际化办学,适应人才培养新需求

面向航宇新发展,将"铸造"专业提升为"凝固"方向,基于"焊接"创建"电子封装"方向,基于"锻压"建设"精确塑性成形"方向;应对材料新挑战,新建"纳米能源材料""空间材料与加工"等方向。重构金属材料、无机非金属材料、复合材料等7个主修方向,在国内率先开设3D打印辅修方向(7+1),实现了传统专业与新兴交

叉方向的协同发展。

积极推进国防特色院校的国际化办学。依托3个国家级引智基地,与欧美十余所高校签署联合培养协议,邀请国际著名学者来校授课、讲学、指导学生。建成西北地区第一所中外合作办学机构——西北工业大学伦敦玛丽女王大学工程学院(图1-4)。

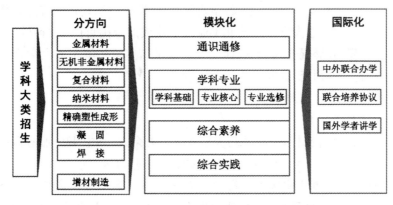

图1-4 解决方法三

## 二、成果的创新点

(一)理念创新:提出并践行了"立足学科优势,面向航宇特色,基础实践并重,强化创新发展"的教学理念

以国际知名、国内一流的优势学科为支撑,在专业方向建设上,注重学科交叉,拓宽专业口径;在课程体系建设上,夯实基础知识,强化实践教学,彰显航宇特色;在素质教育方面,提升专业素养,强化创新能力,尊重个性发展,形成了立足优势、突出特色、强化基础、注重实践、鼓励创新、独立思辨、多元发展的教学理念,实现了教学理念向教学行为的转化。

(二)机制创新:构建并激活了一流教师引领、一流学科支撑的"寓教于研、寓学于研"的人才培养机制

以制度确保一流教师引领人才培养。聘请长江学者、杰青担任材料菁英班首席教授和新生班学业导师;推行青千、优青等教师担任班主任;实行本科生导师制,一对一进行学业与职业规划指导。教师评聘考核实行教学一票否决制,确保一流教师上讲台。成立学院教学工作委员会和教师发展中心,开展"督、导、审、评"。完善师德师风制度,立德树人,言传身教,培养学生的创新能力与奉献精神。

科研平台统筹管理,实现一流平台向本科生开放。通过"高峰体验计划"、大创项目和学科竞赛等,吸纳95%以上的学生提前进学科实验室;设立科研训练学分和竞赛保研通道,激发学生自主学习和创新创业的积极性。

改革办学资源奖励分配机制,激励教师将一流科研成果融入教学。新建3D打印、空间材料与加工等新兴交叉专业方向,重构"7+1"教学模块、"3+3"分层

次理论与实践课程体系,开设40余门前沿课程,实现了由学科优势向教学优势的转化。

(三)协同创新:贯通并实践了"开放共享,协同育人"的院际合作人才培养途径

两校材料学院以开放合作为基础,定期会商为机制,逐步贯通并实践了师资互通、学分互认、学生互换、免研互推、教学资源共享、课程体系共建的院际合作人才培养途径。如哈尔滨工业大学引入西北工业大学建成的全国首门《材料科学基础》精品在线开放课程,开展混合式教学;西北工业大学借鉴哈尔滨工业大学焊接方向课程体系,引进高水平师资,提升人才培养质量。

### 三、成果的推广应用效果

(一)人才培养成效

2002年以来,两校材料学院共培养毕业生1万余人,其中42%服务国防相关单位,23%服务地方经济,大多已成长为各自领域的中坚力量。

(1)为国防科技事业输送了一批领军人才。50余名毕业生成长为航空航天领域型号副总师及以上领军人才。如毕业生隋国发担任长征运载火箭总工艺师,获得三总部联合颁发的"中国载人航天突出贡献者"奖章;中国航发沈阳发动机研究所总工艺师王少刚,负责了多种新型航空发动机的制备工艺。

(2)为高等教育及科研机构培养了一批拔尖创新人才。40余名毕业生获得万人计划领军人才、杰青、优青等国家级人才称号。如毕业生郑海荣在生物医学超声与成像方面做出突出贡献,获得国家杰出青年基金及何梁何利科技创新奖;付前刚在抗氧化涂层方面做出突出贡献,获得全国百篇优秀博士学位论文及国家自然科学奖二等奖,被评为万人计划领军人才、青拔、优青。

(3)为材料学科培养了一批具有国际化视野的杰出后备人才。每年有10%以上本科生进入MIT、牛津大学、宾夕法尼亚大学和帝国理工学院等国际著名大学攻读学位,成为具有国际化视野的杰出后备人才。如2017届本科生魏绍楼毕业即被MIT以最高等级全额奖学金录取攻读博士学位。

(4)为国民经济建设培养了一批能力突出的创新创业人才。一大批毕业生在国民经济建设主战场上做出了卓越贡献。如毕业生周小军任东方钽业技术中心主任,从事航空航天用稀有难熔金属材料及高温抗氧化涂层的研发,产品成功应用于神州十号飞船等国家重大专项,获得万人计划领军人才和全国劳动模范称号;西安铂力特激光成形技术公司总经理薛蕾,在金属3D打印材料、工艺、装备等方面做出突出贡献,创业事迹受到李克强总理的赞许。

(二)推广应用情况

本成果的教学模式、培养体系及机制等在清华大学、上海交通大学、北京航空航天大学、南京航空航天大学等10余所学科优势、行业特色及地方院校中得到推广应用,提高了创新人才的培养效果。上海交通大学材料学院认为该成果"在全国材料

类本科教学改革研究与实践中具有推广示范与引领带动作用"。

体系化教学资源辐射带动了材料类相关专业的教学发展,建成了国家精品课程、国家精品视频公开课程、国家精品资源共享课程和国家精品在线开放课程,出版省部级以上规划教材、专著67部。《材料科学基础》《材料分析方法》等教材被浙江大学、天津大学、西安交通大学等著名高校选用,累计使用量超过160万册。

(三)项目成果评价

陕西省教育厅鉴定意见认为:本成果"达到国内领先、国际先进水平,具有重要的示范与推广价值"。

国务院总理李克强、原副总理马凯、全国人大原副委员长路甬祥、工信部部长苗圩等领导在视察材料学院时对人才培养给予充分肯定。马凯在西北工业大学材料学院视察时认为:拥有"一流的人才培养、一流的科研成果、一流的大学精神"。

■ 成果二

# 面向国家急需,构建"三位一体"集成电路人才培养模式的改革与实践

(成果编号:1-26)

■ **获奖等级**

一等

■ **完成单位**

西安电子科技大学

■ **主持人**

郝跃,教授,中国科学院院士,微电子学专家,微电子学与固体电子学博士生导师。九三学社第十四届中央委员会常委和九三学社陕西省委主委,中国电子学会副理事长,国际 IEEE 学会高级会员。同时担任国务院第七届学科评议组(电子科学与技术一级学科)召集人,国家自然科学基金委员会信息科学部主任,高等院校电子信息类专业教学指导委员会主任委员,教育部科技委委员,国家重大基础研究计划(973 计划)项目首席科学家等。郝跃院士长期从事新型宽禁带半导体材料和器件、微纳米半导体器件与高可靠集成电路等方面的人才培养与科学研究工作,为我国在此领域培养了大量卓越人才。

■ **团队成员**

郝跃,张进成,郑雪峰,庄奕琪,张玉明,冯晓丽,侯晓慧,赵树凯,程珺,蔡觉平,张士红,柴常春

■ **成果简介**

集成电路芯片是电子设备的核心。21 世纪以来,我国集成电路产业得到了蓬勃发展。但由于集成电路技术进步和市场变化迅猛,我国高端集成电路一直严重依赖进口,极大地影响了国家经济发展和国防安全。而复合型创新人才的严重不足是

制约我国集成电路产业追赶超越的关键之一。

作为我国集成电路本科人才培养规模最大的高校,西安电子科技大学于2003年获批全国首批国家集成电路人才培养基地,并成立了独立的微电子学院。借鉴发达国家人才培养的先进经验,针对集成电路技术更新快、应用广的特点,确定了"基础与应用融合、产学融合、科教融合"的人才培养新理念,以技术发展和产业需求为牵引,构建并实施了"理论课程—实践能力—创新素质"的"三位一体"集成电路复合型创新人才培养模式。将本科课程整合为"基础理论""技术贯通""系统应用"3个层次,同时强化理论与应用课程之间的知识关联,打破原有课程界限,实现了跨界交叉融合,建立了贯穿物理、器件、电路到系统的课程体系,使学生具有基础厚实、多元融通、交叉复合的知识结构;与英特尔等22家国内外知名企业深度合作,构建了基本技能训练、综合能力训练、工程实践训练的"三阶段"校企合作培养体系,促使学生实践能力更加符合产业技术高速发展的需要;依托国家级教学与科研实验平台,全面推行"项目—导师制",实现本科生科研创新训练全覆盖,显著提升了本科生的创新素质。

第三方评估显示,用人单位对本专业毕业生使用满意度高。华为公司等企业对毕业生评价"基础扎实,专业理论知识丰富,动手能力强,有一定的创新精神,具有很好的社会声誉"。由于在集成电路本科人才培养方面的突出成绩,2015年西安电子科技大学获批全国首批示范性微电子学院,集成电路本科专业被武汉大学中国教育质量评价中心和中国科教评价网联合发布在2017—2018年全国高校本科专业排行榜中排名第一,2017年西安电子科技大学电子科学与技术一级学科在学科评估中被评为A+。

■ 成果总结报告

## 《面向国家急需,构建"三位一体"集成电路人才培养模式的改革与实践》成果总结报告

作为我国集成电路人才培养规模最大的高校,西安电子科技大学于2003年成为首批国家集成电路人才培养基地,并成立了独立的微电子学院。以此为契机,面对我国对高素质集成电路人才的迫切需求,借鉴发达国家人才培养的先进经验,针对集成电路内在技术更新快、外在应用范围广的特点,确定了"基础与应用融合、产学融合、科教融合"的人才培养新理念,改革理论课程体系、实践能力训练体系和创新素质培养体系,构建并实施了"理论课程—实践能力—创新素质"的"三位一体"集成电路复合型创新人才培养模式。

### 一、"三位一体"人才培养模式的改革与实践

本成果通过构建并实践"理论课程—实践能力—创新素质"的"三位一体"集成

电路专业人才培养模式,取得了以下主要成果。

（一）改革理论课程体系,践行"基础与应用多元融合"的理念

我国集成电路本科专业的建立只有 15 年历史。受历史起源影响,或继承于半导体物理与器件专业,或继承于电路与系统专业,原有的课程体系难以满足集成电路技术高速发展的需要(平均每 18 个月更新一次)。这使得我们清醒地认识到,必须根据集成电路技术的特点,建立贯穿从物理、器件、电路到系统的完整知识体系。

围绕上述思路,建立的"三层次"新课程体系(图 2-1),其主要特色如下:

(1)打破基础理论课程边界,注重课程之间的内在关联及集成电路的时序性,根据集成电路技术发展的特点,注重继承与创新,将本科课程整合为"基础理论""技术贯通"和"系统应用"3 个层次。

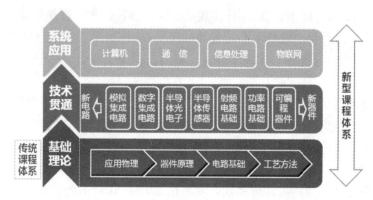

图 2-1 "三层次"的集成电路本科专业理论课程体系

(2)构建多元化的"技术贯通"和"系统应用"课程层次,强化了应用课程与理论之间的知识关联,避免专业分割,真正实现了跨界交叉融合。例如,建设系统应用类课程 4 门,满足集成电路产业从电路向系统发展的趋势,提升学生在集成电路交叉产业领域的竞争力;建设技术贯通类课程 7 门,有效地实现了从基础层到应用层的多元融通,增强了学生对产业快速发展的适应性。

(3)构建起以院士、长江学者为引领,教育部新世纪优秀人才和精品课程负责人为中坚,具有博士学位的教授/副教授为骨干的集成电路课程省级优秀教学团队,显著提升了集成电路本科专业的教学质量。

(4)将教师队伍建设、教材建设、课程建设紧密结合,以教改项目为载体,构建了以国家级和省部级精品课程为核心的高水平课程体系和高质量教材系列。例如,承担省部级教改项目 9 项,发表集成电路人才培养相关的教改论文 19 篇;出版前沿知识教材 13 部,其中 3 部被选为国家"十一五"规划教材,4 部被选为国家"十二五"规划教材,《半导体物理》与《半导体器件物理》获批省级精品资源共享课程;获得省级教学成果奖特等奖,全国多媒体课件大赛一等奖,省级优秀教学成果奖二等奖,省级教学改革成果奖一等奖,西安电子科技大学优秀教学成果奖特等奖、优质教学质量一等奖等多项,省级优秀教学团队 2 个。

## (二)改革实践能力训练体系,实施"三阶段"校企合作培养

集成电路实验平台投资大、运行维护成本高,高校教师企业工程经验相对不足,这些因素导致了开展综合性工程训练的硬件条件及师资不足。针对这一问题,我们深刻地认识到必须与企业密切合作开展实践能力培养,实现双赢。

我们建立了"三阶段"的校企合作培养模式,如图2-2所示。其主要特点是:深入调研产业需求,从基本技能训练、综合能力训练到工程实训阶段,企业参与度由浅入深,特别是工程实训阶段实现了与企业员工培训的同步化,使集成电路本科生的实践能力达到了企业和行业的高层次需求。"三阶段"成果如下。

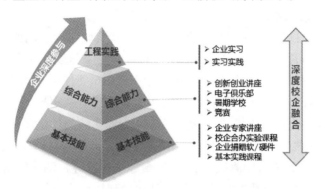

图2-2 "三阶段"的校企合作培养模式

### 1. 基本技能训练阶段

建立的基本技能训练平台如图2-3所示,其主要特色有如下几点:

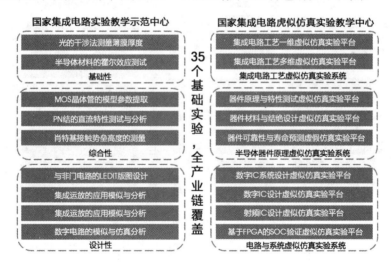

图2-3 基本技能训练平台示意图

(1)本科学习期间始终贯彻基础能力培训的意识。例如,针对大一、大二学生,在《大学生职业发展》和《专业教育》等课程中注入产业发展现状及未来人才素质需求内容;对大三、大四学生,则通过增加课内讨论课、工程能力必备等内容,建立包括

大学生科协、BOE俱乐部、大学生社会实践服务队等相关社团组织,定期开展社会实践、专业技能比武(电路焊接大赛等)、"芯动力"导师面对面和校友、学长进校园宣讲创新创业历程等活动,通过每年形式多样、内容丰富的课内外活动,营造氛围,使更多大学生接受熏陶。

(2)加大实践类经费投入,提升实践平台。例如,经过多年建设,西安电子科技大学微电子实验教学场地面积达 3 400 余平方米,其中专业基础实验室 600 余平方米、EDA 实践中心 910 平方米、超净工艺实验室 1 800 平方米、创新实践实验室 100 余平方米。近 5 年累计投入经费 1 000 余万元,用于实验室建设及实验设备的更新,充分满足了不同层次实践教学及学生自主实践的需求。

(3)以教改项目为载体,结合企业捐赠,开展新实验建设。例如,每年均设立教改项目,发动教师开发新实验并配置实验箱,对学生工程设计能力进行系统训练。目前已研制 Intel Galio 嵌入式实验箱 80 套、SME2016 硬件描述语言实验箱 60 套、"电路基础实验箱"50 套用于课程实验,提高学生的工程实践能力。

(4)以校内实验室为依托,通过基础实验和专业实验的优化设计,提升学生的基本技能。例如,依托国家实验教学示范中心,设置了半导体材料、半导体器件、集成电路、电子系统等 35 个基础测试分析实验(覆盖全技术链),测试样品均由国际领先企业提供,使学生既掌握基础实验方法,又能接触到技术前沿。

2. 综合能力训练阶段

所建立的综合能力训练平台如图 2 - 4 所示,其主要特色有如下几点:

图 2 - 4 综合能力训练平台示意图

(1)设置各类学生实践项目及培训机会。例如,设立各类实践项目并给予1 000 ~ 20 000 元的资金支持,累计已投入专项基金近 100 万元;面向本科生开设初级工程培训和企业讲座、企业项目实习锻炼等,培养本科生的基础工程能力。

(2)以国家级集成电路实验教学示范中心和国家级集成电路虚拟仿真中心为载体,提升学生的综合能力。例如,充分利用西安电子科技大学集成电路实验教学中心与虚拟仿真中心两个国家级平台,构建了 9 类集成电路设计虚拟仿真实验和 1 类全流程集成电路制造工艺实验,由校内与企业兼职教师共同指导。

(3)引进国际最新集成电路设计工具和软件,让学生掌握最先进、最现代的集成电路设计自动化方法,提高集成电路设计技术水平。

3. 工程实践训练阶段

所建立的工程实践的主要特色有如下几点:

(1)拓宽学生的实践培养渠道。例如,以举办院级"芯视野"科技创新文化节(每年一届,已连续5年举办)、开设系列工程实践课程(5门)、实施实验教改和创新性实验计划(6年累计60余项)、引进企业新技术训练项目(5年累计200余项)、选派学生赴企业实习等为抓手,多渠道吸引学生参与和体验创新实践,为建立与提升大学生基本工程实践能力和创新创业素质提供有效途径。

(2)与世界领先半导体企业共同建立工程实践平台和实习基地,全面融入行业最新需求,使学生的工程实践能力得到显著提升。例如,与 Intel,NI,Cadence,Synopsys,Advantest 等5家国际领先半导体企业合作建立了校内联合实验室,构建了集成电路设计、测试与嵌入式系统开发等3个综合工程实践项目,并与国内外知名企业建立了校外实习实践基地,为每届近500人的集成电路本科生提供贴近应用的工程实践训练。

(3)与行业内顶尖企业联合开展实践课程。例如,行业内国际顶尖企业 Intel 公司在西安电子科技大学开设了低功耗数字集成电路与系统设计方面的课程,通过选修学分的方式,学生可以了解目前业界最先进的数字集成电路设计技术。

(三)全面实施"项目—导师制",培养学生的创新素质

1. 以创新能力培养为目标,开展基础创新素质培养

面向不同年级,分层次实施创新创业教育(图2-5)。建立并完善了本科生科研创新资助体系,一年级通过专业教育、"芯视野"讲座、院级"星火杯"竞赛等激发学生的科研兴趣;二、三年级通过本科学术研究资助计划、大学生拔尖创新基金培育计划等训练基本科研能力;四年级通过参与科研项目完成毕业设计(论文),全面提

图2-5 "项目—导师制"示意图

升了学生的科研创新能力。建设了大学生职业发展、科技制作等9门创新创业课程,每年邀请院士、学术产业精英等10余位专家为本科生授课,培养学生的科研兴趣与创新意识。

2. 完善创新素质培养硬件平台

在硬件平台方面,根据需要购置高端设备,满足科研创新的需要。先后购置了4GHz高性能示波器、频谱分析、矢量网络分析仪、矢量信号源、射频信号源、3D打印机等高性能实验和测试设备30余台,目前具备可以同时支持70人规模的创新教育服务能力。

3. 以科研项目为牵引,提升学生创新研究能力

依托"项目—导师制",设立面向集成电路本科生的"星火杯"科技竞赛(100%参与),鼓励教师、吸引企业设立院级大学生科研训练资助计划(每年40余项),结合每年28项国奖、99项省奖(2017年数据)竞赛项目和每年30余项国家/省级大学生创新创业训练计划项目,实现了本科科研创新训练全覆盖。

## 二、应用推广效果

### (一)校内实践成果显著

本成果受益面广,培训数量多,国家级竞赛获奖数量稳步提升。国内企业和高校多次进行访问、交流和研讨,为高校集成电路复合型创新人才培养提供了宝贵的经验。

1. 学生受益面广,用人单位反响好

西安电子科技大学集成电路专业在校本科生1 000余人,毕业时95%左右的学生加入集成电路行业企业或研究机构;100%的本科生参加了国家集成电路实验教学示范中心超净室专业实验训练和国家集成电路虚拟仿真中心的集成电路设计实践;100%的学生参加过"星火杯"、"芯视野"、国家大学生创新创业训练计划项目、大学生科研训练资助计划(校、企)等创新素质训练活动。

建立了较完善的校内校外教学质量评价反馈体系。用人单位评价高,华为公司、中兴通讯等企业评价"知识面宽、实践经验丰富、有较强的钻研精神、富有创新精神、成长非常快"。

2. 各类竞赛成绩显著

近3年,学生在国际国内各类学科竞赛中获得省级以上奖项345人次,特别是在近3年的中国"互联网+"大学生创新创业大赛中,获得国家级金奖2个、银奖1个。例如,2012届本科生俞辰、周威等负责完成的慕声3D打印定制耳机项目获得首届中国"互联网+"大学生创新创业大赛总决赛金奖,已被CCTV、新华社等多家中央媒体报道,并在2016年中央电视台春节联欢晚会中使用。

3. 本科生科研能力大大提高

本科生创新素质培养效果显著,学生科研水平大大提高,每年有超过70%的学生进入国内外各高校、研究所深造。本科生发表高水平SCI科技论文16篇,申请及

授权国家发明专利 10 项。例如,2011 届本科生崔璐的《基于 ZigBee 技术的井下人员定位及安全监测系统》成果获得全国大学生学术年会十佳优秀论文奖,并在大会闭幕式上做汇报。

4. 本科生创业项目成果明显

成功培育孵化学生创业项目 8 项,目前已实现 Pre A 轮融资企业 2 项,天使投资项目 2 项,企业估值约 2.5 亿元。

(二)培养模式得到认可

本项目的成果被多所高校借鉴采纳。华南理工大学、西安交通大学、西北大学、西安理工大学、西安邮电大学等在课程体系、实践训练、创新培养等方面都借鉴过西安电子科技大学的经验,部分学校派教师和学生来西安电子科技大学实习。经过多年应用,均获得了很好的评价。创新创业教育受到多个投资商的青睐,近年来领汇资本、华登国际资本、西安瞪羚谷、咸阳高新区等机构来校参与本科生的创业项目洽谈。

在 2017 年 7 月 8 日教育部高教司主办的示范性微电子学院建设工作推进会上,西安电子科技大学以"产学研融合的新工科微电子创新人才培养"为主题做了本次会议的首项大会报告,受到了教育部高等教育司调研员侯永峰、示范性微电子学院专家组组长严晓浪、中国半导体行业协会副理事长陈贤、山东大学微电子学院院长郭正邦(国家千人计划学者)等与会专家的高度评价。

项目成果获得了 2015 年陕西省教育教学成果奖特等奖。2015 年西安电子科技大学获批全国首批示范性微电子学院,2013 年获批国家级集成电路实验教学示范中心,2016 年获批国家级集成电路虚拟仿真实验中心。西安电子科技大学集成电路本科专业在武汉大学中国教育质量评价中心和中国科教评价网联合发布的 2017—2018 年全国高校本科专业排行榜中排名第一。西安电子科技大学于 2016 年倡导并成立了国家示范性微电子学院产学研融合联盟,郝跃教授当选为理事长,同时担任 2013—2017 年教育部电子信息类教学指导委员会副主任委员,国务院学位办电子科学与技术学科评议组总召集人。

## 成果三

# 服务国家战略新兴产业,研究和推广物联网工程专业人才培养体系

(成果编号:1-28)

■**获奖等级**
一等

■**完成单位**
西安交通大学,上海交通大学,武汉大学,华中科技大学,西北工业大学

■**主持人**
桂小林,男,博士,教授,博士生导师。先后获得西安交通大学计算机专业学士、硕士和博士学位。入选教育部新世纪优秀人才和陕西省三秦人才,荣获王宽诚育才奖和宝钢优秀教师奖。先后主持和参与各类科研项目共30余项,发表科研论文100多篇,50余篇SCI收录;出版著作2部、教材6部。获得软件著作权20余项、授权发明专利15项;获得国家与省部级教学、科研成果奖8项。担任西安交通大学计算机教学实验中心主任,陕西省计算机网络重点实验室主任。

■**团队成员**
桂小林,傅育熙,王东,黄传河,温莉芳,秦磊华,朱敏,李士宁,胡成全,吴功宜

■**成果简介**
2009年,发展以物联网为代表的战略新兴产业成为国家抢占新一轮经济制高点的重大战略。产业发展,人才先行,教育部批准成立了物联网工程专业。作为服务国家重大战略的新建专业,国内外没有相关专业可供参照。人才培养如何契合产业需求、教育内容如何融合产业技术面临巨大挑战,迫切需要解决专业建设"从无到有"过程中的一系列重要问题,为专业发展提供科学引导。为此,教育部计算机专业教学指导委员会组织成立了物联网工程专业教学研究专家组,根据"产业导向、行业

牵引、学科交叉"的专业特点,采取校企协作、校校协同的众创模式,取得如下成果:
①率先开展专业顶层设计,凝练专业知识体系,制定了首个物联网工程专业规范,并于2012年7月正式出版;②率先根据专业规范要求,采取学科交叉、融合与创新方法,创建专业课程与教材体系,新编首套涵盖规范的专业系列教材;③聚合优质教学资源,持续开展师资培训,提升教师专业教学水平;④产学共建实习基地,持续开展学科竞赛,形成贯穿课程内外的专业实践教学体系,增进学生的创新创业能力。

本成果在8年多的研究和推广过程中,受到12个教育部及省级教改项目支持,从无到有创建了完整的物联网工程专业人才培养体系,营造了稳定的专业建设生态系统,300多所高校、1 360余名教师和5万余名学生直接受益。

通过上述研究,本成果主要解决了如下教学问题:
(1)专业规范和人才培养规格"从无到有"的问题。
(2)课程体系和教材内容如何融合产业技术的问题。
(3)教师知识结构不能胜任专业教学要求的问题。
(4)产学研协同的实践教学基地严重不足的问题。

■ **成果总结报告**

## 《服务国家战略新兴产业,研究和推广物联网工程专业人才培养体系》成果总结报告

**一、成果采用"问题导向、系统推进"的方法,从4个方面解决教学问题**

(一)深入开展专业顶层设计,精心凝练专业知识体系,科学制定专业规范

依据物联网产业需求和技术特征,深入开展专业顶层设计,从时间、空间、技术和应用4个维度定义了专业的内涵和外延;从感知、传输、处理和应用4个层次凝练了专业的理论与技术体系;从知识、能力和素质3个方面提炼了专业的毕业要求,确定了专业人才培养规格;精心凝练了包括6个知识领域、29个知识单元的专业基础知识体系和7个知识领域、45个知识单元的专业核心知识体系,设计了11个重点行业的领域应用知识;创建了包括基本认知、应用认知、基本理论、应用技术和创新培养5个层次的专业实践能力体系,构建了包括课程实验、综合设计、专业实习、毕业设计和学科竞赛5个环节的专业实践教学方案,设计了7门核心课程实验和5门综合课程实验。并以此为基础,科学制定了"物联网工程专业发展战略研究报告暨专业规范、实践教学体系与规范",通过了计算机专业教学指导委员会组织的专家组评审,并于2012年7月正式出版。

(二)注重学科交叉,融合产业技术,创建专业课程与教材体系,新编出版专业系列教材

成立物联网工程专业规划教材编委会,对计算机、通信、电子、控制等多学科知

识进行交叉、融合与创新,设计了包括8门专业基础课程和10门专业核心课程的专业课程体系。根据规范要求,将物联网产业技术的最新发展成果融入专业课程之中,精心创建了首个体系完整的专业教材体系,新编出版了10部专业系列教材。上述教材被列入"十二五"国家重点图书出版规划的物联网工程专业教材。

(三)聚合优质教学资源,持续开展师资培训,改善教师知识结构,提升教师专业教学水平

按照教师掌握知识的规律,从认知、理论、技术、应用和设计5个层次精心构造了循序渐进的物联网核心课程示教方法;通过聚合产业和高校优质的物联网师资力量,采用专业规范解读、核心课程示教、教学方法研讨、教学资源共享等方式持续开展师资培训,培养了一批知识结构和教学水平满足物联网工程专业需要的专业教师队伍。

(四)校企共建实践基地,联合主办学科竞赛,形成贯穿课程内外的专业实践教学体系

与中国移动、百度、阿里、华为、TI、谷歌等物联网产业链知名企业进行产学合作,在全国共建了20个专业实践基地,创办了全国大学生物联网设计竞赛,采取"分赛区预决赛+全国总决赛"两级管理模式,构建了覆盖全国的物联网竞赛服务平台,促进了学生的创新创业活力。

**二、通过研究,本成果在如下方面有所创新**

(1)针对物联网工程专业的特征,从"专业顶层设计、专业规范建设、专业生态构建"3个维度首创了"契合产业发展、紧跟技术趋势、注重学科交叉、加强师资培训、产学共建基地、强化能力养成"的专业建设新理念,不仅为物联网工程专业建设提供了理论支撑,也为新工科专业建设应对"人才培养如何契合产业需求、教育内容如何融合产业技术、实践体系如何满足学生志趣"等问题提供了新途径。

(2)围绕物联网产业和技术发展需求,开展了物联网工程专业顶层设计,明确了专业基本能力,确定了专业建设规范和人才培养规格,凝练了专业知识体系,制定了《高等学校物联网工程专业发展战略研究报告暨专业规范(试行)》和《高等学校物联网工程专业实践教学体系与规范(试行)》。该规范为计算机专业教指委唯一认可的、国内首个物联网工程专业规范,为全国物联网工程专业提供了方向指导。

(3)联合物联网领域专家和行业领先企业,发挥各高校、企业和出版社的优势,采用校企协作、校校协同的"众创"方式,开展了物联网工程专业规范研究、系列教材建设和规模化师资培训。

(4)围绕物联网产业需求,形成了贯穿课程内外、对接校企的多层次立体化实践教学体系,构建了贯通知识与技能的实践教学新模式;通过产学研共建专业实践教学基地,为学生提供了"以训促学"的实习实训环境;通过创办全国大学生物联网设计竞赛,形成"以赛促创"的良好氛围,提升了学生的创新创业能力。

## 成果四

# 课程与时俱进,重大项目引领,着力品行养成,构建创新型研究生一流培养平台

(成果编号:1-38)

### ■获奖等级
一等

### ■完成单位
西安交通大学

### ■主持人
陶文铨,浙江绍兴人,1939年生,1957年考入交通大学,1962年毕业于西安交通大学,同年考入该校热工专业研究生,师从杨世铭教授攻读传热学,1966年底研究生毕业并留校任教。1980年10月赴美国明尼苏达大学机械系传热实验室进修,师从Sparrow教授研究传热强化,并向帕坦卡教授学习传热与流动问题的数值计算。1982年年底回国继续任教于西安交通大学。1986年晋升为教授,2003年被评为国家级教学名师,2005年被遴选为中国科学院院士。主要从事传热强化、计算传热学、能源高效利用和能效评价、多尺度模拟、微细尺度流动与传热、太阳能应用中的热科学问题等研究。著有《数值传热学》《计算传热学的近代进展》《传热学》(第4版,合著)等。

### ■团队成员
陶文铨,何雅玲,王秋旺,何茂刚,李增耀,唐桂华,赵小明,刘志刚

### ■成果简介
研究生教育是培养我国高层次人才的主要途径,是建设创新型国家的核心要素,提高人才培养质量是其核心任务。工程热物理是动力工程及工程热物理一级学科中的一个二级学科,是实现能源高效、清洁利用的重要应用基础学科。在多个省

部级课题的支持下,自20世纪80年代中期起,西安交通大学工程热物理学科围绕创新型研究生的培养,进行了系统的改革与实践。提出了"课程—项目—品行—导师四位一体"的全方位育人理念;实施了"科学兴趣启迪、创新能力激发、科学及工程素养提升、国际视野拓展"的育人方法,经过30余年的努力,构建了创新型研究生人才培养模式,有效地解决了以下3个突出的教学问题:

(1)课程设置未紧跟能源动力技术的基础学科及计算机的发展,教学内容未能体现最新科研成果,导致研究生对学科基本理论掌握不坚实。

(2)学位论文选题局限于教师兴趣,与国际前沿、国家重大需求脱节,导致学科水平相对低下,创新意识不足,原始创新能力不强。

(3)校内外优质资源协同育人机制不健全,研究生素质教育与专业培养不紧密,影响研究生综合素质的全面发展。

成果主要包括:共培养562名高质量研究生(含15名留学生),4名博士生为全国百篇优秀博士学位论文获得者(占全国本学科百篇优秀博士学位论文的50%),18名为陕西省优秀博士学位论文获得者(占全省动力工程及工程热物理一级学科的40%);研究生为第一作者的ESI高被引论文34篇,与国外学者合作发表国际期刊论文162篇,为完成人之一的国家科技奖励一等奖1项、二等奖5项,获得授权发明专利60余项;1名博士学位论文入选2014年我国最具影响力的百篇论文,1人获得首届亚洲青年工程热物理科学家奖;20余名研究生在国家重要部门及研究所担任管理者,1人为全国人大代表,1人为军委科技委国防科技创新特区主题专家组专家;10余名研究生在美国杜克等世界著名大学、研究所任职和担任系主任;导师队伍中有31人次获得国家人才工程称号,含中科院院士、国家教学名师、长江学者、杰青、优青等,1人当选中共中央候补委员;建设了一支以4位美、英院士为首的外方导师队伍,与明尼苏达大学等国外10余所知名高校签署了人才培养协议,联合培养了近30名博士生;所开设的系列课程被6500多名其他专业研究生选修,夯实了研究生的理论基础。所培养的研究生担任50余所国内大学系级及以上级别的领导,产生了广泛的推广影响,团队的先进事迹多次被《人民日报》等媒体报道。本成果为创办一流大学、培养具有创新能力和国际化视野的高水平研究生探索了一条行之有效的途径和方法。

■成果总结报告

## 《课程与时俱进,重大项目引领,着力品行养成,构建创新型研究生一流培养平台》成果总结报告

从20世纪80年代起,我国经济发展开始腾飞,在新形势下创新型研究生培养面临如下需要解决的问题:

成果四

课程与时俱进,重大项目引领,着力品行养成,构建创新型研究生一流培养平台

(1)原有课程设置没有紧跟能源动力技术的基础学科及计算机技术的发展,教学内容未能体现最新科研成果,导致研究生对学科基本理论掌握不坚实。

(2)原有研究选题局限于教师兴趣,与学科的国际前沿、国家重大需求脱节,导致学科水平相对低下,创新意识不足,原始创新能力不强。

(3)原有校内外优质资源协同育人机制不健全,研究生素质教育与专业培养不紧密,影响研究生综合素质的全面发展。

自 20 世纪 80 年代中期起,本成果完成人针对上述问题,在教育部、陕西省教育厅等研究课题支持下,围绕创新型研究生能力和素质的培养,从课程体系和内容、科研创新实验平台、人才培育环境和提高研究生思想品德等方面进行了系统深入的探索与实践。在"课程—项目—品行—导师四位一体理念"的思想指导下,创建了与时俱进的研究生课程体系和内容,构建了系列具有国际先进水平的创新研究实验平台,组建了国际化高水平指导教师队伍,形成了开放合作的全方位、全过程的育人环境。现将主要工作总结如下。

## 一、创新型研究生培养平台的构建

(一)课程与时俱进:提出并实践了"课程与时俱进,及时完善课程体系及内容,改革讲授及考核方法"的研究生课程建设方针

工程热物理学科点在 20 世纪 80 年代初所开设的课程主要基于 60 年代的内容,80 年代中后期融入最新研究成果及计算机模拟方法,增设更新了 4 门课程,从而在全国本学科中首家全面开设了包括《高等工程热力学》《高等传热学》《流体热物性推算》《数值传热学》《火用分析及其应用》《变质量热力学及其应用》等课程,出版了 4 部教材。

1990—2000 年:计算传热学发展迅速,我们及时融入了本学科教师的研究成果,于 1995 年开设了《计算传热学的近代进展》博士生课程,出版了相应的教材。结合本学科在流体热物性理论推算、对流传热方面的研究成果以及授课经历,及时出版了《工质热物性计算程序的编制及应用》及《对流传热传质分析》(属于《高等传热学》课程的一部分)教材。

2001—2010 年:微纳米流动与传热成为研究热潮,本学科点教师在实验与数值模拟方面均取得了国际瞩目的成果,何雅玲等开出《工程热力学近代进展》,唐桂华等开出《传热学近代进展》。另外,还开设了《流体的分子模拟》《湍流传热及其数值模拟》《强化传热原理与技术》等课程。

2011—2018 年:听课学生中留学生比例迅速增大,陶文铨院士采用全程英语方式讲授《数值传热学》,还邀请境外学者开设《Introduction to Biomedical NanoElectro-Mechanical System》(中国台湾大学范士岗教授)、《Aerosol/Nanoparticle Engineering》(美国明尼苏达大学裴友康院士)、《Transport Phenomenon》(美国内华达大学陈一东教授)等英文课程,增强了学科系统性及学科交叉性。

此外,学科教师积极进行授课与考核方法改革。以传热学课程为例,《高等传热

学》课程设置课外自学内容,研究生以小组形式结合专业写出综述性评价,通过答辩获得该部分成绩;《计算传热学的近代进展》课程要求结合工程问题的数值求解或者对数值方法做比较和评述,通过答辩获得成绩;《传热学近代进展》课程邀请国外大学知名教授联合讲授。

(二)重大项目引领:提出并实践了"重大项目引领,选题与国际前沿、国家重大需求紧密结合"的学位论文选题与实施方法

本学科自 1995 年以来主持国家重大专项 2 项,973 首席项目及课题 9 项,科技支撑计划 2 项,基金委重点及国际合作重大项目 14 项,国家重点研发计划项目及课题 7 项,其他国家级项目 120 余项。研究生在执行完成国家重大、重点项目的过程中,其原始创新能力、实践能力和团结协作能力得到了锻炼和提高。

研究生在执行国家重大项目过程中参与构建了一系列高水平的科研平台,并对相关设备进行改进。例如,博士生张虎对基于瞬态平面热源法的引进设备 Hot Disk 进行测试范围扩充改进,建成了国内测试环境范围最宽的装置,所提出的改善测试精度的建议得到生产厂商的采纳。

在最近 20 年中,通过执行国家重大项目,以研究生为主力,建设了流动传热数值计算、流体热物性测试、工业换热器及强化传热、新型循环装置、微流控实验室(耗资逾千万元)等多个研究平台,50 万元以上的研究平台有 30 余个。

进入 21 世纪后,在我国本学科率先开展了有关多尺度流动与传热问题的研究,先后主研了 3 项国家基金,已培养 10 余名博士生。由在读博士生负责建设了投资达 800 万元的高性能计算平台。

在执行重大项目过程中,我们十分重视研究生参与国际交流,多位博士生在读期间赴美国洛斯阿拉莫斯国家实验室、加州大学伯克利分校化工系等进行访学。

研究生学位论文密切结合国家项目。例如,博士生吴江涛通过执行 973 首席项目"新一代内燃机燃烧理论与石油替代途径的基础研究",研制了一套具有国际先进水平的高精度流体热物性测试系统,获得 2005 年全国百篇优秀博士学位论文奖。

研究生学位论文密切结合国际前沿。例如,博士生李庆在执行国家重点基金中对多尺度模拟技术中的介观算法 LBM 进行研究,取得突破性进展,大大拓宽了应用范围,获得 2012 年全国百篇优秀博士学位论文奖。

(三)注重品行养成,打造一流导师队伍:提出并实践了"着力品行养成,注重学生个性发展,营造国际化氛围"的全方位育人环境的建设理念,提出并践行了"导师立德树人,言传身教,'西迁精神'代代相传"的高素质导师队伍建设的指导思想

本学科教师发扬"胸怀全局,无私奉献,弘扬传统,艰苦创业"的"西迁精神",宣传西迁前辈陈大燮、杨世铭先生的事迹,尊师崇教,建立年轻教师与退休老教师之间一对一的定期访问制度,关心他们的生活,听老教授讲传统;着力培养研究生"到国家需要的地方建功立业"的社会责任感,形成了"勤奋求实,开拓创新,科教融合"的团队文化。教师队伍中包括中科院院士 2 人、国家名师 2 人、杰青 3 人、优青 2 人、

长江学者2人、青年长江1人、万人领军2人、青千2人、万人青拔1人、陕西名师2人、新世纪10人,任国际期刊副主编8人次、编委20人次,国际组织任职6人次。言传身教、立德树人精神代代相传,从西迁教师到目前青年骨干经历了五代人的"传帮带",为培养高水平创新型研究生构建了一支政治过硬、师德高尚、业务过硬、结构合理的队伍。

在研究生培养过程中我们十分注重研究生品行养成及开展为人为学的教育,努力做到全过程育人、全方位育人、终身育人。研究生论文选题充分发挥学生的主动性与积极性,使其能较快进入角色并做出成绩。例如,博士生屈治国,对强化传热技术有兴趣,导师就安排他到美国一个强化传热研究公司实习半年,回国后通过数值模拟,对强化传热普遍采用的开缝均匀布置方法提出了质疑,开发了"前疏后密"新型翅片并得到应用,其学位论文获得2007年全国百篇优秀博士学位论文,博士生何雅玲也获得2004年全国百篇优秀博士学位论文。

本学科点导师将对研究生的品行教育结合到日常业务训练和培养中来。导师既重视研究生业务素质培养也关心研究生的个人生活,"西迁精神"代代相传。例如,陶文铨教授一直坚持"勤奋—进取—求实—融洽"作为对研究生的要求和培养的方向,他说:"勤奋是大多数人获得事业成功的基本条件;在原有的基础上不断前进就是进取;不脚踏实地地干,理想永远是空想;科学研究需要团队精神,相互理解、支持和配合就是融洽。"各位导师在日常小组活动中或与研究生的交流中,都高度重视为人为学的品行教育。本学科继1982年设立西迁重要带头人"陈大燮奖学金"之后,于2013年又设立了"陶文铨奖学金及奖教金",奖励品学兼优的研究生及优秀导师。

除了建设校内导师队伍外,还与国外10余所大学建立了合作培养协议,构建了以4位欧美院士为首的国外导师联合培养队伍。与LG等知名企业签署了实习基地协议,实行企业导师合作指导,为培养高水平创新型研究生创造了国际化及校企协同育人的环境。

二、培养研究生取得的成绩

(一)培养了工程热物理学科高质量研究生

1991—2017年,本学科共培养研究生562人(含15名留学生),其中硕士375人,博士187人,取得了如下突出的成果:

(1)4名博士生的学位论文被评选为全国百篇优秀博士学位论文,占全国本学科优秀博士学位论文的50%(全国共8篇);获得陕西省优秀博士学位论文18篇,占全省动力工程及工程热物理一级学科44篇中的40%;3名博士获得人社部博士后创新人才支持。

(2)所培养的研究生中15%获得国家级、部省级各类人才称号,在全国工程热物理学科中名列前茅。其中国家千人学者2人,长江学者4人,万人计划领军2人,国家杰青5人,中科院优秀百人1人,国家优青4人,青年千人2人,中组部青拔2

人,全国模范教师2人,国家名师1人,陕西省名师3人,全国教书育人楷模1人,新世纪人才20余人。

(3)据不完全统计,研究生为第一作者(或导师第一、研究生第二)的ESI高被引论文34篇。

(4)研究生与国外/境外学者联合发表国际期刊论文162篇,1名博士生论文入选2014年我国最具影响力的百篇论文。

(5)研究生为完成作者之一的国家级科技奖励6项。其中,国家自然科学奖二等奖2项、技术发明奖二等奖2项、科技进步奖二等奖1项及省部级奖励8项,14名研究生获得2017年国家科技进步奖一等奖(团队)。

(6)研究生获得授权发明专利60余项。

(7)研究生获得全国节能减排大赛、国际大学生绿色能源科技创新创业大赛、国际会议优秀论文奖50余人次,1人获得首届亚洲青年热物理科学家奖。

(二)本学科的课程建设也惠及西安交通大学其他学科研究生6 500余人

所开设的《数值传热学》《高等传热学》《高等工程热力学》等6门课程在近27年中被西安交通大学研究生选修超过6 500人次;2009年编著《传热与流动问题的多尺度模拟:方法与应用》,曾选修过该课程的研究生83人次撰写了论文。动力机械学科何平利的课程论文被国际期刊评论为原创性的改进。

(三)本学科教师教学、科研水平得到很大提升

(1)多位教师入选国家级人才。实施期间产生2位中科院院士,2位万人计划领军人才,2位国家级及2位省级教学名师,3位杰青,2位长江学者,2位优青,2位青千,1位万人青拔,1位全国模范教师,1位全国教书育人楷模,1位党和人民满意的好老师,共计31人次。

(2)出版被全国普遍采用的研究生教材及专著7部。

[1]陶文铨.数值传热学[M].西安:西安交通大学出版社(1987年第1版,2001年第2版,他引逾12 600次).

[2]陶文铨.计算传热学的近代进展[M].北京:科学出版社(2000年,他引1 461次).

[3]何雅玲,王勇,李庆.格子Boltzmann方法的理论及应用[M].北京:科学出版社(2009年,他引460余次).

[4]陶文铨主编.传热与流动问题的多尺度模拟:方法与应用[M].北京:科学出版社,2009.

[5]Zhang Yu-Wen, He Ya-Ling. Multiscale Thermal Transport in Energy Systems[M]. NY:Nova Science Publishers,2016.

[6]Wang Qiu-Wang,Chen Yitung, Sunden Bengt. Emerging topics in heat transfer enhancement and heat exchangers[M]. UK:WIT Press,2013.

[7]Shahzad Aamir, He Mao-Gang. Computer simulation of complex plasmas:Mo-

lecular modeling and elementary processes in complex plasmas［M］. Scholars' Press, 2014.

以上教师出版的专著对我国工程热物理学科的建设起到了积极的推动作用。

**三、本项目成果的辐射影响**

（一）国内影响：课程系统惠及国内许多有工程热物理学科的高校

所培养的研究生160余人在中国科学院大学、清华大学等国内50余所高校任教,40余人担任系主任及以上职务,10余人在兄弟高校获得全国优秀教师、杰青、长江学者、千人等称号,纷纷将本学科点的培养方法、课程设置等做法结合所在高校做出了出色的成绩。

（二）教材惠及国内众多高校

专著《数值传热学》发行3万余册,他引12 600余次,被清华大学等10余所高校采用。另外,出版专著5部,他引2 000余次。专著《计算传热学的近代进展》获得教育部优秀教材一等奖,他引1 461次。

（三）教改理念在全国能源动力类高校形成有效辐射

本学科教师曾担任2届教育部热工教指委主任,目前仍担任教育部及中国机械工业教育协会能源动力类教指委主任,教改理念被其他高校认可。5年来,清华大学、浙江大学等高校前来调研30余次。教改理念和方法被许多所高校广泛认可和借鉴,如上海交通大学等、清华大学过增元院士等著名学者给予高度评价。国家教委何东昌主任(1990)、教育部杜占元副部长(2016)来本学科考察教改及传帮带经验。《人民日报》《中国教育报》等媒体多次报道本学科教师的先进育人事迹。

2018年4月1日,央视《开讲啦》节目在西安交通大学拍摄,陶文铨院士作为主讲嘉宾详细介绍了"西迁精神"、学科建设及研究生培养等问题,于2018年5月5日播出。

（四）国际影响力不断提升

由于本学科博士生在数值模拟、工质热物性及强化传热等领域取得了优秀研究成绩,在国际学术界产生了积极的影响。

(1)两位博士生(李庆及陈黎)先后获得美国洛斯阿拉莫斯国家实验室博士后院长基金。这个基金是与物理、化学、生物、材料等领域的世界名校和科研机构的同龄研究者竞争中获得的,充分说明了我们培养的博士生质量。陈黎博士的1篇论文入选2014年我国最具影响力的百篇论文。

(2)多尺度研究成果引起国际关注。由于研究生的杰出工作,本学科在多尺度模拟这一领域的研究成绩处于国际前列。韩国釜山大学的Ha教授主动和我们联系并派研究生来本学科深入学习,开展共同研究;本学科博士生也应邀赴韩国进行学术交流。

(3)发起两个系列性国际会议。2007年及2011年本学科教师发起的亚洲计算传热学会议(ASCHT)及强化传热国际会议(IWHT)已经成为国际学术界认同的系列国际会议。

(4)学科国际影响力不断提升。《Int J Heat Mass Transfer》及《ASME J Heat Transfer》主编等联合撰文指出"陶文铨教授在数值传热学及强化传热领域做出了先驱性的成就和杰出的贡献";6位教师任8个国际期刊副主编,居全国本领域之冠。

(5)与国外大学及研究机构开展实质性国际合作。围绕"一带一路"合作重点能源领域,与美国明尼苏达大学等建立了高层次合作关系。2015年获批111引智基地,2016年获批陕西省国际联合研究中心,2016年通过教育部国际合作联合实验室立项,2018年获批科技部国际联合研究中心。与国外10余所大学建立了合作培养协议,并与LG等知名企业签署了实习基地协议。

(6)发起成立丝绸之路大学能源子联盟。2018年1月,依托本学科发起成立丝绸之路大学能源子联盟,来自20个国家的59所高校加盟。能源子联盟旨在着力推进各成员单位间的学生培养、学术交流和科学研究工作,加强能源动力和环境领域的高层次人才培养。

(7)育人方法和研究生培养质量得到国际同行的广泛认同。美国热流工程学会主席Jarulia教授、明尼苏达大学Pui院士等10位欧美亚著名学者给予了高度评价。

## 成果五

# 探索理论,更新理念,厘革路径,贯穿 PACE 要素的三元课堂模式创新与实践

(成果编号:1-41)

### ■获奖等级
一等

### ■完成单位
陕西师范大学

### ■主持人
李贵安,男,1966年出生,教授,工学博士。现任陕西师范大学党委常委、教务处处长。兼任中国高等教育学会第七届理事会理事,第三届全国高等学校教学研究会理事,中国高等教育学会大学素质教育研究分会第二届理事会理事,《中国教师报》西北课改名校共同体顾问,美国国家科学教师学会(NSTA)会员。先后赴美国、加拿大等6国研修访问。主要研究领域为物理学、基础教育管理及高等教育管理等。在《中国大学教学》《高等理科教育》等重要刊物发表教改论文50余篇,主编教材3部。主持及参与陕西高等教育教学改革研究重点攻关项目及重点项目、陕西基础教育重大招标课题项目等10项。作为主持人荣获国家高等教育教学成果奖一等奖1项,先后主持或参与获得陕西高等教育教学成果奖特等奖3项、一等奖3项,作为主持人获得陕西省基础教育教学成果奖一等奖1项,作为主持人荣获第五届全国教育改革创新优秀奖1项。

### ■团队成员
李贵安,衣新发,宋永成,何聚厚,龙宝新,郑海荣,乜勇,李铁绳,王文博,李正德,耿晓丹

### ■成果简介
本成果以培养学生核心素养为基础,以培养创新人才为追求,历经10余年实践

探索,提出了创新人才必备的6种心智模式理论,即专门领域知识、内在动机、多元文化经验、问题发现、专门领域判断标准以及说服传播心智。形成贯穿学习过程(P)、综合能力(A)、核心素养(C)、多元评价(E)(简记为PACE)核心要素的三元课堂创新模式。注重自主、合作、探究,践行学思结合、知行统一,综合采用启发式、讨论式、项目参与式等方法,将正式学习(第一课堂)与非正式学习(第二、第三课堂)相结合,将理论与实践相结合,将知识内化与素养发展相结合,提出教师课堂创新能力发展之"赛促动发"思路与理念,使教师课堂创新能力通过这一理念的落实得到发展。首创西北课改名校共同体,将中小学与大学的课堂创新相贯通,搭建课堂创新交流平台。构建大学、中小学、政府、媒体以及小学、初中、高中、大学双"四位一体"的协同创新联动推动/深化课堂创新机制。共同体通过组织课堂创新活动使该机制得到落实。

主要解决的教学问题如下:

(1)在创新人才培养方面,缺乏创新人才的相关理论指导。培养高素质创新人才是我国应对国内外挑战、建设创新型国家的内在要求和战略选择。然而,创新人才必备的特征要素有哪些,实践中该如何培养创新人才,这对于一线施教者来说往往不太清楚。由于缺乏对创新人才心智要素的系统研究和准确刻画,使得创新人才培养过程缺乏理论指导。

(2)在课堂模式创新方面,缺乏可资借鉴的课堂创新模式。课堂模式创新的前提条件是首先要知道影响课堂模式的核心要素,学术界尚未彻底厘清涉及课堂创新的核心要素。虽然已有一些具体成型的课堂创新模式,但由于教学本身的复杂性,普适性、指导性、示范性的创新课堂模式仍需深入探索。

(3)在教师教学创新方面,发展能力之有效抓手匮乏。课堂创新,关键在教师。如何发展教师的课堂创新能力,目前缺乏有效的思路与理念,大部分教师的课堂创新能力发展需要专家系统的理论支持,相关的教师教学创新能力提升往往是仅凭经验而为之,教师课堂创新能力提升方法不够系统,效果不明显,难以持续。

(4)在推动课堂创新方面,缺乏推动/深化课堂创新之机制。培养大批的创新人才,需要强有力的课堂创新推动与深化机制,需要内驱动力。从整体上看,目前联动整体推动/深化课堂创新还不够顺畅,路径不够清晰。即便是在许多师范大学内部,协同推动课堂创新之组织机构和协同机制也仍然缺乏。

■成果总结报告

## 《探索理论,更新理念,厘革路径,贯穿PACE要素的三元课堂模式创新与实践》成果总结报告

### 一、成果简介

本成果以培养学生核心素养为基础,以培养创新人才为追求,历经10余年实践

探索,提出了创新人才必备的6种心智模式理论,即专门领域知识、内在动机、多元文化经验、问题发现、专门领域判断标准以及说服传播心智(图5-1)。形成贯穿学习过程(P)、综合能力(A)、核心素养(C)、多元评价(E)(简记为PACE)核心要素的三元课堂创新模式。注重自主、合作、探究,践行学思结合、知行统一,综合采用启发式、讨论式、项目参与式等方法,将正式学习(第一课堂)与非正式学习(第二、第三课堂)相结合,将理论与实践相结合,将知识内化与素养发展相结合(图5-2)。提出教师课堂创新能力发展之"赛促动发"思路与理念,使教师课堂创新能力通过这一理念的落实得到发展(图5-3)。首创西北课改名校共同体,将中小学与大学的课堂创新相贯通,搭建课堂创新交流平台。构建大学、中小学、政府、媒体以及小学、初中、高中、大学双"四位一体"的协同创新联动推动/深化课堂创新机制。共同体通过组织课堂创新活动使该机制得到落实(图5-4)。

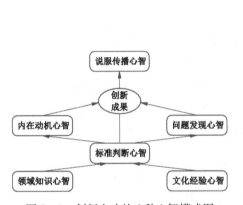

图5-1 创新人才的6种心智模式图

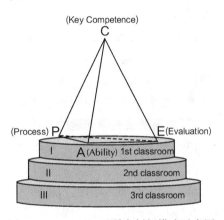

图5-2 PACE三元课堂创新模式示意图

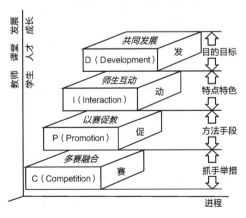

图5-3 CPID理念示意图

图5-4 USGM-PJSU协同创新联动机制示意图

## 二、成果主要解决的教学问题

(一)在创新人才培养方面,缺乏创新人才的相关理论指导

培养高素质创新人才是我国应对国内外挑战、建设创新型国家的内在要求和战

略选择。然而,创新人才必备的特征要素有哪些,实践中该如何培养创新人才,这对于一线施教者来说往往不太清楚。由于缺乏对创新人才心智要素的系统研究和准确刻画,使得创新人才培养过程缺乏理论指导。

(二)在课堂模式创新方面,缺乏可资借鉴的课堂创新模式

课堂模式创新的前提条件是首先要知道影响课堂模式的核心要素。学术界尚未彻底厘清涉及课堂创新的核心要素。虽然已有一些具体的成型的课堂创新模式,但由于教学本身的复杂性,普适性、指导性、示范性的创新课堂模式仍需深入探索。

(三)在教师教学创新方面,发展能力之有效抓手匮乏

课堂创新,关键在教师。如何发展教师的课堂创新能力,目前缺乏有效思路与理念,大部分教师的课堂创新能力发展需要专家系统的理论支持,相关的教师教学创新能力提升往往是仅凭经验而为之,教师课堂创新能力提升方法不够系统,效果不明显,难以持续。

(四)在推动课堂创新方面,缺乏推动/深化课堂创新之机制

培养大批的创新人才,需要强有力的课堂创新推动与深化机制,需要内驱动力。从整体上看,目前联动整体推动/深化课堂创新还不够顺畅,路径不够清晰,即便是在许多师范大学内部,协同推动课堂创新之组织机构和协同机制也仍然缺乏。

**三、成果解决教学问题的方法**

(一)针对创新人才培养缺乏理论指导问题,研究提出创新人才特有的六心智结构

基于创造心理学理论,对创新人才必备的特征进行分析研究,提出创新人才必备的6种心智理论。理论成果发表在《International Journal of Psychology》《Thinking Skills and Creativity》《Creativity Research Journal》《Journal of Creative Behavior》《Educational Research Journal》《北京师范大学学报(社会科学版)》《创新人才教育》等国内外教育类顶尖期刊上。该成果为创新人才培养提供了理论依据与指导,使得创新人才培养更具科学性。

(二)针对可资借鉴的课堂创新模式匮乏问题,抓住创新课堂核心要素开展模式探索

基于新课改理念、创新人才培养相关理论模型,在借鉴国际一流大学课堂模式的基础上,提出构建创新型课堂模式必备的4个核心要素——P、A、C、E,并将这4个核心要素有机贯穿于第一、第二、第三课堂中,形成"贯穿PACE要素的三元课堂创新模式"。这种课堂要求精心设计学生的学习过程,将自主、合作、探究相结合,注重激发学生学习的主动性,优化学习策略,从而有效发展学生的知识经验、内在动机、问题发现、判断标准以及说服传播等6种心智,全面提高学生的核心素养(必备品格),依托3个课堂有机实施多元评价这一保障,最终达到培养创新人才的目标。该模式的成果发表在《高等理科教育》《中国大学教学》《当代教师教育》等期刊上,解决了创新课堂模式缺乏问题。

#### (三)围绕教师课堂创新能力发展这一焦点,提供推进教师课堂创新实践的有效举措

以学习科学、认知科学以及马斯洛层次需要理论、心理学动机理论等为依据,以大学课堂三大类型赛教(青年教师赛教、实验创新大赛、课堂创新大赛)及发展为基础,提出旨在发展教师教学创新能力之"多赛融合、以赛促教、师生互动、共同发展"(即赛促动发)思路与理念。该理念为教师岗位练兵以及教师课堂创新能力发展提供了有效思路与路径。

#### (四)针对联动推动/深化课堂创新乏力问题,依托课改"四主体",贯通课改"四学段"开展创新

依托陕西师范大学课堂创新团队,联合中小学课改名校,首创"西北课改名校共同体"这一区域性课改组织,提出大学(任务:研究课改问题、引领课改发展),中小学(任务:实施课改、提出课改问题),政府(任务:推动课改、监督评价课改),媒体(任务:形成推动课改氛围、宣传推广课改)"四位一体"协同推动课改机制,以及小学、初中、高中、大学"四位一体"学段贯通协同深化课改机制。课改主体协同创新、合作共赢机制使得共同体组织的作用能够持续得到发挥。在共同体的协调组织下,西北乃至全国的课堂创新蓬勃发展,影响广泛。

### 四、成果的创新点

#### (一)在国内率先提出创新人才的6种心智模式理论

成果提出的创新人才必备的6种心智理论,是国际上为数不多的、发展性的、创造性的心理学理论,反映了创造力发展与教育心理学的新进展。该文章[衣新发,蔡署山,2011,《创新人才所需的六种心智》,《北京师范大学学报(社会科学版)》]被《新华文摘》全文转载,基于该研究的项目成为国务院教育体制改革项目的支撑性理论,相关研究得到国家自然科学基金资助。

#### (二)在国内先行开展贯穿PACE要素的课堂模式探索

在课堂创新模式设计中重点关注学生学习过程、综合能力、核心素养、学习评价4种核心要素。围绕学生全面发展与创新能力策划设计并实施课堂创新。该研究在《中国大学教学》(2012)、《高等理科教育》(2012)杂志上发表,引起广泛关注[发表在《中国大学教学》(2012)上的《高校教师教育教学能力发展与课堂教学模式创新——以陕西师范大学为例》的文章被下载2 227次,引用33次]。该成果荣获陕西省高等教育教学成果奖特等奖(2015)。

#### (三)首倡发展教师课堂创新能力之"赛促动发"思路理念

基于10余载课堂创新实践研究与3种类型的学校教师比赛(青年教师教学基本功大赛、实验技能创新大赛、课堂创新大赛)实践,提出旨在发展教师课堂创新能力的"赛促动发"思路理念,其核心内涵为4个词:"多赛融合、以赛促教、师生互动、共同发展"(简记为"赛促动发")。该理念被国内众多高校、中小学用作提升教师课堂创新水平的有效抓手,以实现创新人才培养目标。

### (四)开启"四位一体"联动推动与深化课堂创新机制

提出大学、中小学、政府、媒体"四位一体"以及小学、初中、高中、大学"四位一体"同频共振,形成合力,推动与深化课堂创新。创建西北课改名校共同体,将区域乃至全国的课改名校联系起来,交流分享课改经验,提高课堂创新质量。2017年,该成果荣获第十届陕西省基础教育教学成果最高奖(一等奖),并从全国1 400个教育改革典型案例中脱颖而出,成为最终获奖的140个成果之一,荣获第五届全国教育改革创新优秀奖。

### 五、成果的推广应用效果

#### (一)校内课堂创新

早在2007年,学校在《物理教学论》《世界现当代史》等课堂率先开展课堂创新实践。搭建教师三大赛教平台,组建课堂创新团队,开展信息化课堂创新实践。《"互联网+"教学设计与实践》《如何做创客教育》等创新课堂上线中国大学MOOC平台。目前,学校有《电动力学》等210余门信息化示范课程实施基于SPOC混合式翻转课堂教学。

#### (二)校外推广辐射

1. 理论成果推广

创新人才培养的理论成果发表于国内外教育类顶级刊物上。如《创新人才所需的六种心智》[衣新发等,2011,《北京师范大学学报(社科版)》]被人大《复印报刊资料》、《新华文摘》同时全文转载。成果通过期刊被广泛传播。

2. 大、中小学课堂创新

团队成员在"中国大学教学论坛"等大型会议、中国科学技术大学等50余所著名高校、中小学等做课堂创新报告300余场次,教师培训多达200余场次,现场学习人数累计超过5万余人次。面向中小学生开展机器人与创客教育科普讲座,受益人数近10万人。

西北课改名校共同体组织开展各类课堂创新活动,使众多中小学成为全国课堂创新典型。如西安灞桥东城一小:自2013年以来,全国课改名校长、教师6 000余人参加该校举办的多个大型课改公益活动,每年有来自全国各地的3 000多名教师观摩学习。西安市高陵一中:设立"陕西师范大学教授工作室",形成"课型+要素"问题导学"553智慧课堂"教学模式。近年来,先后有全国100多所学校观摩学习。

#### (三)人才培养成效显著

1. 高校人才培养

参与创新课堂学习的本科生综合能力与素质整体提高。在国际国内创新大赛中屡创佳绩。近3年,荣获国家级、省级创新大赛奖项("中国'互联网+'大学生创新创业大赛""'创青春'全国大学生创业大赛""微软'创新杯'全球学生科技大赛")共计26项,荣获国际级奖项["VEX世界机器人锦标赛(创新奖)""VEX世界机器人排名赛(全能奖)"]共计21项。

2. 基础教育人才培养

西安灞桥东城一小：经课改后，学生综合素质整体显著提高。如 2016 年，在中国教育学会举办的"IAP 中小学生综合竞赛"比赛中，学校有 31 名学生分获金、银和铜奖。六年级学生于烨楠在全国学生"学宪法讲宪法"总决赛中荣获全国一等奖和最佳应变奖。同时，教师教学水平也大幅提高，有 10 名教师在教育部"一师一优课，一课一名师"评选活动中获奖，位居西安市小学第一。

西安市高陵一中：设立学生校长，参与学校管理，让学生走向社会后需要的各种能力都在学校得到锻炼。2017 年，在陕西省第七届青年学生领袖峰会上，高陵一中有 4 名学生荣获一等奖，打破了原来由传统名校包揽一等奖的局面。

## 成果六

# 面向国防重大需求 "五维一体"的国防科技创新人才培养体系构建与实践

(成果编号:1-48)

### ■获奖等级
一等

### ■完成单位
西北工业大学

### ■主持人
王海燕,西北工业大学研究生院常务副院长,把握研究生培养机制体制改革总体方向,主要负责研究生创新人才培养体系改革的顶层设计、统筹规划和运行管理工作。在本成果中主要负责以下工作:①负责项目的设计论证和统筹规划。提出"五维一体"国防科技创新人才培养体系改革的总体思路,在争取到各级主管部门支持下开展项目论证和规划工作。②全面负责统筹项目各子模块的建设和验收工作。结合研究生教育工作实际需求,协同各部门聚焦主题,形成更为全面、特色更加鲜明的"五维一体"国防科技创新人才培养新模式。③全面负责项目的运行管理和过程监控。在建设和运行过程中积极出台各项激励措施,有力地推进人才培养模式改革并取得显著效果。④负责整个项目的验收及总结。

### ■团队成员
王海燕,张卫红,李勇,李春科,晁小荣,郭喜平,李玉龙,林欢欢,李圣,谢发勤,侯俊

### ■成果简介
"兵者,国之大事,存亡之道,命在于将。"人才是国防之本,是国防科技工业发展的决定性要素。在国家实施科技兴军战略,实现中国梦、强军梦的伟大历史进程中,

如何培养具有坚定报国情怀,掌握国防前沿科技知识,具备突出工程实践能力和创新精神的国防科技创新人才,是当前面临的重大和紧迫问题。

西北工业大学是以航空、航天、航海科学研究和工程教育为特色,两次荣获中共中央、国务院和中央军委联合褒奖"重大贡献奖"的全国唯一高校。2006年以来,依托国家教育体制改革试点项目、教育部研究生教育改革项目等,不断探索与实践,形成了面向国防重大需求,"五维一体"的国防科技创新人才培养体系。

1维:实施"理想构筑工程",强化国防特色教育,坚定报国情怀;2维:打造"翱翔学术平台",聚焦国防科技前沿,提升学术素养;3维:构建"一论三品链路",承担国防攻关任务,强化科研创新能力;4维:搭建"三创一特平台",参加国防工程实战,培育工程实践能力;5维:建立"多元协同机制",发挥多方培养优势,提升职业胜任力。

该体系培育了研究生解决国防重大科技问题的综合能力,在实践中取得显著成效。毕业研究生到国防领域就业人数占比年均保持在50%以上,培养出了运—20总师唐长红(2010年毕业)、探月总师吴伟仁(2007年毕业)、直—20总师周新民(在读)、"砺剑尖兵"白凌云(2012年毕业)等一批国防科技领军人才。该成果为国防科技领域及其他行业创新人才培养提供了示范和借鉴作用。

成果解决了国防科技创新人才培养中普遍存在的3个突出问题:

(1)国防科技创新人才培养目标未能适应新时代要求,内涵挖掘不深,缺少目标导向下的研究生教学体系设计。传统教学体系以知识传授为主,研究生知识结构体系与国防需求契合度不高,国防科技创新人才应具备的报国情怀、学术素养等多维度的综合能力培养不够。

(2)教学手段创新不足,教学环节与国防重大需求深度融合不够。传统教学过程按照课程教学和论文研究2个模块简单划分并相对独立,课程学习、科学研究、国防工程实践未能深度融合,导致研究生解决国防重大科技问题的实战综合能力薄弱,难以胜任推动、引领国防科技创新的重任。

(3)缺乏高效的多维协同培养机制,未能充分发挥联合培养单位的作用。与国防企业等联合培养单位未建立起系统化、个性化、贯通式的人才培养有效机制;联合培养单位在人才培养中的作用多限于提供实习实践场所、参与培养过程设计等简单形式,导致研究生不能深度参与国防科技攻关与工程实践。

■成果总结报告

# 《面向国防重大需求 "五维一体"的国防科技创新人才培养体系构建与实践》成果总结报告

一、成果解决教学问题的方法

(一)强化国防价值观塑造,构建目标导向下的人才培养体系

1. 突出价值引领,构建多维能力培养教学体系

教学体系融报国情怀、学术素养、科研创新、工程实践、职业胜任5要素为一体，着重将"西迁精神"、航天精神等价值观的核心要素融入培养目标，突出人才培养与服务国防重大需求高度融合及全过程贯穿。

2. 加强理想信念塑造和学术素养培育，优化研究生知识结构

实施"理想构筑工程"，优化培养方案，实施国防特色课程项目和课外提升计划，加强教导员和专业教师的思政建设，形成"思政、专业、国防"三融合的课程体系。

搭建"翱翔学术平台"，以优秀导学/教学团队为牵引，搭建国防前沿学术交流、学术合作、学科交叉三大平台，培养研究生学术素养，并以学分形式纳入培养方案。

(二)推进教学环节与国防需求高度融合，优化人才培养环境

1. 构建"理论+作品+产品+精品"链路，实现课程、论文和科研融会贯通

建设《液体火箭发动机推力室设计》《舰载无人机作战运筹分析》等国防特色课程480门，促进专业课程体系与国防科技前沿紧密关联，培养研究生掌握国防前沿科技解决实际问题的理论方法；结合课题攻关产出高水平论文、发明专利等年均4 000余项科技作品；参与工程项目年均2 500余项，形成高超声速飞行器关键技术、北斗卫星导航关键系统等创新产品；助力重大、重点项目，研制微小卫星、无人机、水中兵器等科研精品。激励研究生敢于挑战、深度探究、勇于创新，实现能力突破。

2. 搭建"创新平台+创新基金+创新创业+特色班"平台，支撑工程实践创新

依托部级研究生创新中心等，搭建26个全面开放、高度共享的创新实践平台；面向工程实际，支持自由选题，年均850万元设立4种创新基金；激励科技成果孵化，依托国家级众创空间组织和参与年均120场特色创新创业活动；强化个性化培养，创建"卓研班"等4个特色班。在工程实践中培养挑战精神和自主创新能力。

(三)依托多方培养单位，共建协同培养机制

1. 加强顶层设计，构建人才培养共同体

依托国防特色的国家级实践示范基地、协同创新中心等联合培养平台近100个，实施本硕贯通式培养计划和工程博士培养计划；打破学院、专业、企业、部门壁垒，实现培养方案统筹规划、培养资源精准对接和高效共享，每年选派近千名研究生去企业深度参与工程实践。

2. 强化过程指导，构建联合培养机制

制定联合培养、科研合作、双导师制等培养管理制度；开设导师学苑6期，完善师资队伍评聘选拔和发展评价机制；对国防领域就业毕业生建立发展反馈机制。

**二、成果的创新点**

成果以培养研究生服务国防重大需求的综合能力为着力点，明确了新时代人才培养目标，突破了传统的教学培养手段，创新了协同培养机制，在教学体系中突出国防价值观塑造，在教学环节中激发创新潜质，在机制保障中强化协同培养，促使研究生"自我认知提升，自我能力提高，自我价值实现"，构建出一条个性化培养、定向性培育、多元化发展的有效途径。主要创新点有以下几个方面。

（一）创建了"五维一体"的国防科技创新人才培养新体系

将国防需求与专业教育深度融合，通过铸魂、提素、育能、实战、协同路径，将国防需求与学生志向、学术志趣、知识体系、原创精神和动手能力培养有机结合。

将个性培养与全面发展协调统一，通过自主选题、自创项目、开放平台、共享资源，形成了自由探索、自己动手、自主创新的个性化培养环境。通过理想、素养、研究、创新、实践培育，促进研究生全过程、全方位全面发展。

（二）构建了"一论三品、三创一特"科研创新与工程实践相结合的教学新网络

以"一论三品"为牵引，将传统的课程学习、科学研究贯通为"理论—作品—产品—精品"的培养链路；以"三创一特"为抓手，将传统的工程实践平台拓展为"创新平台+创新基金+创新创业+特色班"的支撑架构，形成了"一论三品、三创一特"的教学新网络。

"一论三品"为"三创一特"提供科学研究导向，"三创一特"为"一论三品"提供自主创新载体，有效地提升了研究生的创新实践能力。

（三）建立了"产学研用+国防"多元协同培养新机制

在传统"产学研"的基础上，通过共建学校与国防企业协同创新联盟、校际学科交流平台、校地国防产业研究院和国防科技园区以及军民融合创新研究院等，开拓"产学研用+国防"新途径，打造多元协同培养国防科技创新人才平台。

组建"导师、企业专家、研究生"高水平科研协同创新团队和导师学苑，实施国防科技创新人才协同培育计划，提升了研究生的综合素质和职业胜任力。

**三、成果的推广应用效果**

（一）主要成效（2014—2017）

1. 研究生成为国防科技创新中坚力量

研究生参加国防重点任务，973、863等项目达7 000余项（占全校科研项目比例达80%以上）；助力"辽宁号"航母、新型战机、北斗导航等国防重大工程；重点参与载人航天与探月工程、大型飞机等国家科技重大专项10项；获得国家级及省部级科技奖励120余项，授权发明专利650余项，成果转化200余项；2016年研究生发表SCI等高水平学术论文4 400余篇，相较2006年（800余篇）年均增长率达20%。研究生为国防科技创新做出了突出贡献。

2. 研究生创新创业能力得到显著提升

研究生参加创新竞赛获得国家级以上奖项1 800人次，创新创业活动覆盖面达70%；2016年微小卫星团队获得第二届"互联网+"大学生创新创业大赛总冠军；2017年研究生深度参与研制的50千克级微小型自主水下航行器在央视《新闻联播》等栏目被多次报道。

3. 研究生献身国防的价值取向和综合能力不断增强

研究生在国防科技领域就业人数占比保持在50%以上，4年来为国防领域输送万余名科技创新人才，并涌现出运—20总师唐长红、直—20总师周新民、探月总师

吴伟仁等一批国防科技领军人才。Mycos等专业质量评估公司分析显示：经过该体系的实施，毕业的研究生在进入工作岗位后服务国防重大需求的综合能力显著提升，60%的毕业生在工作4年后迅速成长为单位科技攻关团队骨干。

（二）推广效应

1. 教育部、军方、高教界等积极评价

教育部部长陈宝生、中央军委副主席许其亮等领导视察并指出"西工大的人才培养颇具特色，为我国国防科技领域做出了巨大贡献"；两院资深院士调研团寄语"希望西工大继续做国防创新人才培养的典范"；清华大学、牛津大学等国内外30余所重点高校来校调研，并给予高度评价。

2. 人才培养平台引领示范

建成"工信部研究生创新基地"1个，航空、航海领域"全国示范性研究生联合培养基地"2个，航宇、兵器等领域陕西省示范工作站6个，校级联合培养实践基地72个；获批科技部"创新人才培养示范基地"（无人系统）、"全国首批深化创新创业教育改革示范高校"、"中美青年创客交流中心"（首批18家单位之一）和国家级"众创空间"等称号。每年组织国内外顶尖创新创业大赛及高峰论坛等，全国上万学生参与并受益。

3. 改革理念形成辐射

优化国防特色课程，建设国家在线课程、创新创业等课程等近200门；获批教育部等省部级教改项目14项，在国家核心期刊发表教改论文50余篇；成果在全国研究生院院长联席会等会议上做经验交流，获得高度评价；成果先后被中央电视台、《光明日报》《中国教育报》等多家媒体报道45次。

## 成果七

# 创建"五阶段递进式"教师教学培养体系 打造一流师资队伍 引领西部教师发展

（成果编号：2-10）

### ■获奖等级
二等

### ■完成单位
西安交通大学

### ■主持人
马知恩，男，教授，博士生导师，1935年1月生，1955年加入中国共产党。1954年毕业于北京大学数学系，分配至交通大学任教。曾任西安交通大学理学院院长、全国工科数学课程教学指导委员会主任等职。现任西安交通大学教师教学发展中心主任，高等学校大学数学教学研究与发展中心主任。科研方向为微分动力系统与生物数学。培养硕士生43人、博士生11人。出版教材、专(译)著16部。承担教育部教学改革项目10项，国家自然科学基金和国家科研项目10项。发表学术论文160余篇，其中SCI检索60余篇，在全国性期刊上发表教学论文10余篇。曾获得国家级和省部级教学和科研奖共13项(11项排名第一)。1991年获得全国优秀教师称号，2003年获得国家首届教学名师奖。

### ■团队成员
马知恩，王小力，鲍崇高，张健，雷利利，赵欣，李远康，左莹莹，董喆，张明，李宏荣，吉康敏，朱继洲，胡奈赛

### ■成果简介
西安交通大学致力于打造支撑"双一流"建设的高水平教师教学发展平台，弘扬西安交通大学优秀教学传统，秉承"立德树人品质为先，固本强基传承创新，砥砺奋

进追求卓越"的教师培养理念,创建"五阶段递进式"教师教学培养体系,在提升教师教学能力、提高人才培养质量、服务西部高校教师教学发展等方面取得了良好的工作成效和可推广的经验。

(一)设计"五阶段递进式"培养体系,系统推进教师教学发展工作

"五阶段递进式"教师教学培养体系强化顶层设计,根据教师成长与发展的实际需求,实施分阶段、分层次、全方位培训。五阶段依次为以合格教师为目标的新入职教师集中教学培训、以获得授课资格为目标的新任教师助教过程培训、以称职主讲教师为目标的新开课教师强化培训、以优秀教师为目标的成长过程跟踪培养和以教学骨干和教学名师为目标的个性化拔尖培养。

第一阶段聚焦教学基本功训练,要求新入职教师逐个试讲、专家点评、视频反馈,通过名师报告、示范观摩强化师德师风教育。第二阶段严把授课入门关,通过全程听课、辅导,进行教学过程训练;面向院内专家试讲,获得课堂试讲资格;面向学生试讲,专家随堂评价,进行授课资格认定。第三阶段通过传授教学理念、教学设计与教学方法强化教学训练,提高课堂授课能力。第四阶段通过跟踪听课、质量诊断、专题研讨、专项研究、精准指导,进一步提升教学能力和水平。第五阶段对优秀教师设计"量身定制"的培优方案,实施后备名师培养计划,建设高水平教学梯队。

该体系强化师德师风教育,传承西安交通大学优良传统,搭建教师教学发展平台,注重立师德与强师能结合,引导教师潜心教学,引领教师教学发展。创建实施"集中培训—专题研究—个性定制—精准指导"的教学培养模式,实现新入职教师培养全覆盖、贯穿中青年教师成长全过程,实现了"培养目标由单一模糊向定位准确、阶段明晰转变;培养内容由教学技能向强化育人、能力提升转变;培养方法由简单统一向个性定制、精准指导转变;培养过程由零散无序向系统整合、逐级提升转变"的四大转变。

截至2017年年底,该体系实现了2010年以来进校的1 082名教师和246名新开课教师培养全覆盖,开展试讲点评1 299人次,个性化定制培优、帮扶612人次;建立名师工作室10个,遴选培养各级后备教学名师66人,贯穿从新入职教师到教学名师的成长全过程;教改项目申报数累计551项、设立278项,投入经费528万元,参与教师1 300余人次,12门基础课程87.1%的教师参与了专项研究;教学专题研讨175次,参加教师12 000余人次。2015年,参加全国微课竞赛的12名教师全部获奖,位列全国第一;2017年8项成果获评中国高教学会教学改革优秀案例,占比23.5%,位列全国第一。

(二)主动发挥示范辐射作用,引领西部教师发展

西安交通大学主动承担引领西部高等教育事业发展的责任,依托教师教学发展中心牵头成立由112所高校加入的"西北地区高等学校教师教学发展中心联盟",创建了"联盟驱动—资源共享—进校帮扶—委托培养"的教师培养经验示范辐射模式,为西部高校教师培养贡献了智慧和力量。

创建了名师西部高校行报告会、优质课程研修、示范教学观摩、名师风采讲堂、教学培训和课堂教学质量诊断、教师发展中心建设研讨等多种教学服务形式，累计开展活动220余场，150余所高校3万名教师参加。协助西安建筑科技大学、保山学院等高校培养教师教学发展中心骨干6名。

西安交通大学教师教学发展中心先后被评为省级示范中心和国家级示范中心，2018年获得国家高等教育教学成果奖二等奖，在《中国大学教学》等期刊上发表研究论文11篇，承担高教学会重点攻关课题等省级以上教改项目8项。

■成果总结报告

## 《创建"五阶段递进式"教师教学培养体系 打造一流师资队伍 引领西部教师发展》成果总结报告

### 一、研究的背景

（一）成果实施的主要背景

1. 弘扬"西迁精神"，培育一流师资是传承创新、建设一流大学的必然要求

"兴国必先强师。"新时代教师队伍建设是推动教育改革的"牛鼻子"，具有"极端重要性"的战略地位。交通大学在迁校和扎根西部办学的60余载岁月里，铸就了以"胸怀大局，无私奉献，弘扬传统，艰苦创业"为核心内涵的"西迁精神"。2017年12月，习近平总书记对"西迁精神"做了重要指示，体现出总书记对西安交通大学的发展及其发展过程中熔铸的"西迁精神"的肯定，也对当代知识分子面向新时代提出了新要求。弘扬"西迁精神"，打造一流教师队伍是推进"双一流"建设的必然要求。

2. 打造一流教师教学发展平台，创新开展教师教学发展工作是培育一流师资的关键举措

教育部、财政部在《关于"十二五"期间实施"高等学校本科教学质量与教学改革工程"的意见》中强调，要积极引导各高校建立教师教学发展中心，并重点建设一批国家级示范中心。近年来，西安交通大学致力于打造一流教师教学发展工作平台，在国内首批成立了教师教学发展中心，将弘扬"西迁精神"融入教师教学发展工作中，以机制创新保障落实，以模式创新提升效果，取得了显著成效。

3. 创建分阶段递进式教师教学培养体系，符合教师教学成长和发展规律

本成果借鉴教师成长与发展理论，以及由此形成的高校教师专业发展阶段理论，结合研究型大学教师教学发展工作实际，对教师教学发展工作进行了科学化、规范化设计。创建的"五阶段递进式"教师教学培养体系，明确了教师从新入职、申请开课、新开课、优秀教师到教学名师5个不同发展阶段的培养目标和培养模式，为系统开展工作、有效提升质量奠定了基础。

### （二）本成果依托的课题项目

西安交通大学教师教学发展中心持续推进改革创新，先后承担或完成中国高等教育学会重大攻关研究项目等10项重要教学改革项目（国家级项目1项，省级项目7项，校级项目2项），其中"高等学校教师教学发展中心建设与实践研究""高校青年教师教学成长与发展机制的研究和实践""基础课程、核心课程教学现状调研及研究"等项目内容逐步向纵深方向发展，深入研究了教师教学发展中心运行模式，总结分析了基础课程教学和教师队伍现状，有效探索了促进青年教师成长发展的有效机制。

### （三）主要解决的教学问题

（1）师德师风水平有待提高，教书育人观念有待增强。当前体制机制下教师爱岗敬业精神亟须强化，教学投入不足，潜心教学者少。

（2）教师教学成长缺乏常态化、精准化、科学化的培养体系。基层教学组织功能削弱，教师成长和发展缺乏科学设计、专门指导及制度保障，导致教师长期依赖自我摸索，成长缓慢。

（3）教学基本功缺乏系统训练，教育教学理念、教学模式与方法需要更新。教师普遍缺少基本技能培养，缺乏教育理论基础的学习和教学实践的锻炼，导致教学质量难以保障。

（4）缺乏教师教学发展平台和专业师资培训队伍。教师培养缺少专门机构和平台支撑，缺少专家队伍研究和指导，导致教师发展工作的策划和推进缺乏科学性、引领性。

（5）西部高校教师培养缺乏优质资源和先进经验。师资队伍水平相对偏低，教师培养可借鉴经验匮乏，导致教师教学质量整体落后于东部高校。

## 二、教师教学培养理念与培养体系

（一）培养理念——"立德树人品质为先，固本强基传承创新，砥砺奋进追求卓越"

立德树人品质为先——把师德培育放在教师培养的首位，弘扬"西迁精神"，注重典型示范和精神引领，铸牢教师立德树人思想基础。

固本强基传承创新——回归本来，传承交大"基础厚、要求严"的优良教学传统，强化教学基本功训练；面向未来，紧贴新时代人才培养需求，培养教师教学改革能力。

砥砺奋进追求卓越——把"站好三尺讲台"作为重要教育内容，引导教师潜心教学，不忘育人初心；追求卓越，积极主动融入"双一流"建设。

（二）培养体系——"五阶段递进式"教师教学培养体系

"五阶段递进式"教师培养体系如图7-1所示。

科学划分，突出阶段性特征。遵循高校教师教学发展规律，运用教师职业发展阶段、职业生涯发展阶段等原理，将教师教学发展划分为5个阶段。结合学校要求和教师教学发展需求，提出各阶段的培养目标和方法。

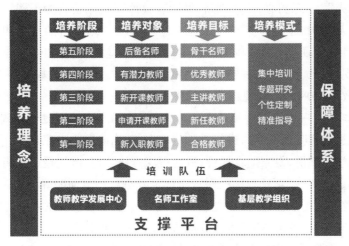

图 7-1 "五阶段递进式"教师教学培养体系

体系设计,实现系统化改革。该体系横向涵盖全体新入职教师、新开课教师、后备教学名师,纵向涵盖助教、讲师到教学骨干,层层递进,逐级提升,促进由教学培训向教学发展转变,形成有机整体。

分类指导,开展针对性工作。在教师新入职、授课资格认定和新开课阶段,注重统一要求,设定统一标准;对于优秀教师和后备名师,突出个性化培养;对于需帮扶的教师,开展精准指导,增强针对性。

三、"五阶段递进式"教师教学培养体系的内容与方法的研究与实施

教师培养过程进阶如图 7-2 所示。

(一)第一阶段——以合格教师为目标的新入职教师集中教学培训

内容:通过名师报告、示范观摩,强化师德师风教育;逐个试讲点评,视频反馈,训练教学基本功。

方法:邀请学校领导、院士、国家教学名师、西迁老教授走上培训讲台,开展"西

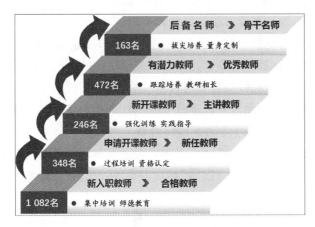

图 7-2 教师培养过程进阶图

迁精神,西迁人""不忘初心,传承创新,做四有教师""视站讲台为天职"等师德师风教育报告,以及"打铁还需自身硬""怎样上好一堂课""站讲台的责任和艺术"等教学专题报告,传扬"西迁精神"和交大教学传统,传承教学理念和经验。通过"专家示范—课堂观摩—试讲点评—视频反思"的培训方法,加强教学基本功训练。累计培训新入职教师1 082名,实现对新入职教师培训的全覆盖。

(二)第二阶段——以获得授课资格为目标的新任教师助教过程培训

内容:通过全程听课、辅导,进行教学过程训练;面向院内专家试讲,获得课堂试讲资格;面向学生试讲,专家随堂评价,进行授课资格认定,严把授课入门关。

方法:制定并实施《新任教师授课资格认定办法》,一方面明确参加课程听课、教学辅导等助教训练要求,另一方面先后设置面对专家和学生课堂4~8学时的两次试讲环节,专家帮扶、评价,进行授课资格认定,严把课堂教学关。

(三)第三阶段——以称职主讲教师为目标的新开课教师强化培训

内容:通过传授教学理念、教学设计与教学方法以及试讲点评,强化教学训练,提高课堂授课能力。

方法:面向教学实际和教师首次授课需求,突出理论与实践相结合。设置专题报告,内容主要涉及课堂教学设计、表达与发声、信息技术与教育教学深度融合等方面;组织观摩授课竞赛获奖选手现场示范教学;在专家指导下,开展试讲点评和讨论。通过培训,促进新教师更新理念,勇于研究和改进教学方式方法;重视教学基础,进一步强化基本功训练,使其成为称职的主讲教师。累计培训新开课教师246名,实现对新开课教师培训的全覆盖。

(四)第四阶段——以优秀教师为目标的成长过程跟踪培养

内容:通过跟踪听课、质量诊断,精准指导;组织专题研讨、专项研究,进一步提升教学能力和水平。

方法:实施精准指导,有针对性地组织专家跟踪听课,精准指导,及时反馈意见,促进教师改进教学。组织教师参加授课竞赛、微课竞赛并跟踪指导,多维度帮助教师提升教学基本功,改进教学方法。开展教学研讨,组织如何进行教学设计、如何开展互动式教学、现代信息技术与教育教学深度融合等主题的专题研讨86次。组织教改研究,实施"专家跟踪指导—理论提升—成果凝练—交流推广"的教学改革模式并专门设立青年项目,为教师搭建参与教学改革的平台,投入经费163万元,设立教改项目211项。启动基础课程质量建设工程,对《高等数学》《大学物理》等12门课程设立67个教改专项,投入365万元建设经费。

(五)第五阶段——以教学骨干和教学名师为目标的个性化拔尖培养

内容:通过对优秀教师"量身定制"培优方案,实施后备名师培养计划,建设高水平教学梯队。

方法:出台《"名师、名课、名教材"建设工程实施方案》《"教学名师工作室"工作职责及管理》等文件,投入专项经费2 082万元,从制度机制和经费上保障项目有效施行。项目实施以来,建立名师工作室10个,遴选各级后备教学名师66名,并指导后备名师制订年度工作计划、跟踪工作开展情况。

**四、实施教师教学培养的支撑平台与制度保障**

教师教学培养和发展需要建设支撑平台,需要专门机构落实和教务处、人力资源部、财务处等多个职能部门有机协作,学院和基层教学组织是教师培养、教师队伍建设的主体,也需要联合学校各部门深度开展教师培养工作。

(一)搭建教师教学发展平台,组建师资培训专家队伍

成立教师教学发展中心,建设国家级示范中心,为开展好教师教学发展工作提供了机构保障;建立"学校—学院—课程组"三级联动的教师培养机制,为教师培养工作落实提供了机制保障;建立40余名高水平专家组成的师资培训队伍和7名具有丰富教学与教学管理经验的资深教授组成常设中心专家工作组,为提升教师培养质量提供了队伍保障。

(二)制定教学激励政策,为教师发展提供制度保障

设立本科教学终身成就奖、卓越奖和优秀团队奖,改革教学质量评价和津贴核算办法,形成教学奖励、考核晋升、绩效分配等一系列教学激励政策,为教师发展提供制度保障。

(三)打造"教师之家",助力教师教学发展

举办"语言之魅 教学之美""青年教师心理调适与幸福感提升"等研讨会45场,关爱教师身心健康。在帮助解决教学实际问题的同时,建设"教师之家"助力教师教学发展,增强中心工作的吸引力和感染力。

**五、成果的创新点**

(一)创建了"五阶段递进式"教师教学培养体系,实现了4个转变

秉承先进培养理念,以教师教学成长和发展理论为依据,以实施分阶段、分层次、全方位培训为核心,以"学校—学院—课程组"三级联动的教师培养机制和两支培训队伍为支撑,以教学激励政策和规章制度为保障,创建了"五阶段递进式"教师教学培养体系,贯穿教师发展全过程,实现全覆盖,打造一流师资队伍,实现了4个转变:培养目标由单一模糊向定位准确、阶段明晰转变;培养内容由教学技能向强化育人、能力提升转变;培养方法由简单统一向个性定制、精准指导转变;培养过程由零散无序向系统整合、逐级提升转变。

(二)创建了"集中培训—专题研究—个性定制—精准指导"的教师教学培养模式

开展不同形式的集中培训和专题研究,强化敬业精神教育、夯实教学基本功、更新教育教学理念、创新教学模式方法,着力提升教师能力,解决教学实际问题。

针对不同层次、不同类型教师的个性和特点,"量身定制"培养方案,通过跟踪听课、试讲点评,开展教学诊断、个性化帮扶,实现精准分析、精准指导。

（三）建立了高水平师资培训专家队伍和教师教学发展中心专家工作组，引领教师教学发展

组建稳定、专业、高水平的师资培训队伍，承担专题报告、跟踪听课、评估帮扶、个性化指导等工作，紧跟科学发展趋势，引领先进教育理念。

常设教师教学发展中心专家工作组，研究教师成长规律，策划、推进教师发展工作，亲身参与教学培训全过程，言传身教，率先垂范。

（四）创建了"联盟驱动—资源共享—进校帮扶—委托培养"的教师培养经验示范辐射模式

强化责任担当，发挥示范辐射作用。牵头成立由105所高校加入的"西北地区高等学校教师教学发展中心联盟"，共享优质资源，开展"名师西部高校行""优质课程研修""示范教学"等多种形式的教学服务；组织专家团队进高校，协助开展师资培训、教学诊断等工作；组织中心建设研讨，接受委托培养中心骨干，推动教师发展工作，为西部高校教师培养做出重要贡献。

**六、成果的推广应用效果**

（一）教师培养量大面广，中青年教师实现全覆盖，贯穿成长全过程

(1)实现了2010年以来进校的1 082名教师和246名新开课教师培养全覆盖；开展试讲点评1 299人次；个性化定制培优、帮扶612人次。

(2)建立名师工作室10个，遴选培养各级后备教学名师66人，贯穿从新入职教师到教学名师的成长全过程。

（二）教师参与教学研究的积极性增强，培养效果显著，教学质量提高

(1)2012年以来，中心教改项目申报数累计551项、设立278项，投入经费528万元，参与教师1 300余人次，12门基础课程87.1%教师参与专项研究；教学专题研讨175次，参加教师12 000余人次。

(2)基础课程优秀教学团队12个，占比86%；10名教师获得教学卓越奖。37名未通过授课资格认定的教师经帮扶后通过率达到100%。全校28%的教师在教学研究、教学竞赛等领域成绩突出；教师培训效果满意度达到99.6%。

(3)2015年，12位教师参加全国微课竞赛全部获奖，位列全国第一；2017年，8项成果获评中国高教学会教学改革优秀案例，占比23.5%，位列全国第一。

(4)教学质量显著提升，毕业生继续深造率从2012年的57.72%提升到2017年的66.07%，位居全国前五；学生获得国际、国家级奖项从2014年的51项232人次增加到2017年的86项447人次。

(5)《中国科学报》《中国教育报》分别以《没"水分"的教师培训才具吸引力》《"五阶段递进式"促进教师快速成长》为题进行了报道。

（三）教师培养经验推广范围大，应用效果好

(1)学校教师教学发展中心先后被评为省级示范中心和国家级示范中心。《传承创新　固本强基　创建'五阶段递进式'教师教学培养体系》获得中国高教学会

优秀案例。在《中国大学教学》等发表研究论文11篇,承担省级以上教改项目8项。

(2)搭建"西北联盟"教师服务平台,开展教学服务活动共计200余场,逾2万名教师受益。其中"名师西部高校行"50余场,参加高校90余所、教师8 600余名;优质课程研修13门次,参加高校157所,培训教师1 247人;专家团队在陕西理工大学等9所高校开展教学培训和课堂教学质量诊断13场;教师发展中心建设研讨12场;协助西安建筑科技大学、保山学院等高校培养教师教学发展中心骨干6名。

(3)15所高校抽样调查显示,受训教师中69%已经成为教学骨干。2016年9月,《中国教育报》以《"西北联盟"帮更多教师快速成长》为题进行了报道。

## 成果八

# 基于经典细读与方法引导的古代文学创新人才培养系列教材建设与教学实践

（成果编号：2-29）

■ **获奖等级**
二等

■ **完成单位**
西北大学

■ **主持人**
李浩,博士,2015年获得陕西省高等教育教学成果奖特等奖(排名第1);2012年获得全国高校第一届大学素质教育优秀研究成果一等奖;2012年获得陕西省普通高等学校优秀教材一等奖;2003年获得陕西省首届普通高校教学名师称号;2014年、2016年获得陕西省优秀博士学位论文指导教师称号;2013年获得教育部中国高校科学研究优秀成果奖(人文社科)二等奖;2006年获得教育部中国高校科学研究优秀成果奖(人文社科)三等奖;2015年获得教育部长江学者奖励计划特聘教授称号;2007年获得全国优秀教师称号;2017年获得陕西省先进工作者称号。

■ **团队成员**
李浩、段建军、张文利、李芳民、成明明、田苗、杨新平、杨遇青、邱晓、赵阳阳

■ **成果简介**
依托西北大学文学专业学科平台,经过长期的教学实践探索和理论研究积淀,设计编撰了一整套较为完备的、序列化的、行之有效的古代文学创新人才培养系列教材。已出版6部教材,其中国家级规划教材2部、"马工程"教材1部。这套教材为构建立体的古代文学创新人才培养体系提供了学理基础,既格外重视经典细读与方法引导的深度结合,又着重突出层级教材之间的衔接过渡;既充分注意教材的学

术深度与应用广度的调节适配,亦全面顾及教材编撰与教学实践的关联互动,进而带动了古代文学教学理论革新与实践探索。

成果主要解决了古代文学创新人才培养过程中普遍存在的3个突出问题:

(1)教材建设层级的割裂性问题。

(2)教材建设类型的单一性问题。

(3)教育教学实践的单向性问题。

■ **成果总结报告**

## 《基于经典细读与方法引导的古代文学创新人才培养系列教材建设与教学实践》成果总结报告

**一、成果简介及主要解决的教学问题**

(一)成果简介

本成果建设的宗旨是保护母语文化、注重本土学术资源、活化优秀传统文学经典。为加强对中华优秀传统文化的挖掘和阐发,使民族文化基因与当代文化相适应、与高等教育发展相协调,不断提升人才培养质量,本团队依托教育部高校特色专业及陕西省普通高校一流专业(汉语言文学)、陕西省重点学科(中国古代文学)、陕西省优秀教学团队(中国古代文学团队)等学科平台,承续西北大学中文学科百年传统,经过长期的教学实践和理论探索,设计编撰了一整套较为完备的、序列化的、行之有效的古代文学创新人才培养系列教材。

该系列教材共有9部:《中国文学作品选注》,中华书局,2007年版;《唐诗美学精读》,复旦大学出版社,2009年版;《唐文选》,人民文学出版社,2011年版;《中国古代文学研究方法导论》,高等教育出版社,2013年版;《中国古代文学名著导读》,高等教育出版社,2014年版;《中国古代文学史》,高等教育出版社,2016年版;《中国古代文学研究经典精读》,高等教育出版社,2017年版;《中国古代文学作品选》,高等教育出版社,2018年版;《文学研究的新思维》,即将整理出版。其中,《中国文学作品选注》《唐诗美学精读》为"十一五"国家级规划教材,《中国古代文学史》为全国"马克思主义理论研究与建设工程"(以下简称"马工程")教材,《中国古代文学作品选》为"马工程"教材《中国古代文学史》配套教材。

本套教材及相关教学成果曾获得的奖励情况如下:基于经典细读与方法引导的古代文学创新人才培养系列教材,2015年获得陕西省高等教育教学成果奖特等奖;以学术创新为平台的中国古代文学课程群教学改革与探索,2013年获得陕西省高等教育教学成果奖二等奖;创作型文学人才培养的"12344"模式,2017年获得陕西省高等教育教学成果奖二等奖;《唐诗美学精读》,2012年获得全国高校第一届素质教育优秀研究成果奖一等奖;《唐诗美学精读》,2012年获得陕西省普通高等学校优秀教材一等奖;基于经典细读与方法引导的古代文学创新人才培养系列教材,2015年获得西北大学教学成果奖特等奖;创作型文学人才培养的"12344"模式,2017年获得西北大学教学成果奖一等奖;唐诗研讨小班教学模式的探索与实践,2017年获得西北大学教学成果奖二等奖。

李浩,2003年获得陕西省首届普通高校教学名师称号;中国古代文学史,2004年获批陕西省精品课程;中国古代文学教学团队,2008年获得陕西省优秀教学团队;汉语言文学专业,2009年获评教育部高等学校特色专业;汉语言文学专业,2013年获评陕西省汉语言文学人才培养模式创新试验区;汉语言文学专业,2017年获评陕西省普通高校"一流专业"。

(二)主要解决的教学问题

本套教材既格外重视经典细读与方法引导的深度结合,又着重突出层级教材之间的衔接过渡;既充分注意教材的学术深度与应用广度的调节适配,亦全面顾及教材编撰与教学实践的关联互动,进而带动古代文学教学理论革新与实践探索,主要解决了古代文学教材编撰与教学实践中普遍存在的以下3个突出问题。

1. 教材建设层级的割裂性

传统的古代文学教材建设缺乏对本、硕、博三级人才培养联动机制的整体考量,本科阶段缺少富于启发性、特色性的教材,硕、博士阶段的教材建设普遍受到忽视,导致人才培养链条衔接不紧密,优秀人才供给不足。

2. 教材建设类型的单一性

通行的古代文学教材类型欠丰富,本科生教材编写偏重于作品讲读,轻视理论训练;研究生教材建设偏重于研究方法传授,对学术原典的阅读、前沿问题的探讨重视不足,导致教学过程中作品讲读与方法引导相脱节,学生的学术训练缺乏系统性,在阅读广度与理论素养上普遍有所欠缺。

3. 教育教学实践的单向性

传统的教材编撰者较少关注接受主体的阅读视角与接受层次,缺乏对学习兴趣的引导与问题意识的培养,往往导致教学过程中学生的参与度较低,知识传授与实践教育常相割裂,限制了学生独立思考和解决问题能力的充分发展。

二、成果解决教学问题的方法

(一)构建层级分明、衔接照应的古代文学教材体系

本套教材的编撰在充分考察本、硕、博不同层次学生接受特点的前提下,以适配各阶段学生的学习需求为宗旨,秉承循序渐进的原则,有计划、有步骤地设计和编写了涵括3个层级的古代文学系列教材。教材编写中明确强调给本科生以知识,给硕士生以方法,给博士生以视野。尤为重视本科阶段的古代文学教育,编有《中国古代文学史》《中国文学作品选注》《唐诗美学精读》等中文专业适配教材;编有《中国古代文学名著导读》《唐文选》等通识课教材,以吸引非中文专业的优秀本科生进入古代文学研究队伍。还编有硕士生教材《中国古代文学研究方法导论》《中国古代文

学研究经典精读》,博士生教材《文学研究的新思维》,形成层递性和系统性,使不同层级的学生学习古代文学都有"本"可依,克服了教材建设层级的割裂性问题。

(二)凸显以经典细读和方法引导为特色的教材编撰原则

本套教材设计了文学史、作品细读、方法导论、学术名著、学术前沿等五大知识模块,以经典为基石,以历史为脉络,以方法为溶剂,以前沿为指针,兼顾知识性与研究性,统筹普及性与专业性。为不同层级的学生编撰了文学史1种,作品选与学术论文选5种,方法导论2种,学术前沿1种。教材编撰过程中,既重视层级之间的纵向衔接和层层深入,又注重知识类型之间的横向联动与多元互见,尤以经典细读和方法引导为重心,熔铸五大知识模块,重点克服作品讲读与理论训练相脱节的现象,形成了类型丰富、特色鲜明的古代文学系列教材,解决了古代文学教材建设的单一性问题。

(三)本套教材立足于学生的学习需求和接受特点进行编撰

设计了经典导读、经典文选、延伸阅读、研讨题目等开放性栏目,力求把教材设计理念与教学实践环节相衔接。结合教材设计特点,灵活采用小班研讨教学、文学现场教学、口述史学教学等开放式教学法,突出学生的主体地位,培养自主型、研究性学习能力。在教学实践过程中,选拔优秀本科生进行诗词吟诵、经典改编等,将书本知识付诸艺术实践,进行中华优秀传统文化的再创造。以系列教材和多元教学法相配合,实现了师生之间、教材编撰者与接受者之间、知识传授与实践教育之间的开放式互动,克服了教育教学实践的单向性问题,极大地提升了古代文学创新人才的培养质量。创立开放互动、知能并重的古代文学教学模式。

三、成果的创新点

(一)回归经典,培植学生的厚重学养与人文底蕴

本套教材在编撰和应用过程中均以经典细读固本筑基。本科生教材《中国文学作品选注》《中国古代文学名著导读》《中国古代文学作品选》《唐文选》等以古代文学经典细读为旨归,通过导读、注释、辑录评点等方式,全方位地帮助学生深入理解和体会历代文学经典的艺术内涵,培养学生纯粹的文学趣味和鲜活的艺术感受力。研究生教材《中国古代文学研究经典精读》则以学术经典细读为主,通过经典导读、延伸阅读等引导学生学习领会学术大师的治学风范,提高自主学习能力。在经典细读中,积累学养,夯实底蕴,陶铸纯正的学术品格。

(二)授人以"渔",树立学生的问题意识与创新精神

本科阶段围绕教材中所列研讨题目,引导学生开展疑问式阅读、对比式阅读和联想式阅读,着重训练学生从作品中归纳抽绎问题的能力,实现从知识型阅读到研究型阅读的转化。研究生阶段既系统讲授研究方法导论、文学研究新思维等,又鼓励学生从学术经典细读中汲取学术大师的治学方法,引导研究生关注新材料、选择新视角、运用新方法,在新旧文献与经典作品中发现有价值的学术选题。通过系统的方法引导和训练,使学生紧跟学术前沿,走向自我创新的超越之境。

### (三)守正创新,构建古代文学创新人才培养教材体系

本套教材在设计编撰原则上,参与统编(主编《中国古代文学作品选》、《中国文学作品选注》第四编、《中国古代文学史》第四编)与自主编写相结合,作品细读与文学史研究相促进,学术经典精读与研究方法导论相融通,形成了一套涵摄广阔、类型丰富、特色鲜明的古代文学系列教材。以教材建设为基础和纽带,带动教育教学方面的改革创新,在本科生中开展唐诗研讨小班等精细化教学,在研究生中开展古代文学创新项目支持计划等,选拔和培养具有良好潜质的学术人才,提升其创新能力,探索出一条以教材建设为依托,本、硕、博三级联动的人才培养链条与体系。

### 四、成果的推广应用效果

#### (一)系列教材的推广使用

《中国文学作品选注》为教育部面向 21 世纪课程教材《中国文学史》配套教材,累计发行 97 000 册。"马工程"教材《中国古代文学史》被教育部指定为全国高校本科中文专业使用教材,并作为本科教学审核评估的重要考评指标,被北京、天津、上海等全国 27 个省(自治区、直辖市)高校选用,累计发行约 70 000 册。《唐诗美学精读》已印至第五版,累计发行 10 200 册。《中国古代文学研究方法导论》已印至第二版,累计发行 6 000 册,陕西师范大学等高校作为推荐教材使用。《中国古代文学名著导读》累计销售 7 000 册,在新疆大学等校被作为教材使用。《唐文选》累计发行 5 000 册。

#### (二)促进学生创新能力的全面提升

依据教材中的研讨题目,指导学生申报获批国家大学生创新创业训练计划项目 7 项、省级创新项目 10 项;获得"挑战杯"全国大学生课外学术科技作品竞赛三等奖 1 项、省级一等奖 1 项。古代文学研究生获得全国优秀博士学位论文奖 1 项(李浩指导的硕士卢燕新,后随傅璇琮攻读博士学位),陕西省优秀博士学位论文奖 3 项;获得陕西省研究生创新成果展二等奖 2 项;获批西北大学研究生自主创新项目 22 项;在 CSSCI 期刊发表论文 110 余篇。博士后入选中组部国家"万人计划"青年拔尖人才 1 人、陕西省"特支计划"青年拔尖人才 1 人、陕西高校人文社会科学青年英才支持计划 2 人。此外,在"抒雁杯"青春诗会和"黑美人"艺术节中,以教材为依托,指导学生创作了大量的古体诗和《窦娥冤》《武贰》等古代经典的改编剧目,促进了学生创意写作能力的快速发展。

#### (三)促进教学团队成员的长足进步

通过教学相长、教编相长、教研相长,团队成员学术成长步伐很快。获得陕西省优秀博士学位论文指导教师 2 人、西北大学优秀硕士学位论文指导教师 3 人、国家大学生创新性实验计划项目优秀指导教师 1 人;入选长江学者特聘教授 1 人、教育部新世纪优秀人才 1 人、陕西省"特支计划"领军人才 1 人、陕西省教学领域顶尖人才 1 人、三秦人才 1 人、仲英青年学者 1 人。

#### (四)社会反响与现实效应

本成果倡导的开放互动性教学模式在教学中应用多年,2014 级研究生教学班

的专题研讨《李杜诗篇及其当代价值——西北大学的一堂文学课》,整版刊登于《光明日报》2014年11月28日第13版。团队成员被聘为教育部"马工程"教材骨干教师示范培训班主讲教师;团队成员多人被聘请担任陕西省委宣传部"十九大"报告宣讲团成员,宣讲"十九大"与中国优秀传统文化的继承与弘扬;成果主持人还受聘参与了《普通高等学校本科专业中国语言文学类教学质量国家标准》的制定。以本成果为重要支撑,"西北大学优秀中国文化传承与创新研究基地"获评陕西省哲学社会科学重点研究基地,"中华优秀文化传承发展研究协同创新中心"获批陕西省2011协同创新中心。

## 成果九

# 中国古代文学博士研究生培养模式的探索与实践

（成果编号：2-31）

■ **获奖等级**
二等

■ **完成单位**
陕西师范大学

■ **主持人**

张新科，男，汉族，1959年生，教授，现为陕西师范大学文学院博士生导师，文学院院长。主要从事中国古代文学教学与研究工作。国务院学位委员会第六届、第七届中文学科评议组成员，中国《史记》研究会副会长、陕西省司马迁研究会会长等。发表学术论文100多篇，出版《史记学概论》《中国古典传记文学的生命价值》等著作10余部，主编《史记研究资料萃编》等著作10余部。近年来，主持国家社科基金重大招标项目《中外史记文学研究资料整理与研究》，国家社科基金一般项目《中国古典传记文学的生命价值》《史记文学经典的建构过程及其意义》等。获得陕西省政府哲学社会科学优秀成果奖一等奖1项、二等奖2项、三等奖4项，陕西省高校人文社科优秀成果奖一等奖3项，全国优秀古籍图书奖二等奖1项、三等奖1项。主持的《中国古代文学》课程先后获得国家级精品课程、国家级精品资源共享课程。2018年，获得国家高等教育教学成果奖二等奖。

■ **团队成员**

张新科，霍松林，刘锋焘，高益荣，刘生良，傅绍良，吴言生，赵望秦，霍有明，曹胜高，高一农，柏俊才，杨晓斌，程世和

■ **成果简介**

陕西师范大学中国古代文学博士点创建于1986年。30多年来，在创点导师、学

林泰斗霍松林教授带领下,建构起了具有鲜明地域文化特色的博士高层次人才培养模式,探索出了提高培养质量的实施路径,即以"品学兼优、知能并重"为培养目标,"重功力重能力"为招生机制,"2+X"为课程体系,"五个结合"为培养方式(强基固本与发挥专长相结合,理论修养与文献功底相结合,文本研习与实地考察相结合,学术研究与诗词文赋创作相结合,博士生科研训练与导师研究项目相结合),共性与个性结合的教材体系,多元的博士创新奖助体系。经几代学者努力,培养的博士在全国知名度、影响力稳步提升,尤其是被称为"关西夫子""西北王"的霍松林教授所培养的博士,已经形成蜚声海内外的中国古代文学高层次人才团队——"霍家军"。本博士点形成的培养模式和实施路径成效显著,具体体现在:①模式培养的博士数量和质量均居全国前列。本模式先后为国家培养了160多位中国古代文学博士高层次人才,遍布中国社会科学院、清华大学、北京师范大学、武汉大学、吉林大学、东南大学、西北大学等近50所高校和科研机构。有2篇学位论文获得全国优秀博士学位论文提名奖,8篇获得陕西省优秀博士学位论文,6篇入选中国台湾文津出版社《大陆地区博士论文丛刊》,6篇入选《中国社会科学博士论文文库》。仅霍先生培养的博士就有2人成为国务院学位委员会中文学科评议组成员,4人获评"长江学者",2人亮相央视"百家讲坛",这在全国同专业中首屈一指。②该模式对全国中国古代文学博士和硕士的培养起到了重要引领作用。模式中包含的选才机制、课程体系、考核体制、培养方式、教材专著等元素,辐射到校内相关博士点和硕士点,并随所培养博士传播到各自工作的高校。由于这些博士多已担任博士生导师、硕士生导师和学科带头人,故此模式在其他单位的博士生和硕士生培养中得到推广应用。

成果有效解决了该专业博士生培养中普遍存在的3个突出问题:

(1)选才问题。以往博士生招生唯成绩论倾向严重,导致很多有潜力的培养对象因外语等非专业因素得不到深造的机会。

(2)培养目标问题。如何在注重知识能力提高的同时,重视文学底蕴的培养和人文素养、综合能力的提升。

(3)课程设置与培养方式问题。博士阶段往往忽视对经典原著的研读和学科前沿意识的培养,且培养方式较为单一。

这些问题的存在,影响了学生专业兴趣、专业素养、研究能力的提升,直接影响到该学科的健康发展。本成果经过多年实践,很好地解决了这些问题。

■成果总结报告

# 《中国古代文学博士研究生培养模式的探索与实践》成果总结报告

**一、陕西师范大学中国古代文学博士点的基本情况**

陕西师范大学中国古代文学学科于1986年经国务院学位委员会批准获得博士

学位授予权,1997年被评为陕西省重点学科,2007年被评为国家重点学科。30年来,历经几代学者的建设,本博士点的人才培养质量及在全国的学术地位和知名度稳步提升,成果显著。

本博士点首位指导教师霍松林教授,是1986年经国务院学位委员会批准的博士生导师。此后,随着本学科的发展,指导教师的数量逐渐增加,杨恩成、马歌东、王志武、张学忠、魏耕原等教授先后招收博士生。尚永亮教授曾作为博士生导师协助霍松林先生培养博士生,后调入武汉大学任教。此外,青海师范大学董家平教授曾增列为本博士点的博士生导师并招生。目前,本学科在职博士生导师有13人。

本博士点的发展分3个阶段:1986—2000年为开创奠基阶段,创点导师霍松林教授亲手制订培养方案和教学大纲,传道授业,不断扩大学术声誉和影响;2000—2005年为发展壮大阶段,导师队伍扩大,培养方向也有了拓展;2005年以来为繁荣兴盛时期,导师队伍逐渐年轻化,人才培养成果层出不穷。本博士点起初有先秦、两汉、魏晋、南北朝文学,唐宋文学,元明清文学3个方向。后来根据社会发展和学科建设需要,适时增设了古代文学与宗教、文体研究与文学教育、国学经典研究3个方向,同时注重得天独厚的地域优势,强化长安文化与文学研究和周秦汉唐文学研究,形成了较为合理完整、特色鲜明的博士生培养体系。

**二、成果内容简介及解决的教学问题**

陕西师范大学中国古代文学博士点创建于1986年。30年来,本博士点在创点导师、学林泰斗霍松林教授的带领下,建构起了具有鲜明地域文化特色的博士生培养模式,探索出了提高培养质量的实施路径,即以"品学兼优、知能并重"为培养目标,"重功力重能力"为招生机制,"2+X"为课程体系,"五个结合"为培养方式(强基固本与发挥专长相结合,理论修养与文献功底相结合,文本研习与实地考察相结合,学术研究与诗词文赋创作相结合,博士生科研训练与导师研究项目相结合),共性与个性结合的教材体系,多元的博士生创新奖助体系。经几代学者的努力,培养的博士生在全国的知名度、影响力稳步提升,尤其是被称为"关西夫子""西北王"的霍松林教授所培养的博士生,已经形成蜚声海内外的中国古代文学高层次人才团队——"霍家军"。本博士点形成的培养模式和实施路径成效显著,体现在:①模式培养的博士数量和质量均居全国前列。本模式先后为国家培养了160多位中国古代文学博士高层次人才,遍布中国社会科学院、清华大学、北京师范大学、武汉大学、吉林大学、东南大学等近50所高校和科研机构。有2篇学位论文获得全国优秀博士学位论文提名奖,8篇获得陕西省优秀博士学位论文,6篇入选中国台湾文津出版社出版的《大陆地区博士论文丛刊》,6篇入选《中国社会科学博士论文文库》。仅霍先生培养的博士中就有2人成为国务院学位委员会中文学科评议组成员(张新科、李浩),4人获评"长江学者"(尚永亮、张新科、李浩、康震),2人亮相央视"百家讲坛"(康震、马茂军),这在全国同专业中首屈一指。获得其他各类人才称号和担任各种学术团体负责人的人数更多。②该模式对全国中国古代文学博士和硕士的培养起到了重要的引领作用。模式中包含的选才机制、课程体系、考核体制、培养方式、教材专著等元素，辐射到校内相关博士点和硕士点，并随所培养的博士生传播到各自工作的单位。由于这些博士生多已担任博士生导师、硕士生导师和学科带头人，故此模式能够在其他单位的博士生和硕士生培养中得到推广应用。

成果有效地解决了该专业博士生培养中普遍存在的3个突出问题：

(1)选才问题。以往博士生招生唯成绩论倾向严重，导致很多有潜力的培养对象因外语等非专业因素得不到深造的机会。

(2)培养目标问题。如何在注重知识能力提高的同时，重视文学底蕴的培养和人文素养、综合能力的提升。

(3)课程设置与培养方式问题。博士阶段往往忽视对经典原著的研读和学科前沿意识的培养，且培养方式较为单一。

这些问题的存在，影响了学生专业兴趣、专业素养、研究能力的提升，直接影响到该学科的健康发展。本成果经过多年实践，很好地解决了这些问题。

**三、成果解决教学问题的方法**

(一)突破唯成绩论，不拘一格选拔优秀生源

为避免考试制下招收博士研究生的某些缺陷，从古代文学研究的实际出发，在招生选材时重功力、重能力。在总成绩中看重专业成绩，同时以专业考试成绩为基础，更看重研究能力和科研成果，不管年龄大小、不论"出身"高低，唯真才是举。甚至在政策允许情况下破格录取特别有研究能力的考生。从2014年开始在考试制之外又增加了"申请—考核"制这一博士生招生的新方式，对申请者的思想品德、研究能力、科研成果等进行全面考察，表现优异者予以录取。

(二)建构独特培养模式，在实践中予以实施，提升博士生的综合能力

第一，坚持把"品学兼优、知能并重"作为培养目标。始终以质量意识贯穿于培养的全过程。既重视学业成绩，更重视品德修养；既重视知识积累，更重视能力提升，学以致用。导师以身作则，言传身教。第二，课程设置独辟蹊径，以"2+X"为课程体系，做到"通"与"专"相结合。"2+X"中的"2"，指不同研究方向共同开设"儒释道与中国文学""中国文学研究通论"两门必修课，"X"指每一方向、每一导师独特的选修课。第三，在培养方式和实施路径上做到5个结合：①根据每个博士生的特点，把强基固本与发挥专长相结合。②根据文学研究特点，把理论修养与文献功底相结合。③根据课程特点，利用西安独特的地理优势将文本研习与实地考察相结合。④根据学科特点，将学术研究与诗词文赋创作相结合，在实践中提高文学素养。⑤根据"传帮带"的学术传统，把博士生科研训练与导师研究项目相结合。

(三)与课程设置、培养方式相配合，建立独特的教材体系

为了避免博士生培养千人一面，博士点自主开发教材，重视经典导读和学科前沿、热点问题研讨，以导师的研究论著尤其是最新成果作为教材，每个研究方向均有。如霍松林先生《盛唐文学的文化透视》《古代文论名篇详注》，张新科《史记学概

论》,刘锋焘《宋金词论稿》,吴言生《禅宗诗歌境界》,傅绍良《唐代谏议制度与文人》,高益荣《元杂剧的文化精神阐释》,霍有明《清代诗歌发展史》,刘生良《庄子文学研究》等。实践证明,这些教材具有很强的引导示范作用。

(四)为提高博士生创新能力,特别设置霍松林奖学金

本博士点特别设立以霍松林先生命名的"霍松林古典文学奖学金""霍松林国学奖学金",对优秀博士生和高层次成果给予奖励,目的是以本博士点学术大师霍松林先生为榜样,鼓励博士生在学术上不断创新,不断进步。

### 四、成果的创新点

(一)创立了博士研究生培养的完整体系

本博士点创建于1986年,当时没有现成的博士生培养经验可资借鉴,霍松林先生等老一辈学者积极探索,逐渐形成了自己的培养体系。后来随着时代及学科的发展,培养方式不断更新和完善。在哪些方向招生、招收什么样的学生、培养什么样的学生、怎么培养、质量怎样保证等一系列问题逐渐得到解决。总体来看,经过30年的实践,从培养理念到课程设置、教材研发等,都有了自己独特的培养体系,为高层次人才培养提供了范式,促进了古代文学学科的健康发展。

(二)探索出博士研究生培养的有效路径

本博士点立足西部,面向全国,面向世界,探索出适合博士生培养的路径。"品学兼优、知能并重"的八字方针和"五个结合"的培养方式,既显示出博士生高层次人才培养的顶层设计理念,又便于在实践中具体操作和实施。能根据中国古代学科发展的实际、学生的不同特点以及西安独特的地理优势,有针对性地制定培养方案,有效提高博士生的综合素质。另外,中国古代文学从先秦到明清,上下几千年,时间跨度大,我们招生分为先秦汉魏六朝文学、唐宋文学、元明清文学3个方向,这是断代的研究内容。博士生培养很容易只局限于在某一段落而忽略全局。本博士点打通了3个段落之间的界限,从整个中国文学发展的角度研究问题,特别设置开设了"儒释道与中国文学""中国文学研究通论"两门通课,避免因狭窄的视野而产生学术上的盲区。

(三)建构起师生的学术共同体

本成果以培养高层次、高质量、高素质人才为宗旨,在实践中建构起师生的学术共同体。博士生人才培养,既要求导师在学术上有造诣,也要求博士生在学术上不断进行创新。霍松林教授作为一代学术大师,其治学精神、科研方法和创新思维,对本博士点导师起到了极好的引领、带动作用。以霍松林教授命名的古典文学奖学金,对博士生学术创新起到了榜样的作用。博士生积极参与导师的研究课题,能在实践中把握学术发展的新动向,提高自己的科研能力。通过一系列举措,导师与导师之间、导师与博士生之间建构起了学术共同体,相互促进,共同提高,并且形成大师引领、薪火相传的学术传统。

**五、成果的推广应用**

（一）本博士点培养的博士在学术界各领风骚

尚永亮的唐诗及其贬谪文人研究，李浩的唐代士族文学、园林文学研究，张新科的司马迁与《史记》研究，孙明君的"三曹"文学研究，范子烨的陶渊明研究，刘锋焘的金词研究，吴言生的禅诗研究，刘生良的《庄子》文学研究等，均在各自领域处于领先地位。

（二）本成果在校内具有很强的榜样作用

本成果早已为本博士点所有导师传承应用，本院文艺学、汉语言文字学、中国现当代文学等博士点、硕士点都学习借鉴本成果。本校文科博士点、硕士点也对本成果有所借鉴采用。

（三）本成果在校外具有很强的辐射作用

1. 在校外古代文学学科产生影响

青海师范大学原校长董家平教授曾多年在本博士点兼任博士生导师，也传承应用本教学成果，并将其推广到青海师范大学。本博士点毕业博士生中绝大多数在国内其他高校和科研机构任职（表9-1），其中许多已成为博士生导师和硕士生导师，将母校和宗师的成功做法带到了所在单位。毕业博士生遍布清华大学、北京师范大学、中国社会科学院、武汉大学、吉林大学等近50所高校及单位，被学界誉为"霍家军"。李浩教授是西北大学古代文学学科带头人，他把本博士点的培养模式传承推广到了西北大学；武汉大学尚永亮教授也把本博士点的培养经验传承推广到了该校；还有清华大学的孙明君教授等，不胜枚举。

表9-1 部分毕业博士生在高校情况（正高职称）

| 序号 | 姓名 | 工作单位 |
| --- | --- | --- |
| 1 | 尚永亮 | 武汉大学文学院教授，博士生导师，教育部长江学者特聘教授 |
| 2 | 康震 | 北京师范大学文学院党委书记，教授，博士生导师，教育部青年长江学者特聘教授 |
| 3 | 李浩 | 西北大学中国文化研究中心执行主任暨汉唐文学研究院院长，教授，博士生导师，国务院学位委员会中文学科评议组成员，教育部长江学者特聘教授 |
| 4 | 张新科 | 陕西师范大学文学院院长，教授，博士生导师，国务院学位委员会中文学科评议组成员，教育部长江学者特聘教授 |
| 5 | 孙明君 | 清华大学人文学院党委书记，教授，博士生导师 |
| 6 | 范子烨 | 中国社会科学院文学研究所研究员，博士生导师 |
| 7 | 魏崇新 | 北京外国语大学人文学院院长，教授，博士生导师 |
| 8 | 邓小军 | 首都师范大学文学院教授，博士生导师 |
| 9 | 钟书林 | 武汉大学文学院教授，博士生导师 |
| 10 | 沈文凡 | 吉林大学文学院教授，中文系主任，博士生导师 |

续表

| 序号 | 姓名 | 工作单位 |
|---|---|---|
| 11 | 王素美 | 河北大学文学院教授,博士生导师 |
| 12 | 李延年 | 河北师范大学文学院教授,博士生导师 |
| 13 | 陈桐生 | 广东外语外贸大学文学院教授,博士生导师 |
| 14 | 刘怀荣 | 中国海洋大学文学与新闻传播学院教授,博士生导师 |
| 15 | 徐子方 | 东南大学文学院教授,博士生导师 |
| 16 | 张 强 | 淮阴师范学院教授,博士生导师 |
| 17 | 张海沙 | 暨南大学文学院教授,博士生导师 |
| 18 | 马茂军 | 华南师范大学文学院教授,博士生导师 |
| 19 | 史小军 | 暨南大学图书馆馆长,教授,博士生导师 |
| 20 | 李乃龙 | 广西师范大学文学院教授,博士生导师 |
| 21 | 黄大宏 | 西南大学文学院教授,博士生导师 |
| 22 | 祝菊贤 | 西北大学文学院教授,博士生导师 |
| 23 | 张文利 | 西北大学文学院教授,博士生导师 |
| 24 | 刘锋焘 | 陕西师范大学文学院教授,博士生导师 |
| 25 | 刘生良 | 陕西师范大学文学院教授,博士生导师 |
| 26 | 傅绍良 | 陕西师范大学文学院教授,博士生导师 |
| 27 | 高益荣 | 陕西师范大学文学院教授,博士生导师 |
| 28 | 吴言生 | 陕西师范大学文学院教授,博士生导师 |
| 29 | 高一农 | 陕西师范大学文学院教授,博士生导师 |
| 30 | 李永平 | 陕西师范大学文学院教授,博士生导师 |
| 31 | 何如月 | 陕西师范大学文学院教授,博士生导师 |
| 32 | 陈 刚 | 陕西师范大学美术学院教授,博士生导师 |
| 33 | 郭海文 | 陕西师范大学历史文化学院教授 |
| 34 | 聂永华 | 天津师范大学文学院教授 |
| 35 | 田恩铭 | 黑龙江八一农垦大学文学院教授 |
| 36 | 舒红霞 | 大连大学中文系教授 |
| 37 | 许兴宝 | 苏州科技大学文学院教授 |
| 38 | 侯立兵 | 广东第二师范学院中文系教授 |
| 39 | 周相录 | 河南师范大学文学院教授 |
| 40 | 田耕宇 | 西南民族大学文学院教授 |
| 41 | 汪聚应 | 天水师范学院副校长,教授 |
| 42 | 张振龙 | 信阳师范学院文学院院长,教授 |

续表

| 序号 | 姓名 | 工作单位 |
| --- | --- | --- |
| 43 | 潘定武 | 安徽省黄山学院中文系教授 |
| 44 | 汪祚民 | 安徽省安庆师范学院学报编辑部编审 |
| 45 | 刘惠卿 | 岭南师范学院教务处处长,教授 |
| 46 | 牛海蓉 | 湖南大学文学院教授 |
| 47 | 纳秀艳 | 青海师范大学人文学院教授 |
| 48 | 白晓东 | 西安交通大学外国语学院教授 |
| 49 | 柯卓英 | 西安石油大学人文学院中文系主任,教授 |
| 50 | 毛妍君 | 西安外国语大学文学院教授 |
| 51 | 李红岩 | 西安工业大学人文学院院长,教授 |
| 52 | 白军芳 | 西安工业大学人文学院教授 |
| 53 | 任 刚 | 西安工程大学人文学院教授 |
| 54 | 刘 宁 | 西安文理学院文学院教授 |
| 55 | 王长顺 | 咸阳师范学院科技处处长,教授 |
| 56 | 白政民 | 咸阳师范学院文学与传播学院教授 |
| 57 | 唐会霞 | 咸阳师范学院文学院教授 |
| 58 | 王渭清 | 咸阳师范学院文学院教授 |
| 59 | 兰拉成 | 宝鸡文理学院文学与新闻学院院长,教授 |
| 60 | 蔡静波 | 渭南师范学院文学院教授 |
| 61 | 刘秀慧 | 渭南职业技术学院图书馆馆长,教授 |
| 62 | 付兴林 | 陕西理工大学文学院院长,教授 |
| 63 | 王建科 | 陕西理工大学学报主编,教授 |
| 64 | 孙鸿亮 | 延安大学鲁迅艺术学院副院长,教授 |
| 65 | 霍建波 | 延安大学文学院教授 |
| 66 | 郑继猛 | 安康学院文学院教授 |

2. 本成果中培养博士的理念还被推广应用到学科建设、文化传承、社会服务等方面

例如,徐子方到东南大学任教后,创办了汉语言文学专业和《东南大学学报》(社科版);还有康震、马茂军担任中央电视台"百家讲坛""中国诗词大会"等节目主讲或评点专家,得到了观众和社会各界的广泛好评。

3. 本成果获得同行专家的充分肯定

教育部中文教学指导委员会主任、南开大学教授陈洪认为:"形成了可贵的学术、教育传统;探索高层次专门人才的培养规律,已经体现到实践之中;导师队伍结

构合理,学术水平与研究成果都达到相当的高度;学术个性、特色鲜明。"国务院学位委员会中文学科评议组召集人、吉林大学张福贵教授认为:"经过长期的探索和实践,形成了以精品意识为主导,以高质量人才培养为目的的一整套完善的培养模式,取得了明显的效果。"教育部中文教学指导委员会副主任委员、安徽大学黄德宽教授认为:"这项教学成果在我国古代文学学科博士生教育改革方面处于领先地位。"教育部中文教学指导委员会副主任委员、四川大学曹顺庆教授,暨南大学蒋述卓教授,教育部中文教学指导委员会委员、南开大学乔以钢教授等,都积极推荐、介绍本成果,并给予高度评价。

4. 本成果引起媒体的高度关注

本博士点创建者和领军人物霍松林先生在博士生培养方面功绩卓著,享誉海内外,其培养范式和成功经验早已在《中国教育报》等报刊及电台、电视台做过多次报道。2003 年本博士点主办第四届全国古代文学博士点学术研讨会,邀请全国古代文学专业博士生导师共同探讨博士生培养路径问题,《文学评论》刊发了此次会议的详细综述。2016 年 10 月举办本博士点创建 30 周年暨古代文学研究高层论坛,系统总结了我们古代文学博士人才培养的经验,《光明日报》《中国社会科学报》等报刊和媒体进行了报道宣传,受到海内外相关专业博士培养机构的好评。2017 年 11 月举办人文社科研究生培养质量提升高端论坛,探讨研究生培养问题,《中国社会科学报》用两版篇幅发表全国专家的观点。

## 六、目标

目前,随着国家"一带一路"倡议和一流大学、一流学科建设的总体规划的实施,博士点的建设也面临新的机遇和挑战,博士高层次人才培养也显得尤为重要。我们将发扬优良传统,发挥优势特色,拓宽学术视野,力争培养质量更高、更多的博士生,成为全国古代文学博士高层次人才培养的重镇,为弘扬中华优秀传统文化贡献力量。

## 七、特别说明

霍松林先生是本博士点的创始人,并且一直坚持亲自指导博士生,直到 2015 年最后 3 名博士生圆满毕业。从博士点创立到博士点兴盛壮大,倾注了霍先生一生的心血。遗憾的是,霍先生于 2017 年 2 月不幸逝世。他是我们古代文学博士点创立 30 年来的见证者和亲历者,在此我们对霍先生表示崇高的敬意和深深的怀念!

■ 成果十

# 翻译专业人才协同培养体系创新与实践

（成果编号：2-34）

■ **获奖等级**
二等

■ **完成单位**
西安外国语大学,环球时报在线(北京)文化传播有限公司,知识产权出版社,中译语通科技(陕西)有限公司

■ **主持人**
贺莺,女,博士,教授,硕士生导师,西安外国语大学高级翻译学院院长,翻译硕士专业领域带头人,翻译专业带头人,西安外国语大学校级教学名师。研究方向为翻译课程与教学论、翻译技术、新闻翻译。主讲课程为计算机辅助翻译、数字媒体新闻编译、应用文本翻译。主持或参与"翻译专业实践教学体系改革与探索"等陕西省省级教改课题3项,在《中国翻译》《外语教学》等CSSCI期刊发表"整合型翻译课程假设模型研究"等系列教学研究论文。先后获得陕西省省级教学成果奖特等奖2项、二等奖1项。在国家一类出版社出版《阅读的历史》等译著5部,获得陕西省第十次哲学社会科学优秀成果专著类二等奖。

■ **团队成员**
贺莺,王军哲,曹怀军,张旭,李向东,祖赟,崔启亮,石丁,李程,王晓东

■ **成果简介**
翻译人才是中国文化国际传播、中国企业国际合作、中国智慧国际共享的重要支撑,对于维护文化多样性、实现知识跨国转移、促进"一带一路"沿线国家互联互通具有不可替代的作用。

西安外国语大学是教育部最早批准设立翻译专业的高校之一。在全国尚无成熟经验可资借鉴的背景下,以2007年获批的省级教改重点课题"应用型翻译人才培

养模式创新与实践"为起点,历经10余年的探索和实践,重点解决了翻译人才培养与社会发展需求深度融合这一关键问题。

1. 主要成果

本成果依托应用型翻译人才培养模式创新实验区等4项国家级教学质量工程,5项省级教改项目,11项省、市级教学研究课题,采取"机制创新—理论建构—课程整合—环境优化"的路径,建成机制开放、教学领先、产教融合的翻译人才协同培养体系。

(1) 发展机制。建立了"基于社会需求的专业动态发展机制""基于生产共同体的协同育人平台发展机制""翻译教师实践能力常态化发展机制",为本成果提供充分的制度保障。

(2) 教学体系。发表专题研究论文25篇,出版教材4部,提出以"译者素养"为核心的人才培养观,推出"整合型翻译课程设计模型"和"基于项目的翻译学习模式",构成本成果的理论基础。聚焦国际新闻、知识产权、语言技术等三大前沿领域,建成10余门体验性课程。建成"教学内容与应用领域相适应、教学过程与问题解决相匹配、绩效评价与行业标准相统一"的教学体系。

(3) 育人环境。面向国家和区域发展需求,建成"一基地三平台",同时注入多语生产项目,跨地域、跨行业汇聚90余家企事业单位,采取"互联网+"模式,建成社会环境、项目环境、课程环境"三位一体"的协同育人环境。

2. 主要解决的问题

翻译人才培养体系与语言产业发展趋势错位,毕业生的产业适应力和就业竞争力具有不确定性。基于此,本成果重点解决以下3个问题:

(1) 政产学研协作机制缺位。专业发展缺乏面向国家战略及产业需求的动态调控机制,产教融合动力不足,实践教学缺乏相应的机制保障。

(2) 教学体系内部建构封闭。理论研究不足,课程结构单一,教学内容与应用领域脱节,绩效评价不能充分对应产业需求。

(3) 实践教学基础条件薄弱。缺乏产教无缝对接的协作平台,实践教学资源匮乏,"双师双能型"师资不足。

本成果建成国家级应用型翻译人才培养模式创新实验区、特色专业、翻译实践教育基地,2017年位居"中国大学外国语言文学类翻译专业排行榜"榜首,被评为"世界知名、中国一流"专业,在全国翻译教育界产生了广泛的引领和示范效应。

■成果总结报告

## 《翻译专业人才协同培养体系创新与实践》成果总结报告

### 一、背景与问题

西安外国语大学是教育部最早批准设立翻译专业的高校之一,在全国尚无成熟经验可资借鉴的背景下,以2007年获批省级教改重点项目"应用型翻译人才培养模式创新与实践"为起点,历经10余年的探索和实践,重点解决了翻译人才培养与社会发展需求深度融合这一关键问题。

本成果依托应用型翻译人才培养模式创新实验区等4项国家级教学质量工程,5项省级教改项目,11项省、市级教学研究课题,采取"机制创新—理论建构—课程整合—环境优化"的路径,建成机制开放、教学领先、产教融合的翻译人才协同培养体系。

针对翻译人才培养体系与语言产业发展趋势错位,毕业生的产业适应力和就业竞争力具有不确定性的情况,通过供给侧改革重点解决以下3个问题:

(1)政产学研协作机制缺位。专业发展缺乏面向国家战略及产业需求的动态调控机制,产教融合动力不足,实践教学缺乏相应的机制保障。

(2)教学体系内部建构封闭。理论研究不足,课程结构单一,教学内容与应用领域脱节,绩效评价不能充分对应产业需求。

(3)实践教学基础条件薄弱。缺乏产教无缝对接的协作平台,实践教学资源匮乏,"双师双能型"师资不足。

**二、理论铺垫与规划设计**

(一)管理体制机制建设探索与研究

2007—2013年成果建设期内,发表《本地化行业发展对职业翻译训练及执业认证的要求》《反思硕士翻译研究方向:需求评价与课程设置》等论文,致力于厘清产学研之间的关系,为推动人才培养体系管理机制改革奠定了理论基础。

2009年、2010年获批"应用型翻译人才培养模式创新实验区""特色专业建设点"等国家教学质量工程项目,成为发展的里程碑。学院《"十二五"发展规划》提出"培养具有社会素养、专业素养和创新素养的高层次应用型翻译人才"的定位,确立了开放办学、服务社会的方向。

2013年成果成型后,团队总结教学管理改革经验,完成省级教改课题"产学协同思行合一:翻译专业实践教学体系改革与实践"、教育部产学合作协同育人项目"体验式创新创业教育模式探索",发表《政产学研协同创新背景下的翻译专业实践教学体系探索与研究》等论文,推动了服务于应用型翻译人才培养的管理体制改革。

(二)教育教学改革探索与研究

2007起,先后获批"翻译专业特色课程教学创新行动研究"等省级教改重点项目,针对应用型翻译人才培养开展探索与实践并获得优秀结题,在《中国翻译》等权威期刊发表《翻译教学中的课程行动研究》《学习科学视角下的项目翻译学习模式研究》等论文,初步形成了应用型翻译人才培养体系的总体规划。

成果《从翻译能力到译者素养:翻译教学的目标转向》2011年发表在《中国翻译》上,率先在国内翻译教学界提出"译者素养"的概念,明确了翻译教学的目标内涵,被引率184次,2013年获得陕西省高校人文社科成果奖一等奖。

2013年后，理论层次进一步提升。先后获批"基于双语和平行语料库的专业文类翻译与教学研究""一带一路战略下的高端翻译服务人才培养模式及其教学效果研究"等11项国家社科基金、陕西省社科基金、西安市社科规划课题。在SSCI、CSSCI期刊发表《高阶思维取向的翻译问题解决机制研究》《整合型翻译课程设计假设模型研究》等论文。

基于校企协同项目的特色教材先后出版。中国翻译协会常务副会长黄友义高度评价《外交新闻汉英翻译》，认为"对于培养时代需求的翻译专业人员非常及时"，有助于提高学生"讲述中国故事、阐述中国立场、展示中国文化魅力的本领"。《翻译学教程》被列入"十二五"国家级规划教材。《文化文本分析与应用》《商务文本分析与应用》等被列入清华大学出版社"翻译专业系列教材"规划。

（三）办学平台与环境建设方面的探索与研究

2007年起，对技术与项目支持的专业教学环境开展研究，发表《网络论坛与笔译实践教学研究》等论文，基于国家级实践教育基地等建设项目，探索实践教学平台建设路径，机辅翻译环境下以项目为依托的"翻译专业教学模式"获得2009年省级教学成果奖特等奖。

2013年后，发表了《"互联网+"项目驱动型专利翻译人才培养模式》《项目管理模式理论视阈下外交新闻翻译实践述略》《数字媒体新闻编译实践教育基地建设探索与实践》等论文。获批陕西省"研究生教育综合改革试点单位""联合培养示范工作站""创新创业试点学院"。2017年翻译专业入选"陕西省一流专业"建设单位，为进一步推动办学平台和环境"升级换代"奠定了基础。

### 三、成果建设的主要内容

（一）构建协同发展机制，解决专业方向固化、实践师资发展乏力问题

建立"基于社会需求的专业动态发展机制"。对焦国家和区域发展战略，动态调整专业方向，不断凝练专业特色，遴选入驻企业，开展项目合作，孵化体验课程，持续优化实践平台。

建立"基于生产共同体的协同育人平台发展机制"。设立"西外学者"特聘专家岗、实践指导教师岗，聘请RWS集团程介未等30余位业界专家参与课程建设与师资培养。

建立"翻译教师实践能力常态化发展机制"。专业教师加入"生产/学习共同体"，全程参与校企合作项目，师资实践能力发展模式由"输血型"转变为"造血型"。

（二）构建协同育人教学体系，解决课程教学与行业需求脱节问题

创新课程教学基础理论。依托4项省级教改项目，提出以"译者素养"为核心的人才培养目标，撰写《整合型翻译课程设计假设模型研究》《项目翻译学习模式研究》等25篇SSCI、CSSCI论文，为教学体系创新奠定了理论基础。

校企联合开发实践课程群。基于项目开发"数字媒体新闻编译""外交新闻翻译""专利翻译概论""专利翻译案例与实践""审查意见书翻译工作室"等10门次

PBL特色课程,联结教学与产业需求,实现教学内容集成创新、实践教学切入翻译学习全过程。出版《外交新闻汉英翻译》《翻译学教程》("十二五"国家级规划教材)等代表性建设成果。

实施"互联网+"课程管理。利用企业技术优势,全面推行"平台考录制"课程准入模式,线上线下转换的O2O学习模式,基于众包、抢单的"群智众创"实践模式,以及"积分激励"、任务薪酬差异化的课程评价模式。

(三)构建协同育人环境,解决实践教学资源匮乏问题

健全协同育人基础设施。按照产业标准建成1 200平方米的实体实践教育基地,集成国家级人才培养创新实验区、综合改革试点、省级联合培养示范工作站、双创学院的政策优势,以园区模式为协同育人提供载体。

打造群智众创翻译平台。与环球网共建国内最大的"网络新闻编译生产平台",注入人民日报、外交部、国家汉语国际推广领导小组办公室等单位的国际资讯翻译项目。与知识产权出版社、陕西省知识产权局、英国RWS集团共建全国首个政府支持的"知识产权翻译人才培养平台",注入世界知识产权组织的翻译项目。与中译语通、陕西省人民政府外事办公室共建陕西省"全媒体呼叫中心及跨语言大数据分析平台",内嵌多语种110接警平台、导医平台、志愿者服务平台;与西安交通大学等建设垂直领域"跨语言大数据联合实验室"。

建成协同育人互联网络。建立"上海—西安—北京翻译实践基地联盟""长安联盟",与浙江大学等80余所高校建立网状合作,解决单一院校资源无法满足企业生产需求的问题。

**四、成果的创新点**

(一)教学研究创新

本成果在全国首倡"译者素养"人才培养观,首创"项目翻译学习模式"和"翻译课程整合模型",是对传统翻译人才观、教学观、课程观的继承性创新。专业设计兼顾"学科逻辑"和"需求逻辑",教学过程强调在解决现实问题中动态集成课程内容,在体验反思中不断呈现课程意义,在产学互动中逐步习得译者素养。研发的"数字媒体新闻编译""专利翻译案例与实践"等体验型课程群填补了全国翻译教育的空白。实践教学由"实习驱动、终端接入"转变为"课程驱动、全程接入",实现了从阶段化、离散化向全程化、集约化的转型,为全国同类专业的实践教学提供了可资借鉴的范例。

(二)育人环境创新

本成果建立了促进产教融合的3项机制,建成了融合社会、项目、课程三大子环境的"互联网+"协同育人空间,承载了新闻编译、知识产权翻译、跨语言大数据分析等三大国际语言服务项目平台,汇聚了以业界专家为支撑、专职骨干教师为核心的创新梯队,推行以共同体为主要组织形式的项目翻译学习模式,形成了汇聚全国90余家企事业单位的协同育人互联网络。多元创新要素的集成和优化,打破了传统翻

译教育环境的时空限制和校企壁垒,实现了智力资源、技术资源和任务资源的合理配置和高效共享,达成人才培养与产业发展兼容并蓄、协作共赢的综合效应。

### (三)社会服务创新

通过与西咸新区管委会等政府部门合作,通过"园区模式"吸引中译语通、RWS等高端语言服务企业在陕落户,有助于完善地方语言服务产业链、优化西部地区语言产业布局。与语言服务企业合作,促进教学与生产融合,将高校人力资本作为最重要的创新要素嵌入生产过程,推动地方语言服务企业的健康、稳健和可持续发展,促进人才供给侧与需求侧的良性循环。校企携手发挥智库作用,通过语言资源校企共享与再生产,满足中国话语外译、涉外知识产权保护、基于跨语言大数据的舆情分析等前沿领域现实重大需求。

## 五、成效与影响

### (一)人才培养成效

**1. 学生实践能力持续提高**

成果应用于西安外国语大学2007—2013级翻译专业学生,近5年来,150余人次获得全国性实践竞赛奖项。其中,国际新闻翻译大赛获奖20余人次,包揽第四届国际口笔译大赛新闻编译组一、二等奖,机辅翻译与技术传播大赛获奖近40人次;学生基于平台项目撰写论文百余篇。多人跨专业攻读国际新闻、国际法、计算机辅助翻译等学位。

**2. 学生就业能力不断增强**

学生平均就业率达99.7%,进入语言服务行业的比例从8%上升至43%,优秀毕业生被如文思集团、中国日报、央视等知名企事业单位录用。孔祥杰以其语言服务能力受到央视《华人世界》专访。

**3. 师资发展成效显著**

教师人均翻译实践达20万字,多人获聘联合国、陕西省政府签约译员、译审,发表论文环比增长200%,科研、教改立项增长100%。

**4. 专业地位持续提升**

翻译专业建成国家级特色专业、综合改革试点专业,2017年居"中国大学外国语言文学类翻译专业排行榜"榜首,进入"世界知名、中国一流专业"行列(艾瑞深中国校友会网),"中国本科教育分学科排行榜"排名第三。

### (二)推广应用成效

**1. 推广情况**

2011年全国翻译院系负责人联席会议在西安外国语大学举行,翻译专业协作组莅临学校考察,贺莺教授主题发言介绍了"基于校企合作项目的应用型翻译人才培养模式"。2013年西安外国语大学主办第五届全国应用翻译研讨会,贺莺教授向100余所高等学校、科研院所的代表介绍了翻译专业特色办学模式。2016年西安外国语大学受国际译联委托,承办第八届亚太翻译论坛,向来自全球30余个国家和地区的500余名专家学者展示了国家级应用型翻译人才培养模式创新实验区的发展成就。

成果团队参加"大数据背景下的中外语言服务人才培养模式"国际研讨会、第九届全国口译大会暨国际研讨会、第七届亚洲翻译家论坛、第20届世界翻译大会等高端会议,以主旨发言或团队展示方式推广本成果。

北京语言大学高级翻译学院移植本模式,建立"中外语言服务人才培养基地"。世界知识产权组织、国际译联等国际组织,陕西省人民政府副省长庄长兴、西安市委书记王永康等领导,国内外30余个高校代表团前来调研,山东、江西等地高校派教师前来学习。

2. 辐射情况

新闻编译平台涵盖俄、法等5个语种、6个专业,辐射15省26市,覆盖浙江大学等66所高校、87个院系,参与学生万余名。知识产权翻译人才培养平台涵盖日、德2个语种,辐射北京大学等近20所高校,参与学生千余名。跨语言大数据平台辐射校内6个语种,融入西安交通大学等4所高校,参与学生200余名。

3. 引用情况

5篇论文被SSCI、A&HCI检索,75篇相关论文被CSSCI检索,标志论文被引比69.62。平台项目多次写入陕西省、西安市《"一带一路"建设行动计划》。

(三)各界评价与影响

1. 学界

国际期刊《IPPro Life Sciences》发文评价本成果"为RWS集团持续输送高水平实习生团队""巩固了其全球领先地位"。知名学者方梦之教授在《上海翻译》发文评价西安外国语大学专利翻译人才培养"方向明确、职业前景明朗"。全国政协委员黄友义称赞本成果有助于培养学生"讲述中国故事、阐述中国立场、展示中国文化魅力"的综合能力。平台建设入选"陕西高校产学研合作优秀成果案例"、教育部"产学合作协同育人项目"。

2. 媒体

本成果建成的语言服务及大数据平台"为'一带一路'贡献中国特色"(《人民日报》),本专业"跨专业、跨学科特色突出"(《中国日报》21世纪英语网),"堪称同类专业领域的翘楚"(《中国教育报》)。

3. 政府

陕西省人民政府外事办公室、陕西省知识产权局发文支持西安外国语大学申报教学成果奖,认为本成果"为陕西省语言软环境建设做出重要贡献""对优化知识产权服务人才供给结构和质量具有重要的促进作用""为全省乃至西部地区企业走出去拓展了空间"。

4. 国际组织

2014年,学院获批国际翻译家联盟联席会员,成为大陆地区首家进入国际译联的高等教育机构。国际译联官网评价本成果为产学协同育人的"成功范例"。

### 成果十一

# 十年坚守：创新中华经典学习与汉字教育体系，提升大学生人文素养

（成果编号：2-41）

■ **获奖等级**
二等

■ **完成单位**
陕西师范大学

■ **主持人**
党怀兴，男，1962年10月生，陕西合阳人，文学博士，教授，博士生导师，现任陕西师范大学副校长。兼任陕西省教育考试评价研究会会长，澳门汉字学会副会长，中国语言学会理事，中国文字学会常务理事，全国高等学校教学研究会理事，苏州大学汉语及汉语应用研究中心兼职研究员，教育部全国语言文字标准化技术委员会汉字分技术委员会委员。主要研究方向为教育管理、中国语言文学。先后主持或参加的教学成果获得陕西省高等教育教学成果奖特等奖3项、一等奖2项、二等奖1项。2018年，主持的教学成果获得国家高等教育教学成果奖二等奖1项。

■ **团队成员**
党怀兴，李贵安，刘生良，曹胜高，郭迎春，石洛祥，王文博，朱晓彧，余志海，张向侠，张小东

■ **成果简介**
该成果主要有以下内容：
（1）明确提出聚焦提升大学生传统文化素养和道德情操的高校中华优秀传统文化教学核心目标。
（2）精心遴选中华经典与汉字作为高校中华优秀传统文化教学核心内容。

(3)创造性地构建了基于中华经典学习与汉字教育的高校中华优秀传统文化教学新体系:大学生中华经典诵读六字教学法(即"读—讲—背—诵—唱—写"经典),4年不断线的三段式大学生汉字教育体系。

(4)系统打造以"名团队名课名教材"为核心的教学新资源,组建了名师领衔的跨学科教学团队,开发了系列名课程,编写了系列高水平教材。

(5)形成了"测评—展演—创作"三位一体多元教学评价新体系,特别是构建的"钢笔字书写能力培养测试—中国书法书写能力培养测试—板书书写能力培养测试"系统化汉字书写能力测培体系广受好评。

成果通过多角度引导大学生深入学习中华经典,系统接受汉字书写教育,理解中华传统文化精髓,强化大学生的文化主体意识,完善人格修养,坚定文化自信。成果育人以及推广应用效果显著。成果"弘扬传统 以文化人 助力青春成长——实施'大学生汉字书写能力提升文化育人工程'纪实"2014年获得首届教育部全国高校"礼敬中华优秀传统文化"示范项目,"抱道不曲雅言新韵诵经典 拥书自雄古辞华章铸师魂——创新形式与内容开展校园经典诵读系列活动纪实"2015年获得教育部第二届"礼敬中华优秀传统文化"特色展示项目。

主要解决的教学问题如下:

(1)目标不明,重视不够,内容庞杂。高校对中华优秀传统文化立德树人、树立文化自信的教育价值认识和挖掘不够,教学目标不明确;高校对中华优秀传统文化教育重视不够,大学生特别是师范生汉字书写能力较差,书法艺术修养更低;中华优秀传统文化教学不能准确选取重点教学内容,教学活动缺乏有效抓手。

(2)缺乏有效教学方法和系统教学体系。相关教学方法相对陈旧或单一;作为人文素养类教学,没有形成课堂内外的教学合力,中华优秀传统文化育人氛围不浓;作为一种非功利性学习,学生学习动机和兴趣不浓。

(3)缺乏优质教学资源。任课教师未能形成跨学科教学合力;部分课程设计和教学内容选编系统性不够,国学教材出现常识性错误等问题,精品课程、经典教材较少。

(4)缺乏有效的教学评价方法和体系。中华经典学习和汉字教育有着独特的学科特征,传统的教学考核方式很难对学生的学习效果,特别是学生通过学习,知识、能力和素养的全面提升状况进行准确的考察和评价。

■ 成果总结报告

## 《十年坚守:创新中华经典学习与汉字教育体系,提升大学生人文素养》成果总结报告

陕西师范大学是教育部直属、世界一流学科建设高校,国家"211工程"重点建

设高校,国家教师教育"985工程优势学科创新平台"建设高校,被誉为"教师的摇篮"。在70余年的办学过程中,学校形成了"抱道不曲、拥书自雄"的学风和重视以文化人、重视用传统文化铸魂育人的优良传统。从2006年起,学校成立跨学科教学与研究团队,构建了基于中华经典学习与汉字教育的高校中华优秀传统文化教学新体系,形成一批理论研究和实践育人成果,提升了大学生的传统文化素养,坚定了大学生的文化自信。汉字教育成果于2014年获得教育部首批"礼敬中华优秀传统文化示范项目"(全国仅10家),经典诵读成果于2015年获得教育部"礼敬中华优秀传统文化示范活动特色展示项目"(全国有30家)。

**一、问题导向,明确探索目标与研究方向**

当前,高校中华优秀传统文化教学还存在着以下问题:

(1)目标不明,重视不够,内容庞杂。高校对中华优秀传统文化立德树人、树立文化自信的教育价值认识和挖掘不够,教学目标不明确;高校对中华优秀传统文化教育重视不够,大学生、特别是师范生汉字教育能力较差,书法艺术修养更低;中华优秀传统文化教学不能准确选取重点教学内容,教学活动缺乏有效抓手。

(2)缺乏有效教学方法和系统教学体系。相关教学方法相对陈旧或单一;作为人文素养类教学,没有形成课堂内外的教学合力,中华优秀传统文化育人氛围不浓;作为一种非功利性学习,学生学习动机和兴趣不浓。

(3)缺乏优质教学资源。任课教师未能形成跨学科教学合力;部分课程设计和教学内容选编系统性不足,国学教材出现常识性错误等问题,精品课程、经典教材较少。

(4)缺乏有效的教学评价方法和体系。中华经典学习和汉字教育有着独特的学科特征,传统的教学考核方式很难对学生的学习效果,特别是学生通过学习,知识、能力和素养的全面提升状况进行准确的考察和评价。

**二、锐意创新,多措并举,铸就高校中华优秀传统文化教学新体系**

基于对中华优秀传统文化教育教学现状和问题的深入剖析,该成果创造性地构建了基于中华经典学习与汉字教育的高校中华优秀传统文化教学新体系。

(一)创新理念,明确提升大学生人文素养和道德情操的教学目标

《中国学生发展核心素养》明确将"人文底蕴"列入大学生必备的六大核心素养。该成果深入挖掘中华优秀传统文化教育价值,提出通过中华经典学习与汉字教育,挖掘中华优秀传统文化教育价值,增强学生传承弘扬中华优秀传统文化的责任感和使命感,提升人文素养,陶冶高尚情操,实现立德树人、培养民族自豪感、坚定文化自信的教学目标。

(二)创佳方法,探索中华经典学习与汉字教育教学"六字三段教学法"

1. 大学生中华经典诵读六字教学法

根据布鲁姆教育目标分类(认知过程维度)理论,形成了"读—讲—背—诵—唱—写"的"中华经典诵读六字教学体系",从呈现、理解、分析、识记、再现、演绎、创

造及感悟等学习的不同深度层面,开展系统化教学。

读经典(呈现):中国传统教育思想中,一直重视博览经典,认为"腹有诗书气自华"。成果从中国传统教育思想中汲取经验,探索"大学生必读书目阅读",开通中华经典阅读微信公众号,指导学生兴趣驱动,学习经典。

讲经典(理解、分析):课程是教育思想和教育内容的主要载体,是教学活动的核心内容。成果整合多学科教学资源,统筹设计,探索形成了面向不同学科背景大学生的系统完善的中华经典学习模块化课程体系。课程体系由跨学院修读专业课(《中国古代文学》《古代汉语》等)+通识教育必修课(《大学语文》《人文科技艺术专题》等)+通识教育选修课(《古典诗词鉴赏》《诗词创作与欣赏》等)+核心通识课(《十三经导读》《书法导论》)等组成。

背经典(识记):"熟读唐诗三百首,不会作诗也会吟。"背诵自古就是经典作品学习的重要方法。成果探索把背诵作为中华经典教学的基本方法之一。在课堂上以霍松林先生及优秀校友的故事为例,向学生强调背诵对于中华经典研习的重要性。选编《大学生背诵古诗文三百篇》教材,引导学生了解作品语境、作者生平、文体特点等相关知识帮助记忆,同时学会使用比较法、手口联动法等背诵方法。

诵经典(再现):吟诵是通过涵泳再现来感知经典的内涵和审美意蕴。成果把吟诵作为中华经典研习的重要抓手。每年一度的中华经典诵读大赛,已连续举办10届,成为享誉校内外的文化教育活动品牌。在新闻与传播学院、国学社开展"经典晨读"活动试点。开通中华经典诵读微信公众号。组织吟诵名家进校园活动,组织指导秦风诗社、心庐诗社、朗诵艺术团等学生社团,开展各类古诗词吟唱活动。

唱经典(演绎):正如孔子抚琴而歌,设坛授徒,中华经典作品的研习,自古就是与乐教、与歌唱联系在一起的。在团队成员张向侠教授的带领下,成果还启动了唱经典的教学探索。先后开发开设《中国古典诗词声乐作品演唱》等课程。以中华经典作品为授课内容,精选代表曲目,通过讲述、赏析、演唱等教学方式,指导学生学唱经典。基于相关课程教学举办中华经典诗词吟唱教学音乐会,10年来,先后举办30余场。

写经典(创造):成果把中华经典诵读教育与汉字书写教育有机融合,加强学生中华经典诗文书写教育。同时,引导学生开展摹写诗词创作活动。

2. 大学生4年不断线3阶段汉字教育教学活动

在"入学前—入学后—毕业前"3个阶段,分别探索有针对性的教学方法,对学生进行全程不断线汉字教育。

在入学前,组织开展老教授"手写录取通知书",培养新生重视汉字教育意识、传承学校重视汉字教育传统。入学后,多措并举提升汉字教育能力。入学第一考是开展新生汉字教育能力测试;开设汉字教育类系列课程并纳入人才培养体系。研发汉字教育训练与测试系统。在校报开设《咬文嚼字》专栏,引导学生正确使用汉字。举办学生书法习作展,出版学生书法作品集。开展砚友书画社等相关社团活动。在西安碑林等地开展现场教学。组织学生书法艺术展等实践教学活动。充分发挥霍松林艺术馆、卫俊秀墨宝珍藏室、学校博物馆书画艺术馆、师大碑林畅志园、教室书法文化工程等环境育人功能。在毕业前,将汉字教育训练作为实践教学环节的重要内容,在实习前组织复检测评,结合未来需求强化提高。

3. 创"优"资源,精心选编,系统设计,建设优质教学资源

(1) 组建名师领衔的高水平教学团队。研习中华经典,开展汉字教育,名师引领是关键。成果充分发挥学校中文、历史、新闻传播、音乐、美术等特色学科各自的育人优势,由成果负责人党怀兴教授牵头,邀请各学科名师组成跨学科团队。教学团队中,有团队带头人1人,资深教授15人,资深副教授21人,中青年骨干教师30人。同时,邀请霍松林、海茵、钟明善等校内外大家,担任兼职教师,指导学生学习。

(2) 精心选编系统教学内容。成果把团队成员积28年完成的《十三经辞典》科研成果系统转化为系统教学内容。在中华经典学习方面,编写核心教材《十三经导读》《大学生必背古诗文三百篇》等高水平教材。在汉字教育方面,编写《汉字教育与书法艺术》等高水平教材。

(3) 科学构建完整课程群。跨学院选课授课专业课(《中国古代文学》《古代汉语》等) + 通识教育必修课(《大学语文》《人文科技艺术专题》等) + 核心通识课(《十三经导读》《书法鉴赏》等) + 通识教育选修课(《古典诗词鉴赏》《诗词创作与欣赏》等)。

4. 创"活"考核,构建"多元"教学评价体系

中华经典要真正走进学生脑袋,提高学生人文素养,考核评价是关键。成果坚持能力导向,根据中华经典研习的特点,形成了以考试测评、展示展演、创作演绎为主要方式的多主体、多角度的教学评价方法体系。

成果自主研发的汉字教育能力测试系统为国内首创,已获得国家专利。已开展10届中华经典诵读大赛,形成了比赛与教学相结合、比赛与考核相结合的教学机制。学生书法创作与经典诵读融合、古诗配乐创作独领风骚,实现了相关教学考核从知识导向向能力导向的转变。

三、注重实效,文化育人引领社会成效显著

(一) 显著提升了大学生传统文化素养,毕业生受到用人单位和社会高度评价

成果探索和应用10余年来,5万余不同专业的大学生参加了相应的学习活动并从中受益,极大地提升了大学生的人文底蕴核心素养。学校先后6次获得陕西省中华经典诵读大赛优秀组织奖和15项一、二、三等奖。50余名学生连续4年代表大陆学生参加"古韵新妍"两岸青年古典诗词联吟大会,学生的表现受到中国台湾辅仁大学、北京师范大学等兄弟高校同仁的高度赞扬,秦风诗社被团中央评为"全国优秀大学生国学社团"。30余位本科生代表大陆学生参加教育部"两岸大学生书法交流夏令营"。结集出版学生诗文创作作品集《雏凤新声》和书法习作集《书写经典》,学生作品入选陕西省《"中华赞·诗词歌赋创作"作品集》。10名学生分获教育部"书写

经典、传承文明"规范汉字教育大赛一、二、三等奖。

2015级本科生、"汉服女孩"陈思婷精彩亮相央视《中国诗词大会》,深厚的诗词积淀和良好的人文素养受到了评委的高度评价。提及她的成长之路,她说:"汉家衣裳是我的最爱,唐诗宋词是我的食粮。""感谢刘生良教师,重视原典背诵,让我们打下扎实基本功,许多篇目至今难忘。"2008级张二猛背诵经典,激发学习兴趣,先后完成经典研究学术论文3篇(《背诵与古典文学的学习》原载《陕西师大报》,收入陕西师范大学出版社《汉语言文学书目与治学》一书)。

多年来,因为道德素质高,人文素养好,学生毕业后受到用人单位和社会的高度评价。2013年,由教育部委托国家统计局进行的毕业生及用人单位满意度调查结果显示:陕西师范大学毕业生对学校的满意度在进入调查的14所部属高校中排名第一。用人单位对陕西师范大学毕业生专业知识、道德文化素养、整体水平满意度等排名第三。

(二)成果在两岸高校产生巨大的影响,有力支持和推动了兄弟高校学生传统文化素养的提升

该成果在西北工业大学应用近10年来,为该校先后开设了《十三经导读》《唐诗鉴赏》等19门课程,修读学生2万余人次。团队成员先后多次应邀为西安交通大学等兄弟高校做汉字教育与中华经典诵读讲座。在教育部"爱课程"平台上线的国家级精品资源共享课程"十三经导读""中国古代文学"先后有全国各高校552 500余人次点击课程教学网站学习。应教育部邀请,成果组成员为来自中国台湾中华大学、台湾师范大学、台湾艺术大学等台湾高校和西安理工大学等大陆高校学生代表做汉字教育讲座。两校先后联合北京师范大学、中国台湾辅仁大学等数十所两岸高校开展中华经典吟诵活动,主办首届西安高校诗词吟诵发展论坛。

(三)形成了一大批理论与实践成果

1. 编写了系列教材

先后编纂了《十三经导读》《吕氏春秋评注》《国学通论》《国学导论》《大学生必背古诗文三百篇》《中国书法艺术》《书目与治学》等中国经典研习类系列教材。其中,《十三经导读》分别获评陕西省优秀教材一等奖和教育部"'十二五'规划教材"。

2. 开发了系列名课程

团队成员开发和主讲的"十三经导读""中国古代文学"等课程先后获评省级、国家级精品课程,省级、国家级精品资源共享课程。课程先后在教育部"爱课程网"和"网易公开课"上线。曹胜高主讲的"国学导论"慕课课程在"东西部网盟课程"上线。

3. 开展了相关教改研究

团队成员撰写的《倡导阅读经典提高大学生的人文素养》《开展丰富多彩的学习经典活动,提高大学生的人文素养》《传承汉字文明,坚持文化自信》等多篇论文先后发表在《中国大学教学》《人民论坛》等高级别刊物上。

## (四)成果受到了社会广泛关注,示范辐射效果好

刘延东副总理,原国家语委主任、教育部副部长李卫红等领导先后对成果给予高度肯定。

团队成员先后在陕西省政府"周末讲堂"为陕西省级领导干部讲授经典,在省级干部中国文化素养研习班、陕西省图书馆、陕西历史博物馆等讲授经典。《中国教育报》先后以《陕西师范大学开展"一推三练"活动》《陕西师大:用传统文化铸魂育人》为题对成果进行了报道。2010年,学校被确定为教育部首批中华经典诵读写试点高校,成果作为教育部试点经验,面向全国推广。

十年坚守,系统设计,创新高校汉字教育与经典学习教学体系,提升了大学生的传统文化素养,坚定了大学生的文化自信,收到了很好的育人效果与社会影响。近年来,国家先后颁布《关于实施中华优秀传统文化传承发展工程的意见》《关于全面深化新时代教师队伍建设改革的意见》,强调"加强中华优秀传统文化教育",强化"三字一话"。教育部部长陈宝生提出"传统文化进校园,是中国人当前最重要的任务"。陕西师范大学11年的探索与实践为提升大学生的传统文化素养,坚定文化自信,提供了可借鉴、可推广的陕西师大经验。

# 五位一体、贯通融合的复合型美术类创新创业人才培养体系构建与实践

（成果编号：2-60）

### ■获奖等级
二等

### ■完成单位
西安美术学院

### ■主持人
郭线庐，男，1958年9月出生，陕西潼关人。1986年获得艺术学硕士学位。1991—1993年英国奥斯特大学艺术与设计学院访问学者。现任西安美术学院院长、教授、博士生导师。中国美术家协会理事，中国美术家协会平面设计艺委会副主任，中国国家画院公共艺术院副院长，全国艺术硕士专业学位研究生教育指导委员会委员，教育部高等学校教学指导委员会设计学类专业教学指导委员会副主任委员，中国高等教育学会艺术设计教育委员会副主任，中国包装技术联合会设计委员会副主任，国家有突出贡献专家，陕西省2012年度重点领域顶尖人才，陕西省美术家协会主席，陕西省教学名师，陕西省2017"千人计划"教学名师领军人才，陕西省政协十二届委员。

### ■团队成员
郭线庐，贺丹，李云集，王彬羽，李四军，闫伟，廖宗蓉，韩晓剑，李路葵，万晶晶，李巍，谢瑶，王中乐，吴靖，张乐

### ■成果简介
为提升教学成果转化、助推地方经济转型升级贡献力量，本成果以培养高素质、复合型美术创新创业人才为宗旨，依托已有的"工艺美术人才培养模式创新实验区"

"版画系人才培养模式创新实验区"2个国家级人才培养模式创新实验区,"西安美术学院设计人才培养模式创新实验区""现代中国画—雕塑人才培养模式创新实验区"等6个省级人才培养模式创新实验区,以及获批的"陕西省高校实践育人创新创业基地""公共艺术实验教学示范中心"等4个国家级与省级实验教学示范中心,构建完成并实践了"五位一体、贯通融合的高素质、复合型美术类创新创业人才培养新体系",即课程体系、培养新模式、实践平台、实习基地和教师团队共同作用,创新创业教育融入人才培养的全过程。

1. 形成了独具美院特色的"四模块、三模式、四类型"创新创业教育课程体系

四模块:根据专业美术学院特点,以科学有效开展创新创业教育为宗旨,打造了以素质教育为核心的公共课程模块,以专业基础为核心的通识基础课程模块,以实验课程为特色的专业课程模块和以创新实践为助力的实践教学模块。

三模式:实验教学实行资源共享模式下的通识实验课程,跨专业模式下的开放式实验教学,专家工作坊形式的开拓式实验教学。

四类型:公共课型创新创业课程,专业课型创新创业课程,实践课型创新创业课程,选修课型创新创业课程。

2. 以"1+3"人才培养模式为基础,搭建起"开放共享、交叉融合、学训一体"的跨学科专业教学共享平台

"1+3"人才培养模式,即新生入校后实行1年的艺术素质、造型通识基础教育,二年级进入专业教育阶段。

统筹规划校内资源建设,统一建设可供各专业相关课程进行学生创新创业实践实训的公共实验平台,推进教学资源开放共享、交叉融合,实现教学与实训一体化。

3. 开拓出遍布全国、类别多样的创新创业实习(实训)基地

根据联合共建、互惠互利、合作共赢的原则,与外校、地方、企事业等合作共建校外实习(实训)和创新创业基地,不断扩充实习(实训)类别,促进实习(实训)基地向多层次、多类别、多样化发展。

4. 已经形成了一支专业美术教育特色的创新创业教育师资队伍

主要解决的教学问题如下:

(1)创新创业教育如何贯穿专业美术院校人才培养全过程。

(2)创新创业人才培养的模式构建。

(3)创新创业实践校内资源统筹规划、开放共享、协同融合。

(4)创新创业校外实习(实训)基地不足,或类别单一。

(5)创新创业缺乏专业化指导教师。

# 《五位一体、贯通融合的复合型美术类创新创业人才培养体系构建与实践》成果总结报告

■成果总结报告

## 一、成果的内容

在《教育部关于大力推进高等学校创新创业教育和大学生自主创业工作的意见》(教办〔2010〕3号)的指导下,实现西安美术学院创新创业教育的总体设计。

适应国家发展战略需要,针对经济社会对美术类创新应用型人才的需求,本成果以培养高素质、复合型美术创新创业人才为宗旨,在9个省级教改项目支持下,依托学院9项教育部质量工程、71项陕西省质量工程,构建并实践了"五位一体、贯通融合的高素质、复合型美术类创新创业人才培养新体系"。

在本科专业教育基础上,以转变教育思想、更新教育观念为先导,以改革人才培养模式和课程体系为重点,以跨学科专业的实验教学共享平台建设为抓手,以"注重素养、夯实基础、拓宽专业、强化能力"为新理念,实施"1+3"本科人才培养模式为基础的分段"递进式"人才培养模式改革,从本科人才培养方案建设、创新创业教育培养模式建设、实践平台建设、实习基地和教师团队建设等5个方面,将创新创业教育贯通人才培养全过程。

建设了以"注重素养、夯实基础"为目标的本科生艺术素质教育大平台,以"拓宽专业、强化能力"为目标的本科实验教学大平台;形成了独具专业美术院校特色的"四模块、四类型"创新创业教育课程体系;搭建起"开放共享、交叉融合、学训一体"的跨学科专业教学共享平台和"三模式"的实验教学运行机制;形成了一支专业美术教育特色的创新创业教育师资队伍,开拓出类别多样的创新创业实习(实训)基地。

## 二、成果的背景

外部环境:在当下的经济、文化发展趋势下,现代艺术美学已消解了艺术与非艺术之间的森严壁垒,艺术创作活动已不再局限于某个单一专业领域,尤其在艺术教育服务区域经济方面,艺术领域的综合性、交叉性越来越占主导优势。

人才入口方面:美术教育进入大众化教育阶段后,生源质量与结构发生了变化。

人才出口方面:美术专业人才培养与市场所需求的以跨学科、多媒介、重实践、宽口径为特征的应用型人才之间不相适应。

人才培养方面:传统美术教育的单一模式已经不适应多样化、多类型的人才培养要求。传统教学以艺术门类来分单元教学,各专业教学相对独立、封闭、固化,培养的学生常常缺乏多学科视角下的社会工作适应能力。如绘画专业学生不懂得雕塑,雕塑专业学生不懂得设计,即便是同一专业的学生,专业方向之间也相对封闭。

## 三、成果的创新与实践

按照艺术教育规律,以2个"大平台"的结合,开拓出美术类创新创业人才培养

新路径。建设以"注重素养、夯实基础"为目标的本科生艺术素质教育大平台,提高学生的艺术素养;建设以"拓宽专业、强化能力"为目标的本科实验教学大平台,促进学生全面发展。在课程体系、创新人才培养新模式、共享实践平台、实习基地和教师团队共同作用下,创新创业教育贯通培养全过程,从根本上支撑创新创业教育背景下宽口径、高水平美术人才培养目标的要求。

(一)创造性地设计并实施以"1+3"本科人才培养模式为基础的分段"递进式"人才培养模式

通识培养阶段(一年级):2011年成立造型艺术部,从造型艺术教学的规律出发,集中面向本科一年级学生实施通识基础教育,夯实学生的造型能力,提高学生的艺术素养。

专业培养阶段(二、三年级):着力提升学生的专业素养和专业能力;多元培养阶段(三至五年级)保障学生自主选择专业交叉与融合、实现就业创业发展路径,实现个性化成长。

(二)按照《西安美术学院关于深化创新创业教育改革的实施方案》,将创新创业教育融入课程、课堂、实验、实习实训等教学各个环节,融入人才培养全过程

2010年以来,不断调整优化模块比例,现公共课程模块占比20.74%、通识基础模块占比14.89%、专业课程模块占比52.13%、实践教学模块占比12.24%;进一步加大了选修课程和实践课程的比例,占课程总量的15%以上。目前全院21个专业共开设创新创业类课程44门,其中专业主干课程占26门,创新创业类课程直接将项目引入教学大纲,以项目、活动为引导,教学与实践相结合,有针对性地加强对学生创业过程的指导,培养学生创新创业意识和实际运用能力。

学院统筹引入项目、大赛、展览、社会实践,以"项目型课程"带动专业教学和毕业创作,增强专业教学的开放性、互动性和实效性,既促进教育成果为社会服务,为学生搭建了文创实践平台,又提升了课堂质量,一举多得。

(三)按照艺术教育规律,建设了独具美院特色的"四模块、四类型"创新创业教育课程体系

四模块:以素质教育为核心的公共课程模块,指面向所有年级学生开设的书法、民间美术、中外美术史、双创教育等课程;以专业基础为核心的通识基础课程模块,指面向大一学生在造型艺术部28周的通识基础教育课程(两大基础课程素描和色彩,全部在画室和实验室内授课);以实验课程为特色的专业课程模块,面向二至四年级学生,各专业人才培养方案中的主干课程(美术学院除了理论类专业之外,其他所有专业的主干课程均以实验课程为授课形式);以创新实践为助力的实践教学模块,面向二至四年级学生,主要指各专业人才培养方案中的拓展课程、项目型课程。

四类型:公共课型创新创业课程,主要指面向大三、大四学生开设的就业创业指导课程,以及通过讲座形式、第二课堂形式开设的创新创业课程;专业课型创新创业课程,主要指各专业结合自身特点,利用现有专业优势,在人才培养方案中适时转型

的创新创业课程；实践课型创新创业课程，主要指服务社会需要的项目型课程，比如影视动画系与上海 PDE 联合开发"兵马俑"游戏项目课程，以及进驻企业或创新创业实践基地进行实践的课程；选修课型创新创业课程，主要指各专业开设的面向其他专业学生的选修课，学院采取专业限定选修和公共课选修两种形式，采取网络选修课和教学单位自开选修课程的办法，着重体现在设计类专业的课程中。

（四）统筹规划校内资源建设，搭建起"开放共享、交叉融合、学训一体"的跨学科专业教学共享平台

2008—2010 年，结合教育厅质量工程项目建设，重点加强本科实验教学示范中心和人才培养模式创新实验区的建设力度；2011 年，通过省级重点教改项目《西安美术学院本科实验室教学发展创新与实效跟踪研究》，整合已有的 6 个国家级、省级人才培养模式创新实验区，以及 4 个国家级与省级实验教学示范中心，成立西安美术学院教学实验中心。建立了"三模式"的实验教学运行机制，实验教学实行资源共享模式下的通识类课程教学、跨专业模式下的开放式实验教学、专家工作坊形式的开拓式实验教学。重点提升实验室运行机制、管理模式、教学手段，促进实验教学共享模式与通识课程教学的有机结合。

2013 年以来，不断开拓出遍布全国、类别多样的创新创业实习（实训）基地，加强学生创新实践、创业项目分类孵化拓展平台建设；发挥校企、校校合作及项目型课程的作用，着力突出专业特色，提高学生的学习能力、创新能力和实践能力。

2016 年，为进一步跨学科专业教学共享平台的共建与共享，在与西北工业大学本科教学良好合作的基础上，两校签署《本科人才联合培养协议书》。

（五）加强提升专业教师的创新创业教育意识和能力

通过教师培训、横向课题机制等办法，以及选聘知名校友、专家、企业家进入教学团队，参与人才培养方案建设，学院已经形成了一支涵盖学工干部、专业课教师、校外企业家和创业成功人士在内的高水平、专业化创新创业教育与指导师资队伍，专/兼职创新创业教师 60 人。

**四、成果的推广应用效果**

学院坚持内涵式发展，通过深化创新创业教育改革，提高美术人才培养质量，促进学生全面发展，创新创业教育贯通培养全过程，内容手段相融合，取得了一系列丰硕的成果。

（一）教学成果丰厚，实质性提升了本科人才培养质量

2010 年以来，学院先后承担省部级以上教育教学改革研究项目 35 项；在教育部质量工程建设中，除"双语教学"以外，所有质量工程项目均有 1~2 项国家级殊荣，在全国九大重点美术学院中名列第一；在 2017 年全国第四轮学科评估中，西安美术学院的美术学、设计学、艺术学理论 3 个一级学科在评估中分别获得 A、B + 和 B 档的评估成绩。

2012 年至今，共获批省级以上大学生创新创业训练计划项目 213 项，其中国家

级项目127项。

近3年来,学生参展获省级以上奖项600余项,包括中国"互联网+"大学生创新创业大赛全国铜奖1项,陕西省赛2金1银6铜;"挑战杯"全国大学生创业计划竞赛金奖1项,陕西省"挑战杯"课外学术作品竞赛一等奖1项、二等奖1项、三等奖2项;"创青春"全国大学生创业计划竞赛铜奖2项,以及亚洲增强现实专题赛全国二等奖,"深创杯"全国大学生创新创业大赛半决赛优秀创新项目奖等。

本科自主创业比例(8.7%)处于较高水平,与全国非"211"本科2016届(2.3%)相比优势明显,其中近九成的人属于机会型创业,而不是生存型创业;近九成(86%)本科毕业生对创新能力表示满意,高于全国非"211"本科2016届(83%)。

(二)"开放共享、交叉融合、学训一体"的创新创业人才实践平台成效显著

学院一级实验室数从2010年的8个增加到2017年的23个,实验室面积增加近8 000平方米,实验室总学时数从2013年的20余万增长到2016年的60余万。

依托实验教学平台,学院设有2个就业创业孵化园,2个创业工作服务站。学院与地方共建教学实践基地(实训119个,其中国家级1个、省级3个)。

依托实验教学平台实施与西北工业大学的联合人才培养项目。广泛开展对外合作教学项目,2013年以来,专业课程模块中共开设了38期外国专家工作室国际课程,极大地提升了专业课程水平、专业教师水平。

依托实验教学平台,以项目型课程形式促进成果转换,先后承担了北京人民大会堂陕西厅、首都国际机场、国庆60周年阅兵式陕西彩车、西安市大雁塔北广场和西安地铁等200多个重大建设项目。

近年来,多个院校和用人单位来西安美术学院调研实验教学与创新创业教育的结合情况。陕西电视台、《陕西日报》、《西安日报》、西安网等主流媒体报道了西安美术学院的创新创业教育成果。

## 成果十三

# 注重基础 强化实践 以国际化视野构建矿物岩石学"434"教学新体系

（成果编号:2-99）

### ■获奖等级
二等

### ■完成单位
西北大学

### ■主持人
赖绍聪,男,1963年生。西北大学党委常委、副校长,二级教授,博士生导师。国务院学位委员会学科评议组成员,陕西省决策咨询委员会委员,国家万人计划领军人才,国家级教学名师,全国优秀博士学位论文指导教师,陕西省首批三秦学者特聘教授。首批全国高校黄大年式教师团队负责人,国家级教学创新团队负责人,国家级精品课程和国家级精品资源共享课程负责人。教育部高等学校地质学类专业教学指导委员会副主任。曾获得国家级教学成果奖二等奖(3项)、陕西省教学成果奖特等奖(2项)、陕西省优秀教材一等奖(2项)、陕西省科学技术奖一等奖(2项)、地矿行业最高终身荣誉奖"李四光地质科学奖"等多项奖励。发表学术论文200余篇,80篇论文被SCI收录,30篇论文被EI收录,出版著作5部、教材7部。

### ■团队成员
赖绍聪,刘养杰,刘林玉,陈丹玲,康磊

### ■成果简介
地质学就是研究"石头"的科学。"石头"就是岩石,岩石主要由矿物组成。因此,矿物岩石学在地质学专业知识结构中占据核心基础地位。2003年以来,在7个教育部质量工程、1个陕西省质量工程和6个校级教改项目支持下,不断探索实践,构建了特色显著的矿物岩石学"四层次—三维度—四平台"教学新体系。

以地质系78年科研成果和优质资源积累为基础,密切结合国际地学发展趋势,统筹矿物岩石学不同阶段教学内容,梳理优化核心知识,形成了基础—理论—前沿—探索"四层次"理论教学新体系,保障了教学内容的先进性。

构建含矿物岩石学实践教学核心知识、导航实践教学知识地图的基础训练—能力提升—探索创新"三维度"实践教学新体系。提升了实践教学的国际化水平,加速了服务性开放资源建设,为实质性提高人才培养质量奠定了重要基础。

积极应对高等学校普遍面临的教育国际化和信息化趋势,以传统教学模式与当代信息化技术深度融合为抓手,自主开发,建成了晶体三维结构—矿物形态3D可视化教学平台、全球典型矿物岩石信息库平台、虚拟偏光显微镜教学平台以及显微数码互动实验教学平台等含资源、互动、交流为一体的教学"四平台"。

成果主要解决的教学问题如下:

(1)矿物岩石学传统理论教学体系知识陈旧,科教融合不足,强调知识灌输,相对忽视能力及思维训练。具体表现在:21世纪国际地学正处于发展板块构造、构建大陆构造新理论的关键时期,知识体系快速更新。然而,局限于教材的单一课堂教学严重缺乏教学、科研深度融合,探索研究的思维意识难以融入。结果是学生难以"触摸"学科前沿,缺乏国际视野,分析、解决问题的能力差,创新能力不强。

(2)矿物岩石学传统实验形式单一,内容局限,严重缺乏国际视野,学生主动性差。具体表现在:传统实验体系局限于教师指导下的验证性课堂实验,学生局限于被动接受和验证。受地质学地域特性制约,实验标本、岩石薄片大多来自我国境内,结果是实习实验能动性和积极性差。学生学习了中国地质,但不了解世界地质。

(3)矿物岩石学传统实验体系技术落后,难以满足当代地质学创新人才培养的需求。具体表现在:基于静态图片—模具—手标本—岩石薄片—单体显微镜的传统实验,无法解决学生对地质学大尺度(宏观—微观—超微观)—长时间(数亿年)—大空间(整体地球)格架下非均衡性—复杂性的深刻理解。有限学时/有限实验室空间等难以满足强化实践训练的需求。结果是学生实践训练不足,空间思维、整体思维能力差。

■ 成果总结报告

## 《注重基础　强化实践　以国际化视野构建矿物岩石学"434"教学新体系》成果总结报告

西北大学晶体光学与岩石学教学团队自2003年岩石学获准为教育部立项的国家理科人才培养基地"名牌课程"建设项目以来,在7个教育部质量工程项目、一个陕西省质量工程项目和6个校级教改项目的支持下,不断探索实践,构建了特色显

## 成果十三
### 注重基础　强化实践　以国际化视野构建矿物岩石学"434"教学新体系

著的矿物岩石学"四层次—三维度—四平台"教学新体系。

**一、构建基础—理论—前沿—探索"四层次"理论教学新体系**

根据注重基础、强化实践、突出国际化视野的理念,我们对矿物岩石学教学体系和教学内容进行了大幅度的调整。将结晶学、矿物学、晶体光学、光性矿物学和岩石学作为一个统一的整体对待,将结晶学作为矿物学的前导课程,晶体光学与光性矿物学作为岩石学的前期基础,强调课程设置和教学内容的统一性、协调性。密切结合地球科学国际发展趋势,参考澳大利亚 Macquarie 大学、加拿大 Toronto 大学矿物岩石学教学体系,重新梳理优化教学核心知识,引进了 Shelley 编写的《Optical mineralogy》、Heirich 编写的《Microscopic petrography》、Raymond 编写的《The study of Igneous, Sedimentary and Metamorphic Rocks》、Blatt 编写的《Sedimentary petrology》、Winter 编写的《An introduction to igneous and metamorphic rocks》、Robin Gill 编写的《Igneous Rocks and Processes》等欧美发达国家教材中的部分内容。同时,融合地质学系 78 年来矿物岩石学领域科研成果和优质资源,尤其是团队在青藏、华北、中央造山系等典型地质区域的研究成果,构建了全新的矿物岩石学理论教学体系,实质性地形成了特色鲜明、国际接轨的,以 7 门描述矿物岩石学课程、3 门理论矿物岩石学课程、11 个凸显国际化视野和学科研究特色的专题、5 类探索创新活动为主线的基础—理论—前沿—探索"四层次"矿物岩石学理论教学新体系(图 13 – 1),保证了教学内容的先进性。同时,建立了"7 门必修课学分 + 3 门选修课学分 + 前沿专题课外学分 + 5 类探索创新活动与学生评奖评优密切结合"管理体系,保障了理论教学体系的有效运行。

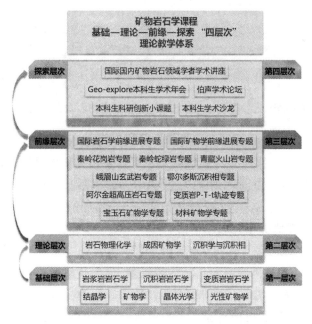

图 13 – 1　基础—理论—前缘—探索"四层次"矿物岩石学课程理论教学体系

## 二、构建基础训练—能力提升—探索创新"三维度"实践教学新体系

矿物岩石学是实践性很强的学科,建立合理的实践教学体系是高质量完成矿物岩石学教学任务的重要环节。我们以当代地质学知识体系为基础,根据不同尺度矿物岩石对象具有不同的教学重点和教学目标,充分利用最先进的信息化技术,构建符合当代地质学发展趋势、含实践教学全部核心知识、导航整个矿物岩石学实践教学知识地图的基础训练—能力提升—探索创新"三维度"实践教学新体系。该体系包括宏观—微观—超微观3个尺度的基础训练实践,实验课—自选实验课—研讨实验课3类能力提升实践,以及课堂实验—网络实验—数码互动实验三型深度融合信息化技术手段的探索性实践。其理念先进、体系完备,涵盖实践教学的"认知—综合—探索"3个主要阶段(图13-2)。该体系提升了矿物岩石学实践教学的国际化水平,为实质性地提高人才培养质量奠定了重要基础。

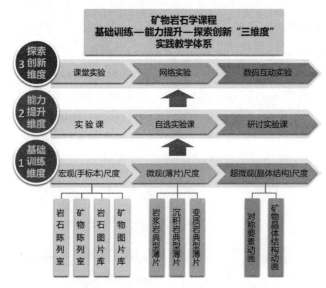

图13-2 基础训练—能力提升—探索创新"三维度"矿物岩石课程信息化实践教学体系

同时,我们还建立了"基础实验必修学分制+自选实验课外学分制+研讨实验召集人负责制",以及"实体实验室610(每周6天,每天10小时)开放+虚拟(网络)实验室724(每周7天,每天24小时)开放"的管理机制,保障了实践教学新体系的有效运行。

## 三、自主开发四大数字化教学平台

### (一)晶体三维结构3D可视化教学平台

矿物晶格、对称型(肉眼)不可见,内容抽象,学生理解困难,严重地影响了学生对结晶学与矿物学核心知识的掌握,成为教学中亟待解决的难点。经过10余年的不断探索,我们利用计算机信息化技术重点解剖矿物的晶体结构,成功开发了晶体三维结构3D可视化教学平台,建立了矿物晶体结构的三维模型,以及晶体结构中质

点运动的三维动画。学生通过自主操作能够直观地观察质点在三维空间的位置、位移及动态的对称操作等。建立了矿物中典型结构的三维动画分析。目前,已可以进行123个典型矿物结构、14种布拉维格子、32种对称型、47种单形、300余种典型矿物结构—形态等的三维虚拟实时表达。

这一平台的建成使原本十分抽象、晦涩难懂的结晶学教学内容大部分实现了三维交互式可视化,创造性地解决了矿物晶格、对称型(肉眼)不可见这一教学过程中长期存在的难题,使学生在学习结晶学与矿物学时兴趣倍增。更为重要的是,该平台在教学中的使用极大地提升了学生的空间(地质)思维能力。

(二)典型矿物岩石信息库平台开发建设

由于地质学具有显著的地域特性,各院校矿物岩石教学标本资源主要来自我国,世界其他地域的标本缺乏,稀缺、珍贵或新发现矿物岩石标本很难获得,从而使学生的知识面和国际化、全球化视野受到限制。针对这一问题,我们以信息化技术为支持,经过10年努力,建成了矿物岩石信息库。该信息库以西北大学岩矿陈列室现有标本资源的数字化收集为基础,同时以国际化、全球化视野从国内外院校、国际国内文献和网络资源中广泛收集世界各地各类矿物岩石信息以及稀缺标本的信息资源,建成了具有国际化属性的矿物岩石信息库(图13-3)。目前,信息库已有涵盖全球不同区域的各种矿物岩石信息6 000余种,图片20 000余幅,基本涵盖了教学过程中涉及的各类矿物岩石。

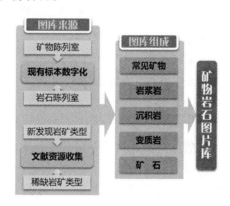

图13-3 矿物岩石信息库平台构成

该信息库对现有标本资源形成有效扩充,缓解了教学标本资源紧缺的问题,使学生能够及时了解全球范围内矿物岩石领域的新发现和新进展,突破了地质学的地域性约束,提升了学生的国际化、全球化视野。

(三)建设虚拟偏光显微镜教学平台

显微镜是地质学教学和科研过程中最重要的基本观察工具之一,被视为地质学专业人员的必备"武器"。19世纪,显微镜引入地质学领域,对地质学的发展产生了革命性的推动。因此,强化训练学生利用显微镜观察分析矿物岩石,提取矿物岩石成岩成矿关键信息的能力,已经成为当前地质学专业学生基础实践能力提升中最为核心的目标之一。然而，由于受课程学时数、实体显微镜实验室空间大小、开放时间、设备台套数的限制，本科生显微镜观察能力严重不足，这已成为地质学高等教育界的共性问题，严重地制约了学生实践能力和创新能力的提高。

为破解这一难题，我们利用计算机网络技术，原创虚拟显微镜（发明专利申请公布及进入实质审查阶段：发文序号2016122101543109）。将显微镜下实际现象虚拟为可在计算机上自主操作，通过浏览器访问的虚拟显微镜平台，学生即可对岩石薄片进行镜下学习。该虚拟显微镜的最大特色是具备真实显微镜的实时交互式操作：可以360°旋转薄片，可以切换单偏光和正交偏光，完成不同光路系统下薄片中矿物特征的观察，其操作使用与真实显微镜十分接近。

该平台突破了传统显微镜实习受学时数、实体实验室空间大小以及实体显微镜台套数量的限制，实现了显微镜实习随时随地常态化，弥补了教学资源的不足，扩展了学生的学习时间和空间，对于大幅度提升学生的基础实践能力具有重要的实用价值（图13-4）。

图13-4 虚拟偏光显微镜教学平台的构成

（四）显微数码互动实验教学平台

传统显微镜设计是单人单镜观察，教学过程中，每个学生1台，教师只能一对一进行指导，师生单独互动，交流效率低，实验教学效果较差。针对这一教学难题，我们建设了信息化数码偏光显微互动实验室，从而使显微镜实验教学模式发生了根本性的变化。

数码显微互动实验平台的主要功能在于其直观性和互动性，教师可将偏光显微镜下的现象实时传送到任何一个学生的显示屏上；同时可以实时动态监控每个学生偏光显微镜下的观察内容，并可将任意学生的观察内容演示给所有学生；通过语音系统对学生进行集体授课或单独答疑，学生也可以分组讨论；还能对图像进行处理及共享等（图13-5）。

显微数码互动实验平台将偏光显微镜、CCD、电脑、工作站、IDB、录播、手拉手会议音频和网络有机结合，使显微镜实验教学形式、教学观念和教学方法得到了根本转变；突破了传统矿物岩石学单人单镜显微镜实习实验师生互动效率低、教学效果较差的瓶颈，全面实现了显微镜实习实验师生之间、学生之间的全方位多点互动，扩大了信息交流与交换，极大地提高了显微镜实习实验的教学质量。

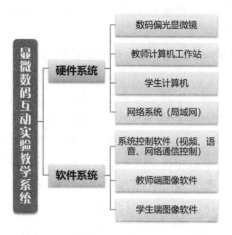

图 13-5 显微数码互动实验教学平台构成

**四、精品课程及系列教材建设**

在矿物岩石学教学体系改革的基础上,凝练和提升了优质资源,形成了一批经典、完备、鲜活的教学资源和实验资源。建成《岩浆岩岩石学》国家级精品课程、国家级精品资源共享课程。出版《晶体光学与岩石学》《晶体光学与岩石学实习教程》《岩浆岩岩石学》《结晶学与矿物学》《地球科学实验教学改革与创新》等系列教材。在《中国大学教学》等刊物发表教学研究论文 25 篇。

**五、成果的推广应用效果**

(一)实质性提高了本科人才培养质量

2003 年以来,累计培养本科生 1 500 余人,扎实的岩矿基础奠定了学生良好的发展潜力。地质系本科生 2015 年平均就业率 96.97%,毕业生 90% 从事地矿工作,用人单位总体评价满意率 97.4%,近 5 年来研究生考取率保持在 85% 以上。先后向中国科学院、北京大学、香港大学、澳洲国立大学、科廷大学、墨尔本大学、蒙特利尔大学、滑铁卢大学、曼彻斯特大学、怀俄明州立大学等输送了一批优秀本科毕业生,毕业生中涌现了一批优秀人才。

举办"国际国内矿物岩石领域学者学术讲座" 206 次,Geo-explore 本科生学术年会 11 届,伯声学术论坛 12 届,本科生学术沙龙 76 次。本科生承担大学生创新创业项目国家级 25 项、省级 18 项,理科人才培养基地科研小课题 124 项,在读本科生公开发表学术论文 98 篇。学生近年来获得省部级以上奖励 183 人次。

高质量的人才培养助推了专业建设和学科发展,地质学专业成为国家级特色专业,地质学人才培养基地在全国仅有的 3 次评估中均被评为全国优秀基地,荣获"全国教育系统先进集体"称号。西北大学地质学科 2017 年进入"国家双一流"世界一流学科建设行列。

(二)教师团队建设、教学资源建设成效显著,教师教学能力明显提升

团队入选首批全国高校黄大年式教师团队、国家级教学创新团队,团队负责人

获得国家级教学名师奖,入选首批万人计划教学名师,荣获地矿行业最高荣誉奖李四光地质科学奖——教师奖。

《岩浆岩岩石学数字课程》为高等教育出版社出版的第一门地球科学类数字课程,《岩浆岩岩石学课程教学设计》为地球科学类第一部关于课程教学研究与设计的专门书籍。《晶体光学与岩石学》《岩浆岩岩石学》教材辐射全国50余所高校,分别获得2013年度和2015年度两项陕西省优秀教材一等奖。《岩浆岩岩石学》2006年入选国家级精品课程,2014年转型升级为国家精品资源共享课程。

承办第四届"全国大学地球科学课程报告论坛"、首届全国"地质学类高等学校青年教师岩浆岩岩石学课程教学研修班"等重要教学会议,在第一届、第二届、第三届、第四届、第五届、第六届、第八届、第十一届"全国大学地球科学课程报告论坛"等全国重要教学会议做大会报告26次,发表教学论文25篇。

近3年来,成果负责人受邀在"万人计划教学名师大讲堂"、全国高校教师网络培训中心、中国地质大学、东南大学、华中师范大学等70余所高校做《如何做好课程教学设计》专题报告,介绍改革经验,听众超过5万人次。

(三)在校内外发挥了重要示范辐射作用

学校4次在地质系召开本科教学工作现场交流会,在全校范围内推广教学改革经验,促进了学校教学工作上水平。

美国林肯学院、肯塔基大学、田纳西大学的师生曾考察了我们的实践教学平台并联合实习,给予了很高的评价。2004—2017年,先后有吉林大学、南京大学、中国地质大学、中山大学等70余所高等院校专程前来学习交流。陕西省教育厅组织在陕30余所高校的党委书记及校长50余人听取教学改革与建设经验介绍。《科技日报》《中国科学报》等主流媒体报道了我们的改革经验与成果。成果入选2017年度中国高等教育学会高校教学改革优秀案例。

## 成果十四

# "不忘初心三十载"
## ——电波传播高层次创新人才培养的改革与实践

（成果编号：2-103）

■ **获奖等级**
二等

■ **完成单位**
西安电子科技大学

■ **主持人**
郭立新，教授，万人计划领军人才，教育部长江学者特聘教授，国家杰出青年科学基金获得者，入选国家"百千万人才工程"，陕西省教学名师。作为电波传播与天线国防特色本科专业负责人，统筹设计了本、硕、博创新人才培养体系和方案，建立了电波测量与天线省级实验教学示范中心、电波传播与天线国家级工程实践教育基地、国家电波环境监测网—西安观测站等实践平台，形成了以全国模范教师、教育部长江学者、教育部教指委委员为核心，以中青年教师为主体的在国内有重要影响力的电波传播教学科研团队。近年来负责国家科技重大专项、国家自然科学基金等项目 30 余项。出版学术专著 5 部，发表刊物论文 320 余篇。获得国家科技进步奖 1 项、省部级科技奖多项。

■ **团队成员**
郭立新，吴振森，魏兵，李平舟，林波，张民，李江挺，郭宏福，韩香娥，金阳群

■ **成果简介**
西安电子科技大学自 20 世纪 80 年代起就系统开展了电波传播"本—硕—博"人才培养工作的研究与实践。学校不忘初心、砥砺前行，30 余年来始终以电波传播高层次创新人才培植为己任，培养了一大批拔尖创新人才，打造了国内领先水平的

电波传播高层次创新人才培养基地。

1. 凝练人才培养理念,服务于电波传播工程和国防需求

通过在国内率先并多年开展随机介质中电波传播与散射等面向工程应用和国防需求的人才培养实践,在总结以两院院士为代表的20世纪80年代毕业生成功培养经验的基础上,凝练确立了"面向电波传播工程与国防科技应用,厚基础、强实践、宽视野、重个性"的创新人才培养理念。该理念既体现了基础理论对人才培养的重要性,又体现了理工融合、协同创新对人才培养的必要性。

2. 构建人才培养体系,形成了递进化、层次式的培养链条

电波传播"本—硕—博"创新人才培养体系以目标明确、特色鲜明、有机融接为特点,构建了本科"夯实数理和专业基础、拓宽电波传播知识面、重视能力培养",硕士"加强理工交融、鼓励探索",博士"跟踪前沿、强调自主研究"的递进化、层次式培养链条。通过开展基础层、提高层、创新层等教育教学,突出了基础理论、专业特色、前沿探讨等课程在创新人才培养中的关键性作用。

3. 改革人才培养方法,提升学生创新精神与实践能力

电波传播"本—硕—博"创新人才培养方法以层次化、多模式、全覆盖为特点,实施了2个计划:桃李计划与领航计划;开展了6个工程:教师"教"的引领工程,学生"学"的牵引工程,学院"促"的助推工程及科研提升工程、视野拓展工程、联合培养工程;做到了4个结合:实验教学与教材建设相结合,学业指导与就业指导相结合,课内学习与科技活动相结合,校企、校所联合培养相结合。学生、教师和管理者全员参与,本科与研究生培养系统联动,近年来学生累计获得"互联网+"竞赛金奖等国家级奖项160余人次。

4. 优化人才培养环境,创新人才培养成效显著

形成了国内领先的面向"陆海空天"开展全方位电波传播教育科学研究的高水平团队;打造了校内校外、国内国际相结合的教学科研实践基地,保障了创新人才培养的高起点、可持续。各年代本科、硕士、博士毕业生中均有领军人物涌现,其中院士3人,IEEE Fellow 3人,国家探月工程副总指挥1人,长江学者2人,国家杰青2人,国家百千万人才2人,中电集团首席科学家2人,中科院百人1人,陕西省百人1人,新世纪优秀人才6人,陕西省优秀博士学位论文获得者7人。中国电子学会电波传播分会中,1位主任委员、2位副主任委员、7位委员均毕业于西安电子科技大学。

■成果总结报告

# 《"不忘初心三十载"——电波传播高层次创新人才培养的改革与实践》成果总结报告

## 一、发展历程与成果背景

西安电子科技大学电波传播方向历史悠久。早在20世纪60年代,毕德显院士

就力主建立了当年国防急需的天线与微波专业。自20世纪70年代起,在电波传播专家王一平教授的带领下开展了电离层、对流层和地海面等各种复杂环境下电波传播的研究和人才培养工作。20世纪80年代初开始招收培养本科生,并率先在国内开展了微波、毫米波大气介质中传输特性等教学和科学研究。1986年被批准设立了以电波传播为主要方向的无线电物理硕士点,并依托电磁场与微波技术博士点开始培养博士生,研制了国内第一台毫米波通信样机。1998年被批准设立无线电物理博士点,同时在国内率先开展了随机介质中电波传播与散射的研究和教学工作。2009年批准设立了电波传播国防紧缺专业。

西安电子科技大学目前作为ITU-R(国际电联电波传播组)第三组的成员,是URSI(国际无线电科学联盟)F委员会和G委员会中国成员单位,是我国长期坚持开展复杂环境电磁波传播特性研究的重要单位之一。学校始终不忘初心:以电波传播高层次创新人才培植为己任,各年代本科、硕士、博士毕业生中均有领军人物涌现;同时在校内形成了王一平、肖景明、葛德彪、吴振森、郭立新等不同年龄段的高水平学术团队。

本成果结合"211工程"重点学科建设项目"复杂电磁环境与天线微波系统"、教育部创新计划专项资助项目"电波传播创新基地"、国防紧缺本科专业建设项目"电波传播与天线专业"、陕西省教学改革重点项目"电波传播与天线国防紧缺专业创新型人才培养的探索与实践"、面向21世纪改革项目"理科物理类(电波传播)专业教学内容和课程体系改革研究"开展建设。

二、指导思想与建设理念

本成果依托电波传播国家国防紧缺专业和研究生电波传播陕西省重点学科,以电波传播高层次创新人才培养为目标,以电波传播创新人才培养理念为指导,以电波传播人才培养实践基地与教学科研团队建设为保障,统筹设计本、硕、博创新人才培养体系,探索实践了一套行之有效的高层次创新人才培养方法(图14-1),于2015年获得陕西省高等教育教学成果奖特等奖。

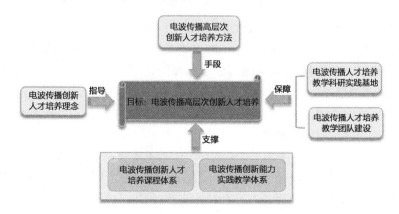

图14-1 电波传播高层次创新人才培养指导思想

(一)凝练人才培养理念,坚持服务于电波传播工程和国防需求

国内高校面向电波传播工程及国防特色的人才培养理念不明晰,影响了高层次创新人才的培养。通过长期历史积淀,学校凝练确立了"面向电波传播工程与国防科技应用,厚基础、强实践、宽视野、重个性"的创新人才培养理念。为西安电子科技大学乃至全国电波传播高层次创新人才培养提供了坚实的理论指导和思想保证。

(二)构建人才培养体系,形成了递进化、层次式的培养链条

国内电波传播人才培养体系对本、硕、博各阶段的人才培养特色、培养目标定位不准确,对三阶段人才培养内涵联系研究不深入。本成果建立了递进化、层次式的"本—硕—博"电波传播创新人才培养体系。以目标明确、特色鲜明、有机融接为特点,本科"夯实数理和专业基础、拓宽电波传播知识面、重视能力培养",硕士"加强理工交叉与融合、鼓励自由探索",博士"跟踪国际前沿、强调自主研究"。

(三)改革人才培养方法,提升学生的创新精神与实践能力

传统电波传播人才培养方法单一,本科生个性化实验训练不足,研究生国际化视野提升不够。本成果针对本科生和研究生不同层次的学习内容,开展个性化训练、项目化科研培养、拓宽国际视野等不同活动,建立了分层次、多模式、全覆盖的电波传播创新人才培养方法(图14-2),使学生的个性得到充分发挥,创新意识明显提高。

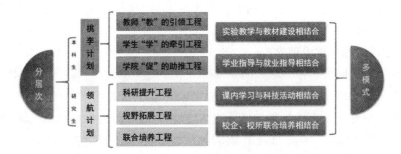

图14-2 分层次、多模式、全覆盖的电波传播创新人才培养方法

(四)优化人才培养环境,加强高水平教学科研团队与基地建设

本成果形成了在国内领先的面向"陆海空天"开展全方位电波传播教育科学研究的高水平团队。该团队近年来编写学术专著9部、建设特色精品课程13门、开设电波场强分布测量等特色实验88个;同时建成了以法国鲁昂大学、天线与微波技术国家实验室、国家电波环境监测网—西安观测站等为依托的人才培养基地。

### 三、研究内容及取得的成果

(一)形成了面向电波传播工程和国防需求的高层次创新人才培养理念

电波传播作为通信、电子、信息等领域的共性技术,为复杂环境中无线信号"通得远、探得准、传得稳"提供理论基础和技术支撑,国防特色鲜明。

通过在国内率先并多年开展复杂环境电波传播与散射等面向工程应用和国防需求的人才培养实践,我们既认识到了基础理论对人才培养的重要性,更认识到了

理工融合、协同创新对人才培养的必要性。在总结以两院院士为代表的20世纪80年代毕业生成功培养经验的基础上,凝练确立了"面向电波传播工程与国防科技应用,厚基础、强实践、宽视野、重个性"的创新人才培养理念。该理念重视数理基础、强化理工交融、鼓励自由探索,注重电波传播的基础理论与电波工程、国防科技应用相结合。既考虑到电波传播要求基础深厚、注重工程应用的特点,又为人才培养中创造性发现问题、解决问题,个性化独立发展提供了坚实保障。

(二)构建了目标明确、特色鲜明、有机融接的"本—硕—博"创新人才培养体系

在人才培养理念指导下,学校逐步建立了递进化、层次式的人才培养方案和培养链条。

1. 理论教学体系建设

采取"基础与前沿结合""经典与现代结合",加强理论教学。以"递进叠加"和"填平补齐"为手段,突出了基础理论、专业特色、前沿探讨等课程关键性作用,本科高年级学生可选修硕士课程,硕士生可选修博士课程,外校入学研究生需补修本科或硕士特色、核心课程。既保证每一阶段知识体系的完整性和特色性,使不同规格人才培养合理分流,又做到从本科到博士电波传播知识体系相互交叉衔接。

本科阶段除"电磁场理论""电波传播概论"等专业课程之外,"电离层传播""对流层传播"等6门特色课程使学生打下更牢固的电波产生—传播—接收的专业基础;硕士阶段"电磁场时域计算方法"和"电波理论与工程"等4门特色课程则强调电波传播理论与工程问题的结合、复杂环境仿真能力提升;博士生"随机介质中的波传播"和"复杂系统电磁波专题"等2门前沿探讨课,则更强调科学研究与工程实际、国防需求紧密联系。

2. 实践教学体系建设

实践教学体系循序渐进,层次化鲜明而又紧密结合。基础层:主要通过课程实验与设计、相关生产实习活动,培养学生基本实践技能;提高层:主要通过综合性、设计性实验,结合学科竞赛、创新计划、训练计划等,提高学生科研实践能力;创新层:主要通过电波传播系统性实验、专题性实验,培养学生的科技创新能力。

在基础层(本科低年级)、提高层(本科高年级和硕士低年级)和创新层(硕士高年级和博士)实践教学活动中,开设"电波功率测量"等基础实验62个、"电波辐射测量"等综合实验15个、"电波通信系统实验"等设计实验7个、"超宽带时域测量"等前沿专题实验4个(图14-3)。

(三)建立了分层次、多模式、全覆盖的电波传播创新人才培养方法

以学生个性化需求为牵引,实施了2个计划、开展了6个工程,做到实验教学与教材建设相结合,学业指导与就业指导相结合,课内学习与科技活动相结合,校企、校所联合培养相结合。

1. 本科生实施桃李计划,开展个性化训练,提高综合素质

教师"教"的引领工程:定期开展教师沙龙活动,依托优秀教材建设计划,编写实

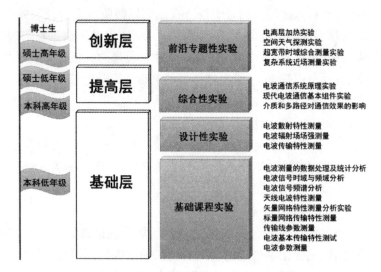

图 14-3 电波传播本科—硕士—博士实验教学体系

验教材讲义 11 部,增加个性化实验,开设的"电波测量实验"等学生可自由选题设计组件,实现了开放式、个性化实验教学。

学生"学"的牵引工程:试点开展"塑造自我工程",聘请学业导师和班主任,分层次开展学业指导与就业指导活动,引导学生树立自我发展意识。

学院"促"的助推工程:设立《综合设计》等实践课程,围绕创新性实验计划项目,采用个性训练、竞赛辅导,结合校友基金,支持科技竞赛和创新创业。近年来学生累计获得"互联网+"竞赛金奖等国家奖项 160 余人次。

2. 研究生实施领航计划,培养国际视野和独立工作能力

科研提升工程:在先后承担的国家 973/863 重大研究项目等中施行项目化学生培养,建立研究生科创小组。同时注重成果转化,引导学生将课题研究等过程中的阶段成果形成报告或论文。

视野拓展工程:聘请 28 位国内外知名学者组建专家团来校访问讲学;近年来承办了电波传播与电磁理论国际年会、两岸四地无线科技研讨会等,开拓研究生的国际视野。

联合培养工程:与中国极地研究中心、法国鲁昂大学等 10 余个校所开展研究生联合培养。有 6 名博士生基于中法国际合作项目在鲁昂大学开展论文工作;共选派 40 余名研究生到电波传播研究所开展实习;已有 8 名博士生赴南、北极开展极区空间电波传播研究。

学校还构建了以电波测量与天线省级实验教学示范中心、电波传播与天线国家级工程实践教育基地(本科生)、国家电波环境监测网—西安观测站(高年级本科、研究生)、天线与微波技术国家实验室(研究生)为主体的创新人才培养实践基地。

(四)教材建设和课程建设产生了广泛影响

多年来共编写、翻译、出版教材和专著 53 部,其中包括国家规划教材 10 部。出

版了国内第一部电磁逆散射专著、第一部粗糙面散射专著,获得国家级图书奖和省部级奖多项。近年来年均发表教改论文30余篇。

学校紧密跟踪电波传播科学前沿,适时开设新专业课程:"随机介质中波传播"等5门学位课程和"电离层传播"等3门本科生专业课程在全国首先开出,中国科学院、武汉大学等单位学生专门到西安电子科技大学学习。开设《电波场强测量》等特色实验88个,受益学生达5 000余人。近年来又新增《微波技术基础》等4门国家级和《电磁学》等9门省级精品课程。

电波传播本科专业教学计划和培养方案被复旦大学、武汉大学、浙江大学、电子科技大学等国内20多所高校同行借鉴或应用。开发的30种新实验和42种新教学仪器,被国内30余家高校及研究所使用。承办了16次全国及地区电波传播教学研讨会,全国50余所院校前来交流学习专业建设、教学改革、质量工程等方面的经验。

(五)形成了在国内有重要影响力的电波传播教学科研团队

通过长期坚持开展地波、海上波导、对流层、电离层传播等教学科研活动,现已形成了以全国模范教师、教育部长江学者、陕西省教学名师为核心,以中青年教师为主体的在国内具有重要影响力的教学科研团队。"复杂地物环境电波传播与散射"团队获批为陕西省重点领域科技创新团队。

现有专任教师58人:博士生导师12名、教授18名、副教授26名、高级工程师3名和讲师11名。其中,全国模范教师1人、长江学者1人、杰青1人、新世纪人才2人、省级教学名师2人。具有海外访学经历教师33人,45岁以下教师占78%,博士学位教师占89.6%。每年选送青年教师赴美国、中国香港等地进修或访问,在过去7届校教师讲课竞赛产生的16位一等奖获得者中,电波传播专业青年教师占5位。

近年来,承担了包括国家973、863课题,国家自然科学基金等100余项,年均科研经费超过1 200万元。获得陕西省科学技术进步奖、航天集团科学技术进步奖等多项。近年来发表SCI论文130余篇。

(六)创新人才培养成效显著,毕业生发展势头强劲

自20世纪80年代至今,培养电波传播方向毕业生近4 000人,超过40%的本科生继续攻读硕士学位,硕士生中近30%继续攻读电波传播博士学位。毕业生分布在30多个校所和华为、中兴、浪潮、中原电子、中国移动、中国联通等各大知名企业,在"985"和"211"高校工作的毕业生有200余名。据用人单位反映,本专业毕业生理论基础扎实、具有较强的实践工作能力、良好的实际动手能力、较高的外语水平以及良好的管理能力和合作精神。

毕业生中产生了中科院院士2人,中国工程院院士1人,IEEE Fellow 3人,国家探月工程副总指挥1人,长江学者2人,国家杰青2人,国家百千万人才2人,中电集团首席科学家2人,中科院百人1人,陕西省百人1人,新世纪优秀人才6人,省优秀博士学位论文获得者7人。中国电子学会电波传播分会中,1位主任委员、2位副主任委员、7位委员均毕业于西安电子科技大学。

20世纪80年代毕业生中的代表人物有中科院外籍院士、顶尖纳米科学家王中林(本科);中科院院士、宇宙学研究首席武向平(硕士);中国工程院院士、全军有杰出贡献青年专家于全(硕士)等。20世纪90年代有国家探月工程副总指挥阴和俊(硕士);IEEE Fellow、长江学者崔铁军(硕士、博士)等;2000年以后有在《Nature》上发表极区电波传播亮点论文的国家"万人计划"青年拔尖人才张清河(博士);长江学者、国家杰青郭立新(博士)等。

### 四、展望

电子信息科学技术及交叉学科日新月异地发展,给电波传播专业建设带来了许多新的挑战。我们将及时面向电波传播国家需求和世界前沿,积极思考本学科和专业的未来方向,进一步制订更合理、科学的人才培养方案,通过加强专业师资队伍建设,优化教学管理和评价,以科学的方法将学生引向通往未来之路。

# 成果十五

# 集一流队伍、建一流基地、创一流环境，培养一流力学人才

（成果编号：2-126）

## ■ 获奖等级
二等

## ■ 完成单位
西安交通大学

## ■ 主持人
王铁军，博士，教授，国家杰出青年科学基金获得者、长江学者特聘教授、国家973项目首席科学家、国家自然科学基金创新研究群体负责人、教育部创新研究团队负责人、国家新世纪"百千万人才"等，英国Brunel大学荣誉博士。现任中国力学学会固体力学专业委员会主任、教育部高等学校力学类专业教学指导委员会副主任、国务院学位委员会学科评议组成员、国家自然科学基金委员会数理科学部专家咨询委员会委员、国家"两机重大专项"基础研究委制造组专家，Far East and Oceanic Fracture Society副主席，《Int. J. Appl. Mech.》共同主编，《Int. J. Aerospace and Lightweight Structures》主编，《固体力学学报》副主编，《应用力学学报》副主编，《Int. J. Mech. Eng. Education》（国际机械工程教育期刊）多个国内外学术期刊编委。

## ■ 团队成员
王铁军，李跃明，吴莹，殷民，张亚红，申胜平，胡淑玲，陈玲莉，陈振茂，徐志敏，刘书静，侯德门，田征

## ■ 成果简介
1. 以"高层次人才坚持教学一线"为指导思想，加强师资队伍建设，提升教育教

学质量

自 2005 年以来,培养与引进并重、支持与重用并举,解决教师数量不足和学术水平参差不齐的问题。派送教师进修、读学位等,支持年轻教师走上学术领导岗位,从世界名校引进人才,支持多人入选获得杰青、长江学者等高端人才。国家级人才均参与本科教学。建成省级精品课程、省级精品资源共享课程等,获批省级基础力学教学团队。获得陕西省教学成果奖特等奖、二等奖以及国家自然科学奖二等奖多项。

2. 以 2 个"国家级基地建设"为核心,全面支撑力学本科生实践教学、科研训练和创新创业

2007 年获批建设国家级力学实验教学示范中心,近 10 年来投入数千万元,新建多个专业与创新实验室,承担着全校基础力学的实验教学工作,每年 4 000 名本科生受益。2011 年立项建设机械结构强度与振动国家重点实验室,仪器设备达到国际先进水平,全面向本科生开放,每年约有 150 名本科生受益。

3. 以"国际应用力学中心"为引领,打造国际化人才培养环境

2011 年成立的国际应用力学中心,吸引聚集一批国际著名科学家和优秀青年学者加盟,打造成国际一流学科。每年几十位国内外学者来校授课、讲座,营造了"接触学科前沿、与大师面对面"的育人环境。2016 年与美、英多所大学联合成立"国际工程教育中心",签订联合培养协议。

4. 三位一体协同育人促进了力学人才成长,优秀本科生崭露头角

"一流师资、一流基地、一流环境"三位一体培养一流力学人才成效显著,毕业生能力强、后劲足。近 5 年来,力学、飞设的本科生申请"大学生科创项目"国家级、省级近 20 项,获得各类竞赛奖 100 余人次。本科生发表论文近 20 篇,获得发明专利近 30 项。

5. 以"教书育人的显著成果"为基础,发挥示范辐射作用

力学学科在教育部第四轮全国学科评估中名列第三,2017 年"软科"全国学科排名第一,2017 年成为国家建设"世界一流学科"之一。力学专业为社会各界输出了大批人才,已有 2 人当选美国工程院院士,1 人当选中国工程院院士。用人单位对毕业生满意度高。

经过了十几年的建设,力学人才培养队伍规模和质量稳步提升,高层次人才坚持在教学一线;申请获批了教学和科研 2 个国家级基地,构建了"夯实基础实验、强化创新训练、加强专业实践"的系统性、多层次实验实践基地;营造了"科研教学一体、国际交流互动、与大师面对面,接触学科前沿"的综合育人环境,育一流人才的传统得到进一步传承,三位一体协同育人的教育理念得到了业界同行的认可。

成果十五

集一流队伍、建一流基地、创一流环境，培养一流力学人才

■成果总结报告

# 《集一流队伍、建一流基地、创一流环境，培养一流力学人才》成果总结报告

## 一、项目的背景

进入21世纪，国家重大工程建设、国防装备自主研发等飞速发展，国际前沿学科交叉成为趋势，要求力学人才"既理论基础深厚、又实践创新能力强、国际视野宽广"。而从20世纪90年代起，我国力学教育的师资队伍、实验条件和育人环境的发展不平衡不充分，难以适应国家重大需求和国际学科发展的需要。问题主要表现为如下几个方面。

（一）原有师资队伍数量不足、水平参差不齐，制约了教学的可持续发展

20世纪90年代，社会上兴起的下海经商潮导致高校教师流失严重，师资数量日显不足；教师除了课堂教学，缺少与外界交流，自身业务能力提升受限，水平参差不齐，严重制约了本科教学的可持续发展。

（二）原有实验实践条件落后、育人硬件水平不高，限制了学生创新能力的培养

原力学教育多注重理论教学，实践教学以课内少量验证性、演示性实验为主，缺乏课外自主实践环节；同时，实验物理空间不足、仪器设备陈旧、实验科目种类少，整体实验实践条件落后，限制了学生实践创新能力的培养，难以培养"既理论基础深厚、又实践创新能力强"的力学人才。

（三）科教融合不够、国际交流有限，缺少良好的育人软环境，难以培养国际视野宽广的一流力学人才

原有人才培养环节单一，科教分离，科研成果难以转化为教学资源，学生鲜有接触科研训练；同时，学术交流有限，学生难以得到大师熏陶、接触学科前沿思想，无法培养国际视野宽广的力学人才。

如何继承优良传统，培养新形势、新时代所需求的一流力学人才，是亟待解决的重大问题。在不断探索与时俱进的育人思路过程中，我们逐步认识到，一流队伍是育人之关键，一流基地是育人之基础，一流环境是育人之软实力。队伍是基地、环境的建设者，基地是队伍和环境的基石，环境是队伍和基地的氛围，三者相辅相成，只有发挥其整体协同作用，解决三者发展不平衡不充分问题，才能培养出一流的力学人才。

2005年，西安交通大学航天航空学院建院伊始，首任院长王铁军教授和领导班子成员提出了"集一流队伍、建一流基地、创一流环境"三位一体，培养一流力学人才的建设、发展理念。经过7年建设和6年实践，在队伍、基地和环境等建设方面进行了卓有成效的改革和探索，培养了大批优秀力学人才，取得了丰硕的研究成果。

**二、引进培养、支持重用,建成国际化、年轻化、学缘结构多元化的一流育人队伍**

(一)人才队伍质量高、数量多,规章制度完备,高层次人才均坚持在教学第一线

引进与培养并重、支持与重用共举,解决教师数量不足和学术水平参差不齐的问题。2005年以来,从哈佛大学、牛津大学、剑桥大学等名校引进人才38人,占教师比例的近50%;派送40余名教师进修、读学位、参加讲课比赛等,占教师比例的近50%。一方面扩充了队伍规模,同时也大大提升了队伍的整体水平。93%的教师具有海外留学经历,27%的教师从哈佛大学、牛津大学、剑桥大学、东京大学等国际一流大学获得博士学位,45岁以下教师占60%以上。拥有国家自然科学基金创新研究群体(两期)、教育部创新研究团体及"111引智"团体(两期)。

学院采取一系列政策和措施,支持多人入选获得杰青、长江学者、万人计划等高端人才;支持部分年轻教师担大梁,走上国家示范中心、国家重点实验室、院系等学术领导岗位。现有美国工程院院士2名、长江学者7名、杰青5名、973首席2人、外籍长聘教授2名;教育部教指委副主任1人、委员1人、课指委委员1人。国务院学位委员会学科评议组成员1名、省学位委员会委员1名,15人任国际期刊主编、国际学术组织副主席等职务。

制定专家督导、名师计划等20多项规章制度,保障了国家级人才均参与本科教学、主持教改项目等,如王铁军长期主讲断裂力学、申胜平长期主讲板壳理论、外籍全职教授主讲"力学与工程"通识核心课,教授授课比例达90%以上。

(二)探索教学模式、开展教学改革、锤炼年轻队伍,成效显著

针对国家发展对人才提出的新需求,教学队伍成员积极开展教学研究、教学改革,探索以问题为导向、以学生为主体的教学模式、基于"互联网+"等信息技术的教学手段等。近年来共承担省部级、校级教改项目34项,发表教改论文34篇,出版教材21部,建成省级精品课程2门、省级精品资源共享课程1门,建成省级基础力学教学团队1个。建成省教学成果奖特等奖2项、二等奖3项。

青年教师参加全国基础力学讲课竞赛、微课竞赛等获奖共计11项,其中获得全国基础力学青年教师讲课比赛一等奖2项,全国高校教师微课教学比赛优秀奖1项。获得各类教书育人奖35项,其中1人获得徐芝纶力学奖,2人获得宝钢优秀教师奖,5人被评为全国优秀力学教师。

**三、夯基固本、砥砺创新,建成系统性、多层次的一流育人基地**

(一)建设国家级教学基地,支撑基础实验实践教学

2007年获批建设国家级力学实验教学示范中心,近10年来共投入6 000万元,面积由原来的1 300平方米增加到目前的约3 600平方米。新建8个专业与创新实验室(仿真实验室、空气动力学实验室、水力学实验室、管道振动测量创新实验室、项目设计实验室、航模设计与制作实验室、燃烧与推进实验室),仪器设备总数(含软件)达1 808台套(新增1 247台套),依据科研成果自主研制11种90台套,开发创新实验项目28项。承担着全校7个学科门类4门力学课程的实验教学工作,每年

约有 3 400 名本科生受益。

（二）建设国家级科研基地，支撑高水平科研训练

2011 年立项建设机械结构强度与振动国家重点实验室，面积 14 000 平方米，固定资产 1.4 亿元，主要仪器设备达到国际先进水平，并全面向本科生开放。支撑本科生科研训练和毕业设计，每年约有 150 名本科生受益。

（三）搭建多学科交叉实践平台，支撑创新创业实践和拔尖人才培养

建成 8 个校外创新创业实践教育基地以及校内多学科交叉平台，支撑航天航空、机械、能源动力和材料等多个学科本科生的创新实践，培养创新思维和创业素质，也为菁英班、钱学森班等拔尖人才的培养以及本科生参加学科竞赛提供了保障。

以"夯实基础、强化创新、拓宽实践"为指导思想，建设了综合型、系统性实验实践基地，彻底改变了实践条件落后、水平不高的局面。

**四、科教融合、大师熏陶，营造国际交流互动、接触学科前沿的一流育人环境**

（一）科研反哺教学，营造科教融合软环境

将科研成果转化为教学资源、固化为教学内容，加强科研、教学的深度融合；从培养大纲等制度上保障低年级学生进入科研训练，高年级学生参与国家 973、自然科学基金等项目，使学生得以接触学科前沿，培养学生的创新能力和科学精神。

（二）加强国际交流，营造国际化培养软环境

国际应用力学中心是依托机械结构强度与振动国家重点实验室创建的一个"学术特区"，目标是为了吸引聚集一批国际著名科学家和优秀青年学者加盟，培养一流学生和青年科学家，产出一流学术成果，将力学学科打造成国际一流学科。中心学术带头人为国际著名中青年力学科学家锁志刚院士、高华健院士、刘子顺教授、陈曦教授等力学杰出校友，力学大师 Hutchinson, Willis, Needleman 为中心国际学术顾问。J. W. Hutchinson、黄克智院士等力学大师与学生面对面，传播力学思想和学科前沿，每年约有 60 位国内外知名学者来校授课、讲座等。创办了《Int. J. Applied Mechanics》（2009）、《Int. J. Aerospace & Lightweight Structures》（2011）和《Int. J. Computational Materials Science & Engineering》（2012）3 个国际期刊（其中 2 个为 SCI 源刊）。

为了促进与国外高校的深度交流和广泛合作，2016 年与休斯顿大学、爱荷华大学、曼彻斯特大学、南安普顿大学等 7 所大学联合成立"国际工程教育中心"，签订本科生联合培养协议。近两年来，美国哈佛大学 10 名学生来访，与爱荷华州立大学互派学生 6 名；2017 年 20 名本科生赴南安普顿大学访学。

依托 2 个国际交流平台，为人才培养营造了"国际交流互动、接触学科前沿"的育人环境。

**五、继承传统、创新发展，培养理论基础深厚、实践创新能力强、国际视野宽广的一流力学人才**

自 20 世纪 60 年代以来，力学专业为社会各界输出了大批人才，毕业生中已有 2

人当选美国工程院院士,1人当选德国工程院院士,1人当选中国工程院院士,1人当选中国科学院外籍院士,7人获得国家杰出青年基金资助,多人在哈佛大学、布朗大学、哥伦比亚大学等国外著名大学担任教授,多人从政走上领导岗位。2005年以后,继承传统、践行新的育人思路,三位一体培养一流力学人才,成效显著、认可度高、示范面广。

(一)青年才俊崭露头角

"集一流队伍、建一流基地、创一流环境"三位一体,培养一流力学人才成效显著。如2009届隋谭获得全国徐芝伦力学优秀学生奖后获得牛津大学博士学位,2011届王茗仕获得首届中—日—韩—中国台湾地区学生论坛最佳报告奖,2012届力学班是迄今为止全校唯一全部保研班。

育人思路推广到飞设等专业,效果显著。近5年来,力学、飞设专业的本科生申请"大学生科创项目"国家级9项、省级6项、校级26项。获得各类竞赛奖140余人次,如全国大学生机器人大赛一等奖1项,VEX机器人世锦赛全能奖1项、冠军2项,"飞豹杯"航空知识竞赛连续2届团体特等奖,SAE飞行器设计挑战赛世界总冠军。本科生发表科研论文15篇,申请并获得发明专利28项。

毕业生能力强、后劲足,硕博阶段能快速进入学科前沿,参与国家973、自然科学基金等重要项目,取得创新研究成果。如2007届卢同庆获得4年一次的国际断裂会议ICF13杰出青年最佳论文奖;2008届杨灿辉在《Adv. Mater.》等上发表论文多篇后在哈佛大学做博士后;2009届孙永乐作为曼彻斯特大学优秀博士生代表,在"英国高等教育女王周年奖励"典礼上受到表彰;2012届原超获得第二届中—日—韩—中国台湾地区学生论坛最佳报告奖,在《Science Adv.》等一流期刊上发表论文多篇,2012届施前在《J. Mech. Phys. Solids》《Mater. Horizon》等上发表论文多篇。

毕业生走上工作岗位后,能够在较短的时间内成为单位的骨干,独立承担科研项目,为单位做出重要贡献。

(二)业界认可度高

力学学科在2016年教育部第四轮全国学科评估中并列第三,2017年"软科"全国学科排名第一,2017年力学学科成为国家建设"世界一流学科"7个力学学科之一。力学应届本科毕业生约有80%继续深造(约有15%进入哈佛大学、哥伦比亚大学、牛津大学、剑桥大学等世界名校),用人单位对毕业生评价高,满意度超过95%。

(三)合作交流深

近5年来,共举办(承办)国际、国内学术会议39次,其中国际会议14次,包括2013年中国力学大会(近3 000人参会),2009年第四届全国力学类课程报告论坛(会议代表380人,做大会特邀报告1个)。创建国家级期刊《应用力学学报》和3个国际期刊,传播力学最新研究成果,扩大西安交通大学力学专业的国际影响力。

(四)示范辐射广

三位一体的育人理念被其他高校认可,近年来如清华大学、上海交通大学、浙江大学等近百所兄弟院校2 000余人次前来参观交流,育人成果起到了良好的辐射与示范作用。自主研发的实验设备如静定/静不定弯扭组合变形主应力测定等实验项目入选国家级力学实验教学示范中心10年建设成果展,被推广到西北工业大学等近20所高校。协助西安理工大学等院校筹建了力学实验室,与新疆大学签订实验教学合作协议,对国内高校尤其是西部地区高校具有良好的示范辐射作用。建立科普基地、举办科技活动,接待海内外各界人员访问2 000余人次、学生实践30余次,社会反响良好。

(五)社会评价高

2014年1月国家自然科学基金委员会主任杨卫院士、2015年10月国家专利局局长申长雨院士、2016年9月教育部副部长杜占元、2017年4月国家外国专家局韦大玮巡视员等来访调研,对该专业的育人思路、优良传统及成效表示充分肯定。

### 六、小结

本项目提出并践行了"集一流队伍、建一流基地、创一流环境"三位一体培养一流力学人才的整体思路。经过十几年的建设,通过引进与培养、支持与重用,力学人才培养队伍规模和质量稳步提升,高层次人才坚持在教学一线,逐渐建成国际化、年轻化、学缘结构多元化的一流育人队伍;申请获批了国家级示范中心和国家重点实验室2个教学和科研国家级基地建设项目,构建了"夯实基础实验、强化科研训练、拓宽创新实践"的系统性、多层次实验实践基地;成立"国际应用力学中心",营造了"科研教学一体、国际交流互动、与大师面对面,接触学科前沿"的综合育人环境。育一流人才的传统得到进一步传承,力学人才培养成效显著,毕业生获得了社会各界的充分肯定,三位一体协同育人的教育理念得到了业界同行的广泛认可。

■ 成果十六

# 深化内涵,创新路径,多方协同:机械工程领军潜质人才培养"一五三"新模式

(成果编号:2-139)

■ **获奖等级**
二等

■ **完成单位**
西安交通大学

■ **主持人**
陈雪峰,教授,2012 年获得国家杰出青年科学基金资助,2015 年作为首席科学家获批 973 项目 1 项,有 10 多年有限元授课经验,作为主要作者发表 SCI 论文 80 余篇。获准 1 项中国科学院出版基金资助项目,出版《小波有限元理论及其工程应用》《风电装备振动监测与诊断》2 部专著;出版《有限元方法及其工程案例》《工程有限元与数值计算》2 部教材。全国数字化设计大赛中采用有限元对关键部件进行分析,指导学生获得特等奖 1 项、一等奖 1 项。主持教育部新工科项目 1 项:智能制造对新型工程科技人才的培养需求及对策研究,第一完成人获得 2018 年国家教学成果奖 1 项,2017 年获得陕西省教学成果奖特等奖 1 项,参与获得 2017 年广东省教学成果一等奖。

■ **团队成员**
陈雪峰,卢秉恒,王永泉,段玉岗,李兵,徐莉莉,郭艳婕,李瑞萍

■ **成果简介**
工程领军人才究竟该如何培养,同钱学森"拔尖人才培养之问"同等振聋发聩。随着工业 4.0、《中国制造 2025》等战略规划的提出,工程教育在世界范围内正面临巨大的机遇与挑战。如何培养具有"一等品行"和很强的工程社会观、工程系统观、

工程创新能力与国际视野的现代工程"领军潜质"人才,支撑"两个一百年"强国梦的实现,是我国高等工程教育界必须与时俱进回答的重大课题。

西安交通大学机械工程学院自2007年以来,在国家和省级若干改革(建设)项目的支持下,持续探索、实践并形成了机械工程领军潜质人才培养"一五三"新模式。

"一体系":以培养现代工程科技领军潜质人才所需的人格、专业、社会多维能力为导向,系统构建了人才培养的教学体系,确立了工程领军潜质人才培养的构成要素及其逻辑关系。

"五节点":以强化领军型工程科技人才核心能力要素为着力点,建立了由5个特征节点构成的递进式工程教育过程链,显化了工程领军潜质人才培养的形式内涵和实施路径。

"三主体":以促进校企深度协同培养现代工程科技人才为目标,创新合作共享机制,建立了高校、企业、第三方关联体有机协同的工程教育共同体,提供了破解工程领军潜质人才培养体制瓶颈的一种思路方案。

成果在科学把握现代工程科技本质特征和领军人才核心竞争力的基础上,突破了以往按知识框架简单设计教学体系、划分教学过程,以及将人才培养局限于单一主体等方面的不足,进行了以工程"领军潜质"人才培养为目标的教学体系、过程和机制的内涵式、一体化、精准化设计与实施。

该成果自实施以来取得了一系列成效:

(1)毕业生培养质量不断提升。在2018年2月上海软科发布的最新机械学科排名中,西安交通大学在人才培养方面位列国内第一。

(2)在校生工程及创新实践能力不断增强。近5年来,100%的学生参加大学生创新创业基金项目,超过70%的学生参加学科竞赛,获得国家级一等奖以上奖励45项。

(3)教学投入增加,质量效应显现。教师中有59人次获得国家各类人才计划支持,新增省部级以上教学成果奖6项,建成国家级精品课程3门、国家级精品资源共享课程3门、首批国家精品在线开放课程1门(年选课2万余人)。

该成果在高教系统中获得了积极评价,2011年专业认证获得美国ABET认证委员会副主席Mary、李培根院士高度评价;2017年认证中,专家组组长顾佩华认为人才培养目标"站位高、有担当""值得兄弟院校学习和借鉴";教育部部长陈宝生视察时,充分肯定西安交通大学在学术精神培育传承方面的创新举措。

■成果总结报告

## 《深化内涵,创新路径,多方协同:机械工程领军潜质人才培养"一五三"新模式》成果总结报告

### 一、成果研究背景和基础

随着经济发展全球化以及工业发展智能化,中国提出了建设创新型国家战略目

标,其关键是提升国家核心竞争力,这就迫切需要培养一大批创新型的工程领军潜质人才。因此,工程领军人才的培养引起了国内乃至全球教育界的极大关注。华盛顿协议、中国工程教育专业认证协会、中国工程院等都强调"工程"人才培养的重要性,教育部也推出了"卓越工程师培养"等计划,为此有的专业单独设置卓工班、有的专业延长企业实践时间等。但是,究竟如何培养不是简单的"工匠型""技术型"专业人才,而是具有"一等品行"和很强的工程社会观念、系统思维能力、工程组织能力、工程创新能力为主要特征的现代工程"领军潜质"人才,支撑"两个一百年"强国梦的实现,是我国高等工程教育界必须与时俱进回答的难题。因此,"工程领军人才究竟如何培养"的教育难题,同钱学森的拔尖人才培养之问同等震耳发聩。

西安交通大学机械工程学院自2007年开始逐步深入探索具有领军潜质的工程高端人才培养模式,在教育部首批卓越工程师计划、教育部"机械工程创新人才培养制造平台——工业4.0学科交叉平台建设"(316万元)、教育部"制造大数据与智能监控系统"战略研究项目(75万元)、中国高教学会"《中国制造2025》对工程技术人才培养的新要求及新模式"、陕西省教改重点项目"研究型大学卓越工程师培养实践教学体系的改革与实践"等支持下,明确了工程领军潜质人才的能力要求内涵,构建了工程领军潜质人才培养的"一套教学体系",提出了学生工程创新核心竞争力达成的"五节点"工程教育链培养路径,建立了高校、企业、第三方关联体"三主体"协同育人的机制与平台,形成了"一五三"工程领军潜质人才培养新模式。近年来,学生人才培养质量逐年提升,并得到英国QS集团、上交软科第三方权威排名机构及社会用人单位的高度认可。

**二、成果解决的教学问题**

(一)工程领军潜质人才培养目标缺少多维能力导向下的教学体系设计

现有工程教育往往强调对专业理论知识的传授和技术性能力的培养,而忽视了现代领军工程人才所必需的"大工程观"和人格、人文等方面多维度、综合性能力的培养,毕业生缺少自我革新的内在动力和持续成长的基本潜质,行业企业对人才培养认可度低,尤其是所培养的人才缺少国际竞争力。

(二)工程领军潜质人才培养缺少核心抓手,实现过程缺乏合理路径

现有的教学组织及方法仍普遍基于以教师和教材为中心的课堂传授、单一课本情境而设计实施,缺少聚焦于工程领军人才核心竞争能力及其达成路径的内涵式培养过程设计,导致学生工程系统思维、工程组织与创新能力薄弱,难以胜任推动、引领工程科技创新发展的重任。

(三)工程领军潜质人才培养缺少有效的校企协同机制与平台

企业是工程教育不可或缺的主体。但目前工程教育因缺少联结高校和企业的有效纽带与平台,以及支撑人才培养目标一致性的机制,工程领军人才的培养往往缺少企业的深度参与,学生工程活动与工程组织过程体验严重缺失,难以满足未来经济社会对高端工程领军人才的需求。

## 三、成果的主要内容

为解决上述问题,西安交通大学机械工程学院从 2007 年起,开始探索并实施以培养"面向工业界、面向世界、面向未来"的具有"领军潜质"现代工程人才为目标的教学改革。经过 10 年时间的探索与实践,提出了工程领军潜质人才培养内涵、构建了培养体系与培养路径、建设了培养平台并探索了校企协同联动育人机制,以及实践了基于领军潜质人才核心能力培养的教学方法,形成了"一五三"人才培养模式的总体思路(图 16-1)。

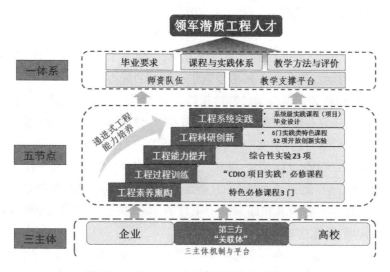

图 16-1 "一五三"人才培养模式总体思路

### (一)明确机械工程领军潜质人才能力要求,构建了对应的教学体系

调研并论证提出了以具有"一等品行"和很强的工程社会观念、系统思维能力、工程组织能力、工程创新能力为主要特征的"领军潜质"人才核心能力目标,与时俱进地制定了人才培养目标与培养方案。以机械工程专业为例,在注重对专业理论知识传授的 2003 版培养方案的基础上,持续改进形成了注重对专业知识与实践能力培养的 2010 版培养方案,再到人文素养、专业知识与工程领军核心能力培养并重的 2015 版培养方案。

(1)通过对"领军潜质"人才特征要素的国内外调研,细化了由 36 个指标项构成的培养目标,突出价值观、系统思维、工程组织与创新能力、全球视野的培养,系统构建了以课程、教学、评价为核心,一流师资与平台为保障的 OBE 教学体系。

(2)按照"大设计""大制造""大测试"的思路,整合 16 门专业核心及综合实践课程,重构课程体系,培养学生工程系统思维能力。毕业总学分由 180 学分压至 158 学分,为学生自主实践提供了空间。

(3)建立了能力目标递进的课内基础、课内综合、课际交叉、创新实践四层次实践教学体系。后 3 类占总实验学时的近 75%,其 2/3 的任务在课外实施,培养学生项目管理与创新能力。

## (二)聚焦核心能力要素,建立了强化领军潜质培养的"五节点"过程链

按照工程链所涉及素质与能力要求,构建了人才培养的递进式5个关键节点。

(1)工程素养熏陶。从人类社会与工程技术交互演进的视角,开发《机械工程导论》《制造与社会发展》《工业社会学》等特色必修课程3门,培养学生的宏观思维与工程社会素养。

(2)工程过程训练。模拟产品全生命周期开发活动,设置贯穿"两大一小"3个学期的"CDIO项目实践"必修课程(年均60多项),学生以每组3~5人的团队形式,自组织、自管理完成多情境工程过程训练。

(3)工程能力提升。面向工程实际问题,设置专业课综合性实验23项,改革《机械设计基础课程设计》等课程的教学内容及模式,建立了由制图、设计、工艺教师组成的指导团队,内涵式强化学生解决复杂工程问题的能力。

(4)工程科研创新。围绕学科特色优势方向,开发了工程要素与科研特征并重、设计实践与原理探究并重的项目实践课程6门及52项独立的开放创新实验,培养学生从工程凝练科学、由技术实现工程的创新能力。

(5)工程系统实践。打造国内首套"工业4.0"大学版学科交叉平台,开发《制造工艺规划与FMS》《制造执行系统》《企业与生产运作管理》等系统级实践课程(项目),依托来自企业实际需求和国家科研项目的24周的毕业设计,共同培养学生的生产运作与管理、系统规划与设计等能力。

## (三)建立高校、企业、第三方关联体"三主体"协同育人机制与平台

通过具有一定公共平台功能的第三方机构,以科研成果孵化转化及双创教育为联系纽带和协同基础,建立"三主体"工程教育共同体,以一流的资源为人才成长提供真实工程环境和国际视野平台。

(1)依托由4所高校、7家装备制造企业构成的2011高端制造装备协同创新中心,以企业重大工程问题为选题,实施了可衔接硕博教育的"装备制造领军人才"培养计划;针对入选学生的实际情况,一人一策,形成了"本科4年+研究生课程学习1年+企业实践1~2年+海外学习(实践)1~2年"的模式,全面、系统地强化了领军人才所需的系统思维、科学基础、工程素养、创新能力和国际视野,形成了实际重大需求牵引下多主体、全方位培养装备制造领军人才的范式。

(2)依托由4家企业支撑的快速制造国家工程研究中心,以及12家高校和企业共同发起的国家增材制造创新中心,以国际菁英班形式,由卢秉恒院士领衔培养3D打印领军人才。

(3)依托由10多所高校建立的碑林环大学创新产业带,发起丝绸之路创新设计产业联盟,共建中国西部创新设计研究院;成立国际米兰设计学院,由谢友柏院士领衔培养创新设计领军人才。

(4)依托松山湖国际机器人产业基地,通过CDIO项目和毕业设计形式,联合培养机器人及智能制造领域的"学院派"创新创业人才。

### (四)团队合作、自主互动探究式教学方法改革

以能力培养为目标,建立由领军教授、骨干教师、实验教师组成的教学团队,实施以学生为中心、基于学生团队合作的导学结合、自主互动的探究式教学方法。改革实践教学评价方式,推行基于布鲁姆目标模型的多维能力达成评价方法与体系。

以《设备控制与故障诊断》实践课程为例,该课程由李应红院士、陈雪峰教授(杰青、973首席)、李兵教授、张兴武副教授及王保建、郭艳婕两位实验技术人员共同指导学生,教师在整个项目中作为引导者的角色。每个项目组3~5人,由组员推选1位组长负责本项目的组织、人员分工、任务协调、进度监控和风险应对等。同时聘请企业导师,学生在企业导师的带领下实地去企业参观了解企业现状及迫切需求,然后确定各组的具体项目目标,按照构思—设计—实施—运行评估的流程来逐步完成项目。学生在答辩及报告中普遍表示这种教学方法对个人综合能力的提高作用显著,尤其是工程项目规划与组织、团队协作,以及表达与沟通能力得到了很大的锻炼。

### 四、成果的实施效果

经过长期建设与不断改革实践,领军潜质人才培养效果显著,建设成果丰富,学生自主学习的兴趣显著增强,实践创新能力明显提高。

### (一)主要成效

**1. 毕业生培养质量不断提升**

英国QS集团对机械学科全球排名情况分析显示:西安交通大学学生全球雇主声誉自2013年至2017年"持续上升",且在MIT、密歇根州立大学及清华大学等5所高校中"涨幅最大"。上海软科在2018年2月最新机械学科排名人才培养方面评价西安交通大学为国内第一。毕业生就业竞争力强、发展后劲足,2011—2017届学生超过60%继续深造,37.2%就业于国内外具有影响力的骨干企业,其中11.6%供职于世界500强企业。2016年李磊刚(2009届本科生)获得"互联网+"大学生创新创业大赛金奖。"创业英雄"杨涛(2013届本科生)获得1 500万元A轮融资。学术精英施宇智(2012届本科生)连续在《Nature》《Science》子刊发表论文。刘金鑫(2011届本科生)在三方导师的协同培养下,科研成果共享于美国能源部网站,产生不低于5 000万的经济效益;支撑发表《Nature》子刊等多篇文章;成长为兼具工程和科研能力的复合型人才。

**2. 在校学生工程及创新实践能力不断增强**

近5年来,100%的学生参加大创基金项目,70%的学生参加学科竞赛,获得国家级一等奖以上45项。2016年第七届"全国大学生机械创新设计大赛",一等奖与获奖总数均位居全国第一。2017年以机械学院学生为主体的机器人团队获得"VEX机器人世界锦标赛"唯一的全能总冠军,其重要获分点是体现工程创新与分析能力的工程笔记,并获得美国REC、《中国科学报》重点报道。2017年"全国大学生机械产品数字化设计大赛",一等奖与获奖总数均位居全国第一。近3年来,机械

学院年均设立创新创业训练项目 118 项,100% 的学生参与。

3. 教学投入增加、质量效应显现

教学互动,设置了学业导师制度,4 名院士、6 名千人、8 名杰青及长江学者均从事本科教学工作,近 5 年来教师 59 人次获得国家各类计划支持;2014—2017 年累计 2 396.8 万元用于本科教学。主编的《画法几何及工程制图》《机械制造技术基础》《机械设计基础》等教材,共计发行 156.5 万套(册)。新增省部级以上教学成果奖 6 项,建成国家级精品课程 3 门、国家级精品资源共享课程 3 门、首批国家精品在线开放课程 1 门(年选课 2 万余人)。

(二)成果推广

1. 高等教育界积极评价

2011 年、2017 年先后两次通过华盛顿协议实质等效专业认证,得到观察员 ASME 工程教育认证委员会主席 Mary E. F. Kasarda 和认证组组长李培根院士的高度评价:经过多年的建设发展,形成了优良的办学传统和鲜明的专业特色。顾佩华校长认为西安交通大学机械工程学院明确提出了培养具有领军潜质优秀人才的目标"站位高、有担当",在实施过程中"很好地贯彻了专业认证的核心理念,系统性地构建了符合认证标准要求的人才培养体系""值得兄弟院校学习和借鉴"。教育部部长陈宝生视察时,充分肯定了西安交通大学在学术精神培育传承方面的创新举措。

2. 实践平台引领示范

建成国内机械工程领域唯一同时拥有基础、专业 2 个国家级实验教学示范中心、2 个国家级工程实践教育中心的学院,年均 20 多所高校来校参观交流。建成国家 2011 高端制造装备协同创新中心,与 20 余家装备制造企业深度开展了协同育人,华中科技大学等多所大学推广了该模式。

3. 改革理念有效辐射

获批省部级教改项目 9 项,在《高等工程教育研究》等核心杂志上发表教改论文 38 篇,总被引 502 次,下载 14 411 次。卢秉恒院士在国务院给总理"授课",并多次受邀以培养 3D 打印领军人才为例就西安交通大学机械工程学院人才培养模式做报告,引发了《光明日报》等媒体的广泛报道。

陈雪峰等在机械类教学指导委员会等会议上做 28 人次关于"工程领军人才培养模式与实践"的报告,获得高度好评。作为教育部指定单位对口支援新疆大学机械学科,开设本科生联培班,人才培养效果显著,支撑新疆大学 2017 年获批机械工程博士学位点;同时指导空军工程大学建设"飞机与发动机维修保障"国家级实验教学示范中心。

# 成果十七

# "上天入海、四维融合",构建工业设计创新人才培养体系

(成果编号:2-141)

### ■获奖等级
二等

### ■完成单位
西北工业大学

### ■主持人
余隋怀,西北工业大学教授,博士生导师。陕西省工业设计工程实验室主任,西北工业大学南通工业设计研究院院长,西北工业大学工业设计研究所所长,蒋氏基金工业设计培训中心(cfidtc)副主任。教育部工业设计专业教学指导分委员会委员,科技部"国家工业设计产业技术创新战略联盟"专家委员会主任,2012中国优秀工业设计奖评奖工作委员会副主任,中国工业设计协会理事,中国工业设计协会交互设计专业委员会副主任委员,中国机械工程学会工业设计分会常务理事,陕西省教学名师,宝钢优秀教师奖获得者。

### ■团队成员
余隋怀,陈登凯,苟秉宸,于明玖,初建杰,卢凌舍,王淑侠,吴通

### ■成果简介
工业设计被誉为制造业创新龙头,是实现"中国制造"向"中国创造"转变的重要保障。新形势下急需具有创新求解能力、工程实践能力和跨学科整合能力的复合型工业设计人才。我国的工业设计高等教育发展至今虽然成效显著,但仍存在如下突出的教学问题:①人才培养与国家重大科技工程结合较少,教学缺乏高水平学科的引领。②课程体系偏重造型能力和视觉艺术,缺乏工程实践能力的综合训练。

③国际化人才培养能力不足,西部地区缺少国际化设计人才培养平台。④产学研脱节,造成学生创新创业能力弱,缺乏必要的实验平台和实践基地。

在国家"985 工程"、"211 工程"、"教育部卓越工程师培养计划"、"111 学科引智基地"、陕西省一流专业和陕西省人才培养模式创新实验区等项目支持下,针对工业设计领域面临的主要教学问题,以国家重大科技工程牵引、产学研实践平台支撑、国际交流合作拓展、创新创业教育推动等 4 个维度集成创新,形成"四维融合"特色教育模式,构建了"课程群+实践平台+团队机制+教学方法"有机结合的工业设计创新人才培养体系。

(1)"上天入海"学科优势引领工业设计创新人才培养。率先将工业设计引入载人航天和载人深潜等国家重大科技工程,在人才团队、研究成果和软/硬件基础上的学科优势突出,"上天入海"特色鲜明。将学科优势与工业设计教学相融合,引领工业设计人才培养,提升设计教育质量,学生团队参与的设计成果应用于神舟飞船、天宫实验室、空间站和蛟龙深潜器等型号。

(2)"四维融合"特色教育支撑工业设计创新人才培养。成果应用团队融合机制,整合重大科技工程科研团队、企业创新实践团队、创业指导团队和国际化教学团队,实现工业设计师资融合;应用资源融合机制,将优势学科资源、实践平台资源、引进专家与课程资源和设计教育对接,实现资源整合;做强"牵引—支撑—拓展—推动"4 个维度,实现工业设计创新人才培养。

(3)"课程—平台—团队—方法"共筑创新设计人才培养体系。成果注重新工科思维,形成了工学、美学和商学相结合的"课程环";共享学科资源,创建了一流的工业设计实践教学平台;构建了团队管理培养机制,形成师生互动的高水平教学团队;加强国际交流合作,引进外籍教师,吸收并融合先进教学理念,提出了"团队合作—范例教学—交互教学"三位一体的创新教学方法;形成了"课程—平台—团队—方法"的创新设计人才培养体系。

成果受到众多高校的学习借鉴,被誉为"上天入海"的工业设计人才培养模式。

■成果总结报告

## 《"上天入海、四维融合",构建工业设计创新人才培养体系》成果总结报告

### 一、成果解决教学问题的方法

(一)制定特色培养方案,优化工业设计专业课程设置

面向国家重大科技工程需求,改革培养方案,优化课程体系,注重创新求解能力、工程实践能力和跨学科整合能力培养,建设"设计理论—设计基础—设计方法—设计实践"四大课程群,共48 门课程。实行项目互动式教学,以设计创新为主线,课

程编排层层递进、"螺旋式"解决产品设计中的问题。由承担神舟、天宫和蛟龙等工业设计任务的教授团队首创《设计数学》等16门课程，编写《产品创意设计》等系列教材及专著9部。聘请"上天入海"领域9位专家和杰出校友，讲授工业设计学科前沿及专业认知等特色课程，并担任指导教师。

（二）共享学科专业资源，创建一流工业设计教学实践平台

教学与学科资源共享，依托陕西省工业设计工程实验室和工信部工业设计与人机工效重点实验室，充分发挥与长三角、珠三角和环渤海地区企业的合作关系，弥补西部地区设计教育基地不足的劣势，与海尔集团等建立9家创新实践教学基地，以一流实验设备、一流校企指导团队、一流运作机制创建了一流的工业设计教学实践平台。通过产学研一体的工业设计实践教学平台，以"企业提出需求—平台优化选题—校企联合指导—学生驻厂设计—联合申报专利"的特色模式，结合企业实际设计项目，提高学生创新实践能力的培养。

（三）加强国际交流合作，革新工业设计教学方法

依托"111"引智基地、欧盟 Erasmus + CBHE 计划和西部唯一的香港蒋震基金工业设计培训中心，形成示范性工业设计国际化教学平台，聘请包括美国工业设计师协会主席在内的30余位外籍专家为客座教授，形成10人稳定的国际师资队伍，自有师资的80%具有国际化教育背景。引进国际先进设计教育理念，推行以范例教学为核心的交互式教学方法，提升教学质量。引进《Product Design》等5门全英文国际化课程，与欧美6所设计院校建立合作关系。每年优选约12名学生出境交流，接收20余名法国、西班牙等国学生，开设产品设计工作坊。建立中英联合设计创新实验室，为学生提供国际合作交流和实践教育平台。

（四）实现师生互动联合，形成工业设计人才团队协作培养机制

实施本科生导师制，建立跨年级联合设计实践团队，依托大学生创新创业训练项目、创新实践竞赛等多种形式，加强师生互动联合；实施研究生集体指导制，共享项目与师生资源，建立学术管理与科研管理相结合的团队管理机制；构建校企异地协同设计开发机制，充分发挥创新实践基地的资源优势，组建"本—硕—博"联合团队，提升学生的创新求解能力、工程实践能力和跨学科整合能力。

二、成果的创新点

（一）"上天入海、四维融合"，构建了工业设计创新人才培养体系

本成果整合工业设计创新人才培养的4个重要维度，将设计教育与国家重大需求紧密结合，解决了国家重大科技工程中工业设计长期缺位的问题；以载人航天和载人深潜为代表的高水平学科引领了工业设计人才培养，"上天入海"特色鲜明，既解决了重大科技工程的复杂设计需求，同时也提升了工业设计在国家创新战略中的学科地位和影响力；建立国际联合设计创新实验室，引进和培育国际化师资，推行双向国际化教学，提升了学生的国际视野和团队设计能力。成果形成的工业设计创新人才培养体系有力地促成了工业设计与工程实践的深度融合，对我国高等院校设计

教育起到了引领和示范作用。

(二)构建产学研一体化人才培养平台,提升学生的设计工程实践能力

跨区域创建创新实践教学基地、联合实验室和工业设计研究院,形成跨学科、立体化创新实践平台,创办"新丝路"国际工业设计大赛,引导学生在开放平台和项目合作中自主创新,创造性地解决了西部设计人才培养实践基地的欠缺;在全国首创了十字形产学研一体化模式,以设计服务和人才培养为核心,整合多方资源,以跨学科协作牵引,实现产品设计策略、新产品规划、企业文化与创新设计思维的交叉融合,在丰富的实战项目中全面提升学生的设计工程实践能力。

(三)建立"资源共享型"团队管理机制,提升学生的科技创新素养

学科优势与教学实践紧密结合,资源共享,构建本科生、硕士生、博士生和教师的大团队管理机制。实行本科生导师制,以科研项目、创新竞赛和创新创业项目为载体,加强创新实践教学环节。在实战式设计实践中,选拔优秀本科生直接进入研究生阶段学习。研究生采用集体指导的方式,打破相互分散的小团队局限,实现科研与学术管理相结合的导师组集体培养。通过参与重大项目、集中能力培训、企业设计服务、实践平台锻炼、设计创新竞赛、创新创业培育等多种方式,提升学生的科技创新素养。

**三、成果的推广应用效果**

(一)实质性地提高了工业设计人才的培养质量

在人才培养过程中强化学习的主动性,突出学生的主体地位。通过引导、组织学生积极参与神舟飞船、空间站、大飞机和深潜器等国家重大型号的工业设计任务,其跨学科整合能力得到了显著提升。80%以上的学生经过了产学研合作实际项目的锻炼,50%以上的学生获得了国际交流或联合培养的支持,100%的学生参加过各类设计创新大赛,近5年获得国家级创新竞赛奖项50余人次,省级奖项100余人次,100%的研究生均经过国家级科研项目的锻炼。

为国内众多高校设计专业培养了骨干教师,陕西省高校中超过60%的工业设计专业负责人毕业于西北工业大学工业设计专业。大批毕业生成为航空、航天、航海、装备制造及家用电器等行业的设计领军人才。培养了创维、华帝等多家国家级工业设计中心的设计总监。

(二)人才培养模式在国内起到引领作用

成果受到国内设计教育界的广泛学习和借鉴,团队负责人余隋怀教授在全国工业设计教育研讨会和中国工业设计协会的高层次培训中,多次受邀做工业设计教育专题报告,引起极大反响。2017年余隋怀教授两次登上央视讲堂,推广设计思维及设计文化,并于同年获得光华龙腾设计成就奖。工业设计在国家重大科技工程中的应用及产学研一体的人才培养模式受到高度认可和赞誉。受工信部委托,团队主持制定了国家工业设计中心认定办法以及国家工业设计师职业资格认证办法,将人才培养、产业发展和行业标准进行了进一步融合。

## （三）同行专家与用人企业高度评价

中国工业设计先驱、清华大学柳冠中教授评价："（西北工业大学）工业设计团队教学管理与创新模式值得推广，对中国工业设计教育改革具有借鉴作用。"

教育部工业设计专业教学指导委员会副主任、清华大学美术学院鲁晓波院长评价："西北工业大学的设计教育体系完备、特色鲜明，上天入海、独树一帜。"

全国人大常委会原副委员长路甬祥院士评价："（西北工业大学工业设计）拥有良好的基础，为企业培养了工业设计人才，提高了我国的创新设计水平。"

国务院学位委员会设计学学科组召集人、中央美术学院许平教授评价："西北工业大学工业设计创新人才培养体系经营多年，长期积累，具有鲜明的学科特色与创新价值，郑重推荐并期望在全国相关领域中予以推广发扬。"

中国载人航天办公室副主任、航天英雄杨利伟少将评价："（西北工业大学工业设计）为中国载人航天工程提供了更加宜人、更加可靠的产品，保障了航天任务的顺利执行。"

"蛟龙"首席潜航员、我国万米载人深潜工程总师叶聪评价："西北工业大学培养的学生项目能力强，能攻关，能打硬仗。"

## 成果十八

# 面向西部的绿色建筑多层次人才培养模式建构与实践

（成果编号：2-144）

## ■ 获奖等级
二等

## ■ 完成单位
西安建筑科技大学

## ■ 主持人

刘加平，1956年11月5日生于陕西省大荔县，男，汉族，工学博士，绿色建筑专家。中共党员。1982年本科毕业于西北大学物理系，1998年6月博士研究生毕业于重庆建筑大学建筑学院。现任西安建筑科技大学建筑学院院长、教授，西部绿色建筑国家重点实验室主任；北京工业大学教授，绿色建筑环境与节能技术北京市重点实验室主任。兼任中国建筑学会副理事长、建筑物理分会理事长。长期从事绿色建筑及建筑节能领域的基础研究、教学和应用推广工作。主持和完成包括国家自然科学基金重大项目在内的数十项国家级研究项目，在西部绿色建筑和太阳能富集区超低能耗建筑的设计原理与方法等方面做出了突出贡献。作为第一完成人获得国家科技进步奖二等奖1项，教育部等省部级科技进步奖一等奖3项，世界人居奖优秀奖2项，出版学术专著和教材8部，发表论文近200篇。曾荣获2001年度国家杰出青年科学基金，2007年度全国模范教师，2009年度国家创新研究群体"西部建筑环境与能耗控制"学术带头人，2012年度何梁何利奖，2017年首届全国创新争先奖，首届全国高校黄大年式教师团队负责人等荣誉。2011年当选为中国工程院院士。

## ■ 团队成员

刘加平、杨柳、雷振东、李志民、叶飞、李昊、李钰、张倩、王芳、何文芳、宋冰

## 成果十八
### 面向西部的绿色建筑多层次人才培养模式建构与实践

■ **成果简介**

绿色建筑(简称绿建)是具备"节能、节地、节水、节材和减少环境污染"属性的建筑。发展绿色建筑,是实现城乡可持续发展的必要条件,是我国新时期的重大需求。

研发推广绿色建筑,需要不同层次的"绿色"建筑人才队伍,包括从事绿色建筑研究、设计、技术推广应用的人才,以及培养绿建人才的教学人才。在生态环境脆弱、经济发展相对落后、人才长期匮乏的西部地区尤为如此。

本成果负责人自1996年开始探索绿色建筑技术与设计的有机融合,带领教研团队经过20年的艰苦努力,形成了一整套面向西部的绿色建筑多层次人才培养模式,主要成果如下:

(1)突破了绿色建筑技术与建筑设计教学长期分隔独立的旧模式,在国内外首次建构了绿色建筑技术和绿色建筑设计相互渗透的人才培养方案,确定了多层次人才培养目标:博士生阶段重点培养专门从事绿色建筑研究与教学的领军人才;硕士生阶段分别培养"掌握绿色建筑原理和技术"的高级建筑设计人才和"懂得绿色建筑设计"的绿色建筑技术研发及推广应用人才;本科生阶段培养"掌握绿色建筑理念、了解绿色建筑技术"的建筑设计和学科后备人才。

(2)建设了我国首个以"绿色建筑"为主旨的"西部绿色建筑国家重点实验室",建设了由"建筑学国家特色专业、建筑设计及其理论国家重点学科、国家重点实验室、低碳城市与建筑国际联盟"组成的开放式绿色建筑人才培养基地;有机整合了绿色建筑基础类和建筑设计类课程内容,改造和建设了一批绿色建筑类本科生和研究生课程,出版《绿色建筑概论》等相关教材与专著23部。

(3)创建了"全国高校黄大年式教师团队——西部绿色建筑重点实验室教师团队",成员包括自主培养的2名长江学者特聘教授、3名国家杰青获得者、1名优青获得者、3名科技部中青年领军人才、2名中国青年科技奖获得者、3名国家"万人计划"入选者、2名全国模范教师等;指导在校生荣获国内外重要绿色建筑设计竞赛奖项52项,成为国际建筑师协会(UIA)设计竞赛全球获奖最多、等级最高的学校。

(4)为西部地区培养了一大批活跃在研究、设计、建设一线的绿色建筑人才,为西部高校培养绿色建筑方向的教学科研骨干150余名,引领了我国建筑院校绿色建筑人才培养体系的改革。

主要解决的教学问题如下:

(1)原有建筑学科各阶段人才培养目标和规格与西部绿色建筑人才需求的匹配问题。

(2)原有建筑学硕士生、博士生阶段建筑设计与建筑技术2个方向的培养方案和课程体系之间相互渗透、融合的问题。

(3)原有本科生阶段绿色建筑课程体系与教材建设问题。

(4)支撑多层次人才培养的绿色建筑设计与技术的教师队伍和教学环境建设问题。

■成果总结报告

# 《面向西部的绿色建筑多层次人才培养模式建构与实践》成果总结报告

## 一、项目的背景与目标

绿色建筑是具备"节能、节地、节水、节材和减少环境污染"属性的建筑,是实现中国城乡人居环境可持续发展的必要条件。2016年,中共中央、国务院将"绿色"加入原有建筑方针,确立了"适用、经济、绿色、美观"的国家新时期建筑方针,进一步凸显了绿色建筑的重要意义(2016年2月21日《中共中央、国务院关于进一步加强城市规划建设管理工作的若干意见》)。

研发、设计、建造绿色建筑,需要大量不同类型的绿色建筑人才。包括从事绿色建筑设计和绿色建筑技术推广应用的人才,以及专门从事绿色建筑研究和培养新人的科研、教学人才。对于国土面积辽阔、生态环境脆弱、经济发展相对落后且人才长期匮乏的西部地区更是如此。

要实现西部人居环境的可持续发展,达成国家绿色发展总体战略,必须培养出一支热爱西部、了解西部、服务西部的多层次绿色建筑人才队伍。然而,现有建筑学专业教学在培养绿色建筑人才方面存在以下问题:

(1) 传统建筑学科强调国际化通用型人才培养理念,但缺乏地域化特色,各阶段人才培养目标、规格与西部绿色建筑人才需求不匹配。

(2) 既有的建筑学本、硕、博绿色建筑人才培养体系缺乏统筹安排,博士生、硕士生阶段的建筑设计及其理论与建筑技术科学2个方向培养方案和课程体系渗透、融合不足。

(3) 本科生阶段原有绿色建筑课程体系性不强,教材不能满足绿色建筑教学的需求。

(4) 绿色建筑与技术的教师队伍和教学环境建设基础薄弱,极大地制约了高水平人才的培养。

为此,西安建筑科技大学绿色建筑教学研究团队自1996年起,以国家自然科学基金重点项目为契机,从建筑学专业本科和研究生教学改革着手,开始探索绿色建筑技术与设计的有机融合,逐步建构了一整套面向西部的绿色建筑多层次人才培养模式。

改革的总体目标:

(1) 针对西部多样化人才需求,完成培养目标和规格的对接调整,建立面向西部的绿色建筑多层次人才培养模式。

(2) 改革课程体系和培养方法,强化多层次绿色建筑人才专业素养、创新意识及能力的培养措施,达成绿色建筑人才培养的教学目标。

(3) 自主建设稳定的高水平师资队伍和学科专业平台,建成面向西部的绿色建筑设计和技术研发人才培养基地。

(4) 培养一大批多层次绿色建筑人才,引领并推动西部城乡人居环境的可持续发展,落实国家绿色发展总体战略。

研究框架如图18-1所示。

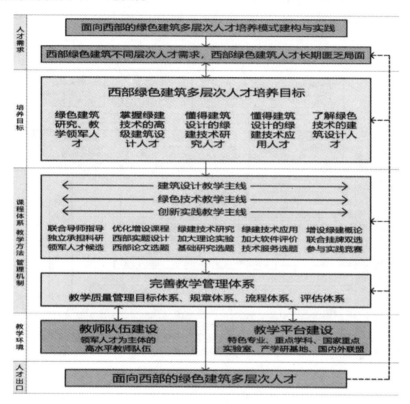

图 18-1 研究框架

### 二、指导思想

主动适应西部绿色发展对研发、设计、建造人才的迫切需求,按照"需求导向、课程支撑、科研推进、名师引领、团队成才"的指导思想,树立多层次绿色建筑人才培养目标,建立各层次知识、素养、能力培养方法,明确以"创新意识和专业技能"为核心的绿色建筑人才评价指标,搭建"特色专业、重点学科、国家重点实验室、产学研基地、国内外联盟"为一体的绿色建筑人才培养基地,形成西部绿色建筑多层次人才培养模式。

### 三、实践历程

项目团队自1996年起,以国家自然科学基金重点项目"绿色建筑体系与黄土高原基本聚居单位模式研究"为契机,发扬自强不息、薪火相传、自主创新的开拓进取精神,克服办学经费紧张、教学环境欠佳的困难,开始了面向西部的绿色建筑多层次人才培养模式的建构与实践。

20年来,通过持续的国家重大、重点科研课题专项研究,坚持以国家级特色专业、重点学科、重大科研项目为基础,以省级教学改革项目和精品课程建设项目为依托,以本、硕、博分阶段培养为路径,相继在一级学科博士点、国家创新群体、国家杰出青年基金、中国工程院院士、长江学者、中青年科技领军人才等方面实现突破,逐步建成西部绿色建筑国家重点实验室、陕西省西部绿色建筑协同创新中心,验证了绿色建筑人才培养模式的突出成效,实践历程如图18-2所示。

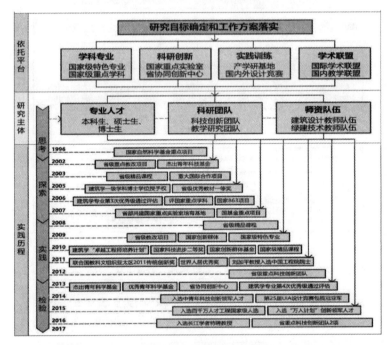

图18-2 实践历程

**四、方法与举措**

(一)人才培养

构建绿色建筑技术和绿色建筑设计相互渗透的人才培养方案,确定多层次人才培养目标体系,强调以"建筑设计能力、技术应用能力、研发创新能力"为专业素养的人才规格。

(1)博士研究生,以高校、科研院所需求为目标,重点培养专门从事绿色建筑研究与教学的领军人才,强调国际视野和科学研究的独创能力。

(2)"建筑设计及其理论"方向硕士研究生,以设计院所需求为目标,培养"掌握绿色建筑原理和技术"的高级建筑设计人才,强调建筑设计结合绿色建筑技术和设计研究的创新能力。

(3)"建筑技术科学"方向硕士研究生,以省、市级研究院所和建设企业需求为目标,差异化培养"懂得绿色建筑设计"的绿色建筑技术研发人才和绿色建筑技术应用人才,强调绿色建筑技术研发应用和技术研究的创新能力。

(4)建筑学专业本科,在遵循国际化评估认证"堪培拉协议"人才培养的基础上,培养"掌握绿色建筑理念、了解绿色建筑技术"的建筑设计人才和学科后备人才,强调建筑设计实践和绿色建筑技术应用能力,培养方案如图18-3所示。

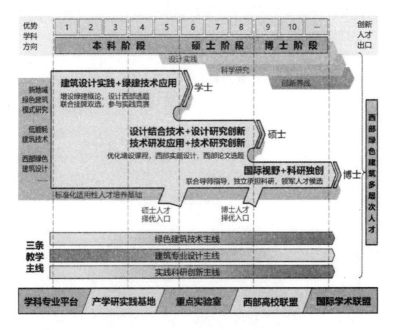

图18-3 培养方案

(二)教学科研

围绕多层次人才培养目标,逐步建立以"建筑设计、绿建技术、创新实践"为主线的教学体系和系列教材建设,加强以学生主动学习为导向的"引导—探究型"教学方式,完善了教学管理及评价体系。

发挥"新地域绿色建筑模式研究、低能耗建筑技术研究、西部绿色建筑设计"等优势学科方向的引领作用,实现建筑设计和绿色建筑技术教学的渗透融合,本硕博三阶段增设或更新绿色建筑课程87门,建立了绿色建筑课程体系(图18-4)并建设了系列教材。强化设计实践和科研创新在3个阶段的递进式训练,加强以学生主动学习和研究为导向的"引导—探究型"教学方式,运用"强化设计实践—参与项目研究—独立承担课题"的培养手段,并贯穿始终。

(1)博士生阶段。融合建筑设计及其理论和建筑技术科学二级学科培养方案,建立绿色建筑一级学科培养模式,各方向导师联合指导博士生;博士生在导师指导下独立承担面向西部的科研子课题,赋予其完整的责任、权利和义务;遴选优秀博士毕业生留校加入团队,作为领军人才候选人。

(2)"建筑设计及其理论"方向硕士生培养。优化既有"建筑物理环境"和"建筑节能设计"课程;增设"绿色建筑新技术"课程;必修课程"建筑创作与实践"教学选题应针对西部地区自然环境和社会经济条件;学位论文选题主要以西部地区城乡建设问题为研究对象和内容。

(3)"建筑技术科学"方向硕士生培养,制订差异化培养方案。对有意研究绿色建筑技术的学生,加大基础理论课和实验课程的学分,学位论文选题多来自国家级基础研究项目;对有意从事绿色建筑技术应用的学生,增加软件模拟与技术评价类课程的学分,学位论文选题多来自团队所承担的技术服务项目。

(4)本科生阶段。删减建筑设计理论课程中重复的内容,压缩课时,增设"绿色建筑概论"课程;更新"建筑物理、建筑材料和构造"等课程内容;设计课选题以西部地区为背景,设计、技术教师联合指导,课题挂牌、师生双选;组织参与国内外设计竞赛、创新创业大赛。

(5)制定目标、规章、流程、评估制度,完善了教学管理体系。

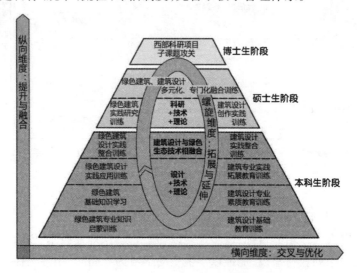

图 18-4 绿色建筑课程体系

(三)师资队伍

吸引不同领域具有不同学科背景的教师,完善建筑学师资队伍结构,形成新型科研、教学合作团队。以实验室、教学基地、学术教学联盟建设为抓手,提升人才培养的教学环境品质。

(1)坚持西部绿色建筑科研主线,组建跨学科、专业、领域的师资队伍,通过130余项重大、重点、国际合作科研项目的持续开展,培养人才的创新意识和锻炼人才解决实际问题的能力,实现个人价值与国家需求相结合,培养立足西部、热爱西部、德才兼备的高素质人才,造就以院士、长江学者、杰青为代表的拔尖人才的不断涌现。

(2)科研成果反哺教学,逐步建成跨学科、跨专业、跨领域的西部绿色建筑国家重点实验室和"国际低碳城市、社区、建筑"国际学术联盟,创立国际、国内、西部建筑高校联盟等多个合作联盟,形成了"特色专业+重点学科+重点实验室+学术联盟"的多元化培养平台,营造高水平人才培养环境。

## 五、主要成果

（1）突破了绿色建筑技术与建筑设计教学长期分隔独立的旧模式，在国内外首次建构了绿色建筑技术和绿色建筑设计相互渗透的人才培养方案，确定了多层次人才培养目标。

（2）建设了由"建筑学国家特色专业、建筑设计及其理论国家重点学科、国家重点实验室、低碳城市与建筑国际联盟"组成的开放式绿色建筑人才培养基地。各阶段加强以学生主动学习和研究为导向的"引导—探究型"教学方式和"强化设计实践—参与项目研究—独立承担课题"的培养手段，有机整合绿色建筑基础类和建筑设计类课程内容，改造和建设了一批绿色建筑类本科生和研究生课程，出版《绿色建筑概论》等相关教材及专著23部。

（3）科学研究推动了学科、专业、团队、平台、联盟建设，改善了教学环境。创建了"全国高校黄大年式教师团队——西部绿色建筑重点实验室教师团队"，成员包括自主培养的2名长江学者特聘教授、3名国家杰青获得者、1名优青获得者、3名科技部中青年领军人才、2名中国青年科技奖获得者、3名国家"万人计划"入选者、2名全国模范教师等；建设了我国首个以"绿色建筑"为主旨的"西部绿色建筑国家重点实验室"。指导在校生荣获国内外重要绿色建筑设计竞赛奖项52项，成为国际建筑师协会（UIA）竞赛全球获奖最多、等级最高的高校。

（4）为西部地区培养了一大批活跃在研究、设计、建设一线的绿色建筑人才，为西部高校培养绿色建筑方向教学科研骨干150余名，引领了我国建筑院校绿色建筑人才培养体系的改革。

## 六、推广应用效果

### （一）主要成效

（1）基于面向全国的建筑人才培养，向西部输出多层次人才队伍，毕业生在西部就业比率高，用人单位普遍评价西安建筑科技大学的毕业生接地气、能创新、专业强。近20年来，建筑学本科、硕士、博士毕业生留在西部12省区的就业比率分别为49.8%、57.9%和78.4%，大批绿色建筑人才落户西部。

（2）自主培养国家级、省部级高层次人才40余人次，建成教学科研队伍7支，强劲支撑了本校建筑学科的教学。培养、培育高层次人才40余人次：中国工程院院士、全国模范教师、全国创新争先奖获得者（首批）、长江学者、杰青、百千万人才工程、万人计划、优青、陕西省教学名师、工程设计大师等。建成教学科研队伍7支：首批全国高校黄大年式教学团队1支、建筑学领域第一支国家自然科学基金创新群体、陕西省重点科技创新团队5支。

（3）人才培养质量提升，在校生参与竞赛和科研实践成绩突出。在校生在国内外绿色建筑设计类竞赛中获奖52项，在国际建筑师协会UIA每3年一次的世界大学生建筑设计竞赛中两次获得第一名，成为UIA赛事全球获奖最多、等级最高的高校。在校生参与国家级科研课题研究及国家、行业、地方标准规范编制工作，共计完成100余项,成为我校科研团队的新生力量。

(二)成果推广

(1)主编出版教材,促进绿色建筑理念与知识在建筑学专业教学中广泛应用。团队骨干成员主编出版了23部专业教材及专著,其中《建筑物理》印刷次数超过30次,《建筑物理》《绿色建筑概论》等被国内110余所高校建筑学专业使用,《城市环境物理》等11部教材被列入高等教育土建学科专业"十三五"规划教材,为广大建筑院校提供了绿色建筑教材。

(2)毕业生前往西部院校任教,形成西部绿色建筑人才培养的"衍生效应"。向西部10省区43所院校输送了310余名教学科研骨干,半数以上为绿色建筑方向,借鉴西安建筑科技大学的培养思路、教学内容与方法,形成人才培养"衍生效应",在西部继续培养大量的绿色建筑人才。

(3)人才培养和科教经验接受媒体报道,引起社会广泛关注,促进西部绿色建筑人才培养经验推广传播。依托国家科普基金《绿色的建筑》《西部生态民居》等科研项目,广泛宣传绿色科教成果。人才培养和科教经验先后14次受到中央电视台、日本NHK电视台、《科技日报》等媒体的跟踪报道,引起社会广泛关注。

(4)搭建国际国内平台,引领推动我国建筑院校绿色建筑人才培养,在国际建筑学界产生广泛的积极影响。教改经验在美国华盛顿州立大学、挪威科技大学、日本大学、清华大学、同济大学、天津大学等众多国内外知名建筑高校,以及全国建筑学专指委年会等各类建筑教育研讨会上宣讲,吸引了以东南大学等"建筑老八校"为主的数十个建筑院系百余次前来交流。建成全国唯一的西部绿色建筑国家重点实验室,建立学术联盟、科研合作、联合教学、实践基地等50多个,与意大利米兰理工大学、挪威科技大学等联合培养研究生,接收美国、日本、丹麦、法国等交换留学生,成为国际知名的绿色建筑人才培养和合作研究基地。

## 成果十九

# 聚焦海洋强国战略,面向卓越人才培养的行业特色专业综合改革与实践

(成果编号:2-150)

### ■获奖等级
二等

### ■完成单位
西北工业大学

### ■主持人
杨益新,教授、博士生导师,国家"万人计划"科技创新领军人才、国防科技卓越青年人才、中国声学学会水声学分会主任、教育部高等学校海洋工程类专业教学指导委员会委员。现为西北工业大学校长助理兼教务处处长、基础教育中心主任,是"声纳原理"国家精品课程及"声纳技术"陕西省优秀教学团队负责人。主要从事教育教学研究和管理工作,以及海洋信息智能感知领域科研与人才培养工作。曾获得省部级科技奖励6项,2018年获得高等教育国家级教学成果奖二等奖(第一完成人)。曾获得全国优秀教师、陕西省教学名师、陕西青年五四奖章、陕西省师德标兵等荣誉。

### ■团队成员
杨益新,宋保维,王惠刚,潘光,杜向党,张效民,胡海豹,崔荣鑫,姜军,卓颉,张立川,曹永辉,史文涛,蒲传新,李道江

### ■成果简介
西北工业大学航海学院作为全国普通高校中唯一从事水下武器装备人才培养的国防行业特色型二级学院,自设立之初就一直遵循以水中兵器和声纳为对象的功能模块细分而设置专业的本科人才培养模式,为行业培养了大批优秀人才。

随着我国海洋强国战略的确立,水下武器装备向深海、无人化、自主化、智能化方向发展,对卓越创新人才的需求十分旺盛,原有的人才培养模式,难以适应水下武器装备发展对基础扎实、多学科交叉的复合型拔尖创新人才的需求,迫切需要开展专业综合改革。

2008年3月以来,在国家级专业综合改革试点项目、陕西省专业综合改革试点项目、陕西省人才培养模式创新实验区、陕西省教改研究重点项目、陕西省一流专业建设项目、工业和信息化部重点专业建设项目和"工信部航海实验教学示范中心"等11个省级以上研究和建设项目的支持下,航海学院开展了系统的专业综合改革,主要包括以下几点:

(1)面向"水下无人武器装备"行业,以培养基础扎实、专业能力强、国际视野宽广、具有"蓝色海洋情怀"的拔尖创新人才为目标,构建了"通识教育,大类培养,个性发展,素养提升"的本科人才培养新体系。

(2)构建了多级递进式矩阵化课程体系,基于以徐德民、马远良2位院士,5位国家和省级教学名师引领的6个国家和省级教学团队,建设9大课程群,学生通过多课程群"菜单式"选课的方式实现专业交叉融合。依托"111"引智基地,以高水平国际化师资队伍开设全英文课程,搭建国际化交流平台,拓展学生的国际化视野,提升跨文化沟通交流能力和国际竞争力。

(3)提出"多专业融合、校内外协同",全周期践行工程教育培养理念,实施"专业实践训练、学科创新竞赛、行业特色创业"的递进式学生创新实践和创业能力培养模式,学生的能力实现了飞跃。

(4)"本科导师制"和"科研训练"有机结合,以军民融合理念建立多种形式的师生共同科研模式,为国家军民融合战略奠定了人才基础。

历经10年探索,专业综合改革成效显著,涌现出黄大年式教师团队,学生创新实践和创业能力大幅提升,并涌现出一批拔尖创新人才,成果辐射效果明显。

主要解决的教学问题如下:

(1)专业细分,知识体系窄,不利于培养综合素质高的拔尖创新人才。

(2)传统人才培养模式中实践环节不足,未能全过程贯穿工程教育,行业优势未能充分发挥。

(3)教学、科研与国际化未能紧密衔接,最前沿科研对教学的支撑作用不显著。

■ 成果总结报告

# 《聚焦海洋强国战略,面向卓越人才培养的行业特色专业综合改革与实践》成果总结报告

## 一、成果解决教学问题的方法

(一)重构本科人才培养新体系,服务国家战略以立德树人为根本

重构本科人才培养新体系,服务国家战略以立德树人为根本,以服务国家海洋强国战略为己任,打破各专业间的壁垒,提出"通识教育,大类培养,个性发展,素养提升"的本科人才培养新体系,形成"机电2个大类、四个专业、九个课程群"的新结构。实施大类培养方案,一年级不分专业,以综合素养课程为主,二年级按照机电2个大类选修基础课程,三年级在大类中选修方向课程群,四年级根据专业方向和个性发展选修任选课。每届学生均到北海舰队实习,每年邀请厂所总师10人以上做报告,激发学生献身海洋的报国情怀(图19-1)。

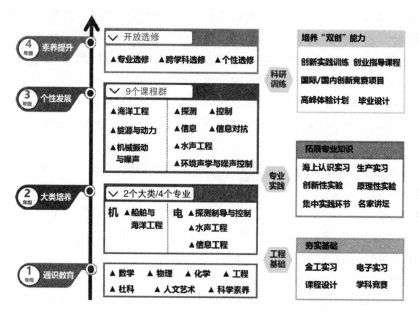

图19-1 行业特色专业卓越本科人才培养体系

(二)建设名师汇聚的课程体系,推进专业交叉和国际交流

构建了"学科基础课程—专业方向核心课程—专业选修/创新创业课程"的多级递进式矩阵化课程体系,以2名院士、5名国家和省级教学名师、6个国家和省级教学团队引领,12门国家和省级优质课程为核心,46门教材专著为支撑,建设海洋、机械、动力、水声和信息等9个特色课程群。以完全学分制为抓手,通过多课程群"菜单式"选课的方式实现专业交叉融合。依托海洋信息感知"111"引智基地,构建多

元国际化教学环境,组建了以15位国际学术大师、6名千人计划学者为引领的多元化英文授课教师队伍,每年面向本科生开设10门以上全英文选修课程,每年支持约30名学生出国交流,并建立了中外课程学分互认制度。

(三)设立校企军协同实践基地,创新实践模式

以校内基地培养基本实践能力、厂所基地锻炼工程实践能力、北海舰队基地树立武器系统观和报国情怀的指导思想,建设5个校企军协同实践基地;建立一年级"金工和电子实习",二年级"北海舰队实习",三、四年级"生产实习"和"科研训练"的实践教学体系,工程实践贯穿人才培养全过程。

将"科研训练"学分和科技竞赛有机衔接,以2个水下航行器国际大赛(美国RoboSub,新加坡SAUVC),1个全国赛(全国海洋航行器设计与制作大赛),2个校级赛(航海杯和新概念水下航行器创新大赛)为基本平台,开设6门创新创业课程,组建多专业交叉协同的学生创新实践团队,每年有400余名学生参与,极大地锻炼和提高了学生的创新创业能力。

(四)提供高水平科研实践训练,感悟学科前沿

重点实验室完全开放,以大型科研平台设施来构建开放式教学资源和环境。实行"本科导师制",教师结合科研项目,指导学生完成"科研训练"必修学分,实现科研训练全覆盖,提升学生的科学研究能力。为优秀本科生提供"高峰体验"项目,直接参与高水平军品项目的民用转化,培养了军民融合战略人才。

二、成果的创新点

(一)构建了"通识教育,大类培养,个性发展,素养提升"的本科人才培养新体系

深刻把握我国海洋强国战略和海上丝绸之路经济带倡议对水下无人武器装备卓越人才培养的需求,重构本科人才培养体系。将立德树人贯穿始终,奠定学生的蓝色海洋报国情怀;兼顾综合素质教育与行业特色教育,夯实数理基础、人文基础;采用通识专业协同、兼顾个性发展的大类培养模式,最终形成了"两个大类、四个专业、九个课程群"的本科人才培养新体系。

(二)建立了"教学名师引领、引智基地支撑"的多级递进式矩阵化课程体系

整合优质教学资源,依托院士、国家和省级教学名师、国家和省级教学团队、"111"引智基地等高水平师资队伍,以国家和省级优质课程资源、国际化课程、行业特色教材和专著为核心,构建涵盖多学科、多方向的"菜单式"课程群,实现通识和专业教育的有机结合。采取小班教学和研讨式授课,实现从以"教为中心"向以"学为中心"的转变。

(三)创建了多专业融合、校内外协同的"专业实践训练、学科创新竞赛、行业特色创业"的递进式学生创新实践和创业能力培养模式

依托校内外多个涵盖行业企业、海军基地的创新实践基地,设置多层次实践训练项目,实现工程教育全周期贯穿。实现"本科导师制""科研训练"学分和科技竞

赛的有机结合,以新概念水中兵器、海洋航行器、水下探测装备等为创新实践载体,以多层次国内外科技竞赛为平台,组织多支竞赛队伍常态化开展活动,进行多专业融合的学生科技创新训练,实现本科生科研训练全覆盖。建立卓越人才的发现与培育机制,探索出"实践引兴趣,兴趣带学习,学习提素养,素养促发展"的专业实践指导模式和"指导—引导—自导"的竞赛指导模式。以军民融合的共性关键技术为对象,引领学生参与军民融合型高水平科研项目并积极投身创业活动,激励拔尖创新人才脱颖而出。

### 三、成果的推广应用效果

**（一）提升了我国水下武器装备行业人才培养能力**

作为我国唯一整建制从事水下武器装备人才培养的学院,涌现出1个全国高校黄大年式教师团队,拥有徐德民和马远良2位院士、国家教学名师2名、全国优秀教师2名、陕西省教学名师4名、国家级教学团队1个、省级教学团队2个;学院被授予"全国教育系统先进集体";新增国家级和省级课程10门、出版行业特色教材31部、专著15部;新增3个陕西省一流本科专业,新增省部级实验教学示范中心1个,提升了我国水下武器装备人才培养能力。

**（二）培养了一批拔尖创新人才**

在科研训练全员覆盖的基础上,搭建了多层次、规模化的科技竞赛平台,组织多支竞赛队伍常态化开展活动,实现创新项目的有效传承。其中,2012年发起创办的"全国海洋航行器设计与制作大赛",已成为行业内有影响力的比赛,每年吸引40余所高校和院所、1 400余人参加。学生累计获得国际级竞赛奖7项,国家级竞赛一等奖以上50项,受理与授权相关专利30余项。获得特等奖的项目"多功能水下仿生鱼"得到中央电视台CCTV13频道的采访报道,引起强烈反响,吸引了更多学子投身海洋行业。本科生主力研制的"海洋智能机器人"连续3年在新加坡国际水下航行器(AUV)挑战赛中斩获冠军;学生朱健楠创立陕西欧卡电子智能科技有限公司,其作品"水面垃圾无人清扫船"受到中央电视台《创业英雄汇》的青睐,获得风险投资100万元。

培养出了国家深海基地"蛟龙号"潜航员张同伟、首次完成马里亚纳海沟全海深水声实验的史阳博士等一大批青年才俊。本科生读研比例超过65%,就业学生中进入国防行业的比例超过70%,为引领未来行业发展奠定了人才基础。

**（三）成果获得广泛认可,得到推广应用**

哈尔滨工程大学杨士莪院士、大连舰艇学院赵晓哲院士、中国船舶重工集团公司、中国造船工程学会、中国船舶重工集团第七〇五研究所、中国科学院声学研究所等给予本项目充分肯定,并指出针对我国水下武器装备卓越人才培养需求,开展行业特色专业综合改革,有利于推动我国水下装备行业拔尖人才的培养,在同类高校中具有普遍推广价值。

国防科技大学、哈尔滨工程大学、海军潜艇学院等院校专门到校交流访问,探讨专业综合改革和卓越人才培养情况。宋保维教授担任国务院学科评议组兵器科学与技术学科召集人,将本成果推广应用到全国兵器学科人才培养标准制定之中,进一步扩大了本成果的应用范围。

学院在人才培养和科学研究方面取得的成绩得到了教育主管部门的高度关注,两任教育部部长陈至立、周济先后亲临学院视察。

## 成果二十

# 基于"提高解决复杂地质问题能力"的地质类专业创新人才培养体系构建与实践

（成果编号：2-165）

### ■获奖等级
二等

### ■完成单位
长安大学

### ■主持人
范文，男，汉族，1967年1月生，内蒙古武川县人，中共党员，教授，博士生导师，长安大学副校长。主要从事岩土本构与强度理论、黄土高原地区地震地质灾害评价与防治研究、秦巴山区地质灾害机理等研究工作，先后主持国家自然科学基金重点项目等国家级项目5项、中国地质调查局地质调查项目5项，以及其他省部级科研项目10余项。获得国家自然科学奖二等奖1项，陕西省科学技术奖一等奖3项，陕西省教学成果奖特等奖1项，教育部优秀勘察奖二等奖1项，地矿部科技进步奖三等奖2项，陕西省地震局防震减灾优秀成果奖一等奖1项。发表高水平学术论文100余篇，出版专著4部，获得授权专利4项。荣获"国土资源部科技领军人才"称号。

### ■团队成员
范文，杨兴科，李同录，焦建刚，彭建兵，李永军，卢全中，李荣西，刘建朝，祝艳波

### ■成果简介
伴随着国家重大战略的实施和经济的快速发展，资源需求急速增长，资源勘查走向深部成为必然，重大工程建设持续向地质条件复杂地区挺进，环境保护治理力度不断加大，地球深部探测不断推进，涉及的地质问题愈加复杂。

解决这些问题已超越了单一学科知识领域与现有技术方法的范畴,需要传统领域外的学科支持,需采用新的技术方法手段,更需具备认识发现、实践应用、探索创新等能力,因此培养能够解决复杂地质问题的地质类专业创新人才十分紧迫。

基于13项国家、27项省级质量工程与教改项目,长期坚持课程体系改革,突出实践能力培养,重视解决复杂地质问题,构建与实践了提高解决复杂地质问题能力的创新人才培养体系:提出了以提高解决复杂地质问题能力为目标的人才培养理念;构建了"基础课—专业课—创新课"三阶段的递进式课程体系;创建了"认知—技能—应用—创新"四层次实训的实践教学体系;健全了"监督—反馈—跟踪—激励—改进"五机制的教学质量监控体系。实现了本科人才认知—实践—创新全过程能力培养,显著提升了学生解决复杂地质问题的能力。

主要解决的教学问题如下:

(1)传统课程体系和教学内容不能适应培养"解决复杂地质问题能力"人才的知识结构与能力提升需求。

(2)传统实践教学内容和平台不能满足培养"解决复杂地质问题能力"人才的多层次实践实训需求。

(3)传统教学质量监控体系不能满足培养"解决复杂地质问题能力"人才的持续改进要求。

■成果总结报告

# 《基于"提高解决复杂地质问题能力"的地质类专业创新人才培养体系构建与实践》成果总结报告

## 一、成果解决教学问题的方法

伴随国家西部大开发、"创新驱动发展"、"一带一路"、深地工程等重大战略的实施和经济的快速发展,资源需求急速增长、资源勘查走向深部成为必然,重大工程建设不断向地质条件复杂地区挺进,环境保护领域治理力度不断加大,地球深部探测计划不断推进,涉及的地质问题愈加复杂。解决这些问题已超越现有方法和标准、超越单一学科知识领域和现有技术范畴,需要传统地质领域之外的学科支持,需要采用新的技术手段和工程方法,需具备认识发现、实践应用、探索创新等能力,因此培养能够"解决复杂地质问题"的地质类人才非常迫切。长安大学地质类专业主要包括地质工程、资源勘查工程和勘查技术与工程专业,在地质工程国家重点学科、资源勘查工程教育部特色专业、西部矿产资源与地质工程教育部重点实验室等平台的支撑下,在国家、省级教学团队和张伯声、刘国昌、汤中立、李佩成等院士专家的带领下,40年来积累了丰富的办学资源,已为行业培养了大批卓越人才,社会声誉高,特色鲜明。为适应国家战略,培养能够解决"复杂地质问题"的创新型本科人才,亟须解决以下教学问题：

(1) 传统课程体系和教学内容不能适应培养"解决复杂地质问题能力"人才的知识结构与能力提升需求。传统课程体系结构单一、技术方法传统，对多学科交叉、层次递进能力培养的知识覆盖不够，分析和解决复杂地质问题的先进手段、新技术方法等知识不足，"以学生为中心"的教学模式需持续推进，导致学生的知识储备不足、素质教育欠缺，解决复杂问题的分析和设计能力不强，教学效果提升质量不明显。

(2) 传统实践教学内容和平台不能满足培养"解决复杂地质问题能力"人才的多层次实践实训需求。传统实践教学重基本地质技能，对创新实践能力培养不足，对各年级的基础实验、专业实践、创新拓展的分层次实训不足，能力培养训练一体化的集成融合不够；实践平台数量少、类型单一，缺少利用现代技术方法解决复杂问题的多方位、多维度训练平台，导致学生识别复杂地质问题的洞察力不高，表达复杂问题的能力不足，分析复杂问题的思路不到位，解决复杂问题的实践能力不强。

(3) 传统教学质量监控体系不能满足培养"解决复杂地质问题能力"人才的持续改进要求。传统教学监控体系对教学过程和教学质量的客观评价机制重视不够，社会同行、企业参与少；教学质量持续改进路径不清、措施不全，全过程监控体系需要完善，导致培养学生解决复杂地质问题的产出质量监控不足，不能满足地质类专业人才培养质量的持续提升需求。

## 二、成果的主要内容

基于国家级、省级质量工程与教改项目，长期坚持课程体系改革，突出实践能力的培养，提出了"以提高解决复杂地质问题能力为目标"的人才培养理念，构建与实践了提高解决复杂地质问题能力的创新人才培养体系，实现了创新人才认知—实践—创新全过程培养，显著提升了学生解决复杂地质问题的能力。

(一) 构建适用于"识别、表达、分析、评价、模拟"复杂地质问题的课程体系与内容，建设系列优质教学资源

针对传统课程体系和教学内容不能适应培养"解决复杂地质问题能力"人才的知识结构与能力提升需求，提出了基础课重多学科交叉、专业课重知识层次递进、创新课重科技前沿的课程改革理念，构建了"基础课—专业课—创新课"三阶段递进培养的课程体系(图20-1)，实施了教学能力和教学质量提升措施(图20-2)，建设了系列优质教学资源，使学生具备"识别、表达、分析、评价、模拟"复杂地质问题的知识结构。

1. 课程体系与教学内容

基础课程重学科交叉，加强与信息、遥感、素质养成课等交叉融合，传授识别复杂地质问题的知识。专业课程重层次：增设地学讲堂、精品视频课等，传授表达地质问题复杂程度的知识；提高地学原理、勘查方法、测试技术等课程的权重，传授分析复杂地质问题的知识；增设区域地质调查、资源环境评价、岩土工程设计等课程，

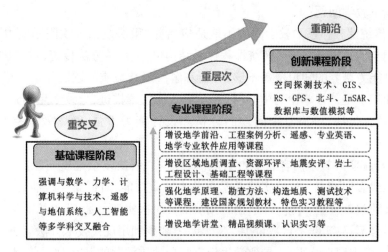

图 20-1　三阶段课程体系

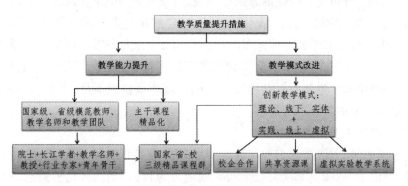

图 20-2　两计划提升措施

传授设计复杂地质问题解决方案的知识；增设地学前沿、工程案例分析等课程，传授评价地质问题复杂程度的知识。创新课程重前沿，加强空间探测、3S 技术、数值模拟、虚拟仿真等新方法的应用，传授预测模拟复杂地质问题的知识。

2. 建设优质教学资源

提出并实施名师带团队、团队建精品课程的教学能力提升计划，发挥 1 个国家、2 个省级教学团队的示范作用，推行名师引领建设示范课，建成了"院士＋长江学者＋教学名师＋教授＋行业专家＋青年骨干"的优秀教学团队。大力推行主干课程精品化，建设了以 1 门国家、12 门省级精品和共享课程为引领的国家—省级—校级精品课程群，出版国家规划教材和专业教材 12 部；提出"理论与实践、线上与线下、实体与虚拟"有机衔接、深度融合的教学模式，突出实践、线上和虚拟等提升环节；推行卓越工程师计划、加强师生校企合作实训；建设网络共享资源课程和精品视频课程；开发虚拟试验教学系统（图 20-3）。

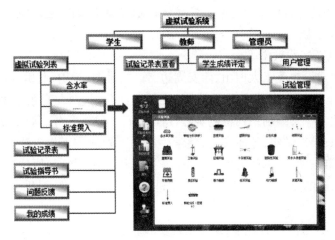

图 20-3 虚拟试验系统结构图

(二)创建"实验、实习、实践、设计、竞赛、创新"全方位实训的实践教学体系,打造多维创新实践教学平台

针对传统实践教学内容和平台不能满足培养"解决复杂地质问题能力"人才的多层次实践实训需求,提出了实践体系多层次、能力培养多维度的建设理念,创建了"认知—技能—应用—创新"四层次、"实验—实习、设计—科研、培训—竞赛、创新—创业"多模块的特色实践教学体系(图 20-4),建成了十六基地三中心四计划的创新实践教学平台。通过对学生"实验、实习、实践、设计、竞赛、创新"全方位的实训,提高了学生识别—分析—评价—解决复杂地质问题的实战能力。

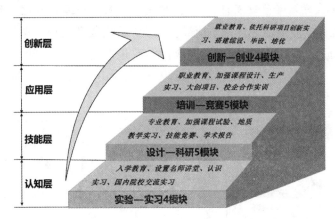

图 20-4 四层次多模块实践教学体系

1. 四层次多模块的实践教学体系

设置名师讲堂、认识实习、地质博物馆观演等模块,提升兴趣认知层,了解复杂地质现象;加强专业课实验、地质填图实习、技能竞赛等模块,打造技能层,培养查明复杂地质问题的技能;结合重大工程项目,加强课程设计、大创项目、校企实践等模块,奠基夯实应用层,实训分析复杂地质问题的能力;依托国家重大、重点基金,973

计划等项目,搭建综合设计、毕业论文、培优计划等模块,培育创新意识,提高解决复杂问题的创新能力。

2. 多维创新实践教学平台

十六基地建设规范了太白山、西安周边、韩城、巢湖、梁山、蓝田等地质实习基地6个,陕西工程勘察院、陕西省地矿集团、延长石油公司、西北有色集团公司等校企合作实践基地10个,编制系列特色实习教程16部。第一学年,认识、实习巩固学生的地质学知识;第二学年,地质实习,使学生掌握野外地质工作方法,具备地质现象的分析能力;第三学年,专业实习,使学生掌握工程地质测绘及原位试验的方法,具备独立分析问题的能力;第四学年,让学生进入工程实践基地,强化学生的工程实训能力。

3. 三中心建成陕西省地学、地质工程实验教学示范中心

融入信息、电子、测绘等新技术方法,建成"基于现代信息技术方法"的地质灾害大型物理模拟试验中心。注重学生课堂实验操作、科研培养、创新精神、创业意识引导。

4. 四计划启动"优秀本科生学术创新能力培养"计划

选拔优秀本科生参加科研项目,导师一对一指导,培养科学思维和创新能力;实施"大学生创新创业培养"计划,鼓励申报国家至校级创新创业项目,培养创新创业意识和解决问题的能力;实行"大学生学科知识竞赛培养"计划,鼓励参加"挑战杯"和学科竞赛等,让学生在自主、合作与探究式等学习方式中认识自己,增强自信心;开展"大学生社会实践活动"计划,引导学生投身社会实践,服务人民。

(三)完善教学质量管理及评价制度,健全教学质量全过程监控体系

针对传统教学质量监控体系不能满足培养"解决复杂地质问题能力"人才的持续改进要求,提出了注重产出评价、追求持续改进的建设理念,建立了教学质量监督、反馈、跟踪、激励与持续改进机制(图20-5),全方位监控与反馈学生解决复杂地质问题能力的水平。

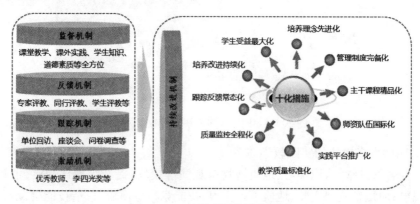

图20-5 教学质量监控机制图

制定贯穿课堂教学—课外实践、教师教学—学生学习、学生知识—道德素质等全方位监督机制。建立专家、同行、社会人员等第三方反馈机制。建立外出走访、座谈会、问卷调查和信息化网络等多方式对毕业生专业能力、综合素养、社会适应性和竞争性等的跟踪调查机制。设置优秀教师、教学成果奖、李四光奖等，建立激励机制。

基于10项提升措施形成持续改进机制。提出"基于提高复杂地质问题"的人才培养理念，培养理念先进化；建立校—院—系—所组四级教学管理制度，管理制度完备化（图20-6）；建成国家级—省级—校级精品课程群，主干课程精品化；推进青年教师学历提升和国外研修项目，师资队伍国际化；建立并共享实践教学体系，实践平台推广化；制定培养方案、教学大纲、授课、实验、实习、作业、答疑、毕业设计、课程考试等教学环节的规范标准，教学质量标准化；实现对教学过程、教学管理及教学效果的全过程监控，质量监控全程化；通过定期对毕业生进行跟踪调查，对毕业生就业情况进行分析，对用人单位进行回访，跟踪反馈常态化；注重培养目标、课程、毕业要求达成度等多方位、多角度评价，评价结果用于持续改进，培养改进持续化；完善"以学生为中心、以产出为导向"的人才培养理念，学生受益最大化。

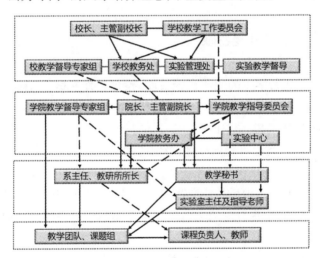

图20-6 四级教学管理制度图

### 三、成果的创新点

（一）构建了"基础课—专业课—创新课"三阶段培养的课程体系

提出了基础课重学科交叉、专业课重知识层次递进、创新课重科技前沿的课程改革理念，构建了"基础课—专业课—创新课"三阶段递进培养的课程体系，实现了"解决复杂地质问题"人才知识结构的全覆盖。使学生具备识别、表达、分析、评价、模拟复杂地质问题的知识；具备在解决复杂地质问题时考虑解决方案对社会可持续发展影响的知识能力和素质。提出了"名师带团队、团队建精品"的教学能力提升和"理论与实践、线上与线下、实体与虚拟深度融合"的教学模式改进计划，全面提升了学习效果。

(二)创建了"认知—技能—应用—创新"四层次实训的实践教学体系

提出了实践体系多层次、能力培养多维度的建设理念;创建了"认知—技能—应用—创新"四层次、"实验—实习、设计—科研、培训—竞赛、创新—创业"多模块的特色实践教学体系。建成了多维创新实践教学平台,实现了室内室外实验结合、校内校外实践结合、实体虚拟训练结合、基础提升实训结合,提高了学生识别—分析—评价—解决复杂地质问题的实战能力

(三)健全了"监督—反馈—跟踪—激励—改进"五机制的教学质量全方位监控体系

提出了注重产出评价、追求持续改进的建设理念,建立了教学质量监督、反馈、跟踪、激励与持续改进机制,健全了教学质量全方位监控体系。实现了培养理念先进化、管理制度完备化、主干课程精品化、师资队伍国际化、实践平台推广化、教学质量标准化、质量监控全程化、跟踪反馈常态化、培养改进持续化、学生受益最大化的教学质量持续改进目标,全方位监控与反馈学生解决复杂地质问题能力的水平。

**四、推广应用效果**

(一)校内应用

1. 实践实训普及,学生受益面广

实践实训在3个学院8个专业推广,实习基地累计使用10年,年均安排学生610名,实训了9 150名学生的地质实践技能;校企合作实践基地成立近3年,实训了1 050名学生的工程实践技能。实验示范中心每年安排31个班,训练了1 054名学生的实验设计能力,学生受益面广。

2. 在校生获得各类竞赛奖项数量、级别持续提升

学生参与创新创业、培优计划和获得各类竞赛奖项的数量和级别逐年提升。如连续四届参加全国大学生地质技能竞赛,获奖数逐届提升,总成绩由排名第17名上升到第8名和第3名,再提升到第2名。2017年本科生赵腾获得全国岩石力学会优秀毕业设计奖。

3. 毕业生工作能力突出、职位提升快

近5年来,毕业生任院、队总工、技术负责的比例增高。如新疆有色地勘局,毕业生在岗31人,11人已成为院、队总工和副总工,16人已成为项目负责,占毕业生总人数的87%;2012年毕业生吴林楠、王毅俊等已成为国家级地质调查项目负责人。北京市勘察设计研究院2016年回访,5名毕业生中1人刚进单位,其他4人均已成长为院里的中坚骨干。

据2017年统计,西安地质调查中心本专业毕业生60%以上已成长为技术骨干。陕西地矿集团16个院、队的总工、副总工、技术负责中本专业毕业生占70%。

4. 毕业生优秀人才脱颖而出

近年来解决华北克拉通破坏等重大科学问题的汤艳杰等6人获得国家杰青,陈

伟、康馨成为青年千人；2006年毕业生张文峰获得全国五一劳动奖章，王召林等12人获得金银锤奖。陈虹5次南极科考填地质图；高永宝、司国辉等西部找矿能手；杨高学、唐冬梅等发表SCI高引论文，探索复杂地质问题；李新星参与港珠澳大桥沉管隧道设计；林永亮参与解决上海磁悬浮越江盾构隧道纵向稳定性问题；南赟现场处理甘肃舟曲灾区突发灾害。

5. 建成了高水平师资队伍和优质教学资源

建成国家级和省级教学团队3支；建设了由院士、长江学者、国家及省级模范教师、省教学名师、师德楷模、师德标兵、海外人才、校外兼职教师组成的高水平教学团队。出版了国家规划教材4部和特色实习教程等16部，发表教改论文40篇，出版教改论文集1部。

（二）校外推广

《认识我们的地球》国家精品视频课程由高等教育出版社在爱课程网推广4年，国内外9 160人次学习浏览。

《区域地质调查》导论和实验教程，地质出版社认定为"地质类专业核心课程教学中的优秀教材"，莫宣学、汤中立院士评价"基础理论前缘，内容方法实用"，在中国地质调查局、中国地质大学、吉林大学、西北大学、兰州大学等30余所高校使用。课程核心内容在全国举办的73场区域地质调查培训中得到推广，计6 856人次折合96 228人时，推广面广、影响面大。

土工虚拟试验系统2011年在全国工程地质大会上宣传，被兰州大学等应用。

实践教学成果在教育部地质学、地质类专业教学指导委员会、全国大学地学课程论坛等交流推广，吴淦国会长评价成果优秀；太白山、汉中梁山等实习基地在全国高校实习基地论证会上推广，西北大学等借鉴并在基地实习；于德弘等专家鉴定四层次实践教学体系属国内首创，认为推广应用价值很强。

地质类3个专业均通过中国工程教育专业认证并在学校推行，范文在陕西省教学工作会上交流了经验。2013年制定了国土资源部地质工程专业卓越工程师培养行业标准。

## 成果二十一

# 主动适应多元需求，因材施教个性发展，培养特色鲜明的材料类高层次人才

（成果编号：2-167）

### ■获奖等级
二等

### ■完成单位
西安交通大学

### ■主持人
孙军，西安交通大学材料学院教授，博士生导师，国家重点实验室主任。全国优秀教师，全国五一劳动奖章获得者。作为第一完成人获得国家技术发明奖二等奖、国家自然科学奖二等奖、中国高等学校十大科技进展、国家教学成果奖二等奖、陕西省教学成果奖特等奖及一等奖。项目培养理念的倡导者，负责整体设计规划。基于所负责的金属材料强度国家重点实验室和材料科学与工程国家一级重点学科建设需求，牵头建成了优质资源体系：通过引进、培养、外聘，组建了多元化的导师队伍；负责搭建了千人学者领衔的多个培养平台；利用所主持的"111"引智计划、两期国家973计划和基金委创新研究群体、国家863计划重点和校企合作攻关项目等构建了多层次科研项目平台，有力地保障了培养模式的成功实施。

### ■团队成员
孙军，王红洁，张立学，丁向东，单智伟，高义民，李长久，邢建东

### ■成果简介
20世纪末研究生招生数量逐步增加，而生源质量则相对下降且参差不齐，学生诉求各异，培养目标却主要集中于专一的学术型人才，难以满足社会对多元化人才的需求。为此，本项目组在全面分析当时研究生培养存在问题的基础上，依据材料

学科理工交叉的特点,率先提出"主动适应多元需求,因材施教个性发展"的培养理念,即在研究生入学并进行一段时间科研训练之后,根据学生的个人兴趣、能力及对专业的理解,制定方案,进行个性化培养。

经过20年的探索与实践,形成了从理念、模式等方面相对成熟和稳定的体系,构建了材料类研究生"一体两翼三结合"的培养模式,该模式以多元化与个性化相结合为特点,将研究生划分为基础研究和工程应用两大类(两翼),通过多元化的培养目标与个性化的培养方案、多元化的优质资源与个性化的培养计划、多元化的学生诉求与个性化的培养方式相结合(三结合),同时营造良好的科学、工程和人文素养氛围,培养具有创新意识和能力、能适应多种环境、解决实际问题、满足社会需求的特色鲜明的材料类高层次人才(一体)。

经过20年的努力,打造了一流的导师队伍,建成了高水平的科教平台和多层次的科研项目平台,形成了独具特色的培养方法。并据此培养了一批特色鲜明的研究生,活跃在材料科学、工程领域和管理岗位,发挥着巨大的影响和作用。

本项目有效地解决了传统高层次人才培养过程中存在的4个突出问题:

(1)培养理念陈旧、目标单一,导致人才培养与社会需求错位。以往研究生招生人数较少,主要目的是培养教学与科研工作者,因而教学内容、方法和实践能力的培养都会出现过重的共性特点,难以满足社会需求、体现个体特色。

(2)缺乏高水平、多元化的教育资源,教师难以因材施教,学生难以个性发展。传统的导师队伍大多擅长于学术研究,课程体系过度专业化,科研项目和平台大多偏重和适用于学术研究,导致人才培养出现过窄的专业教育,难以满足多元化的社会需求和学生的自身要求。

(3)培养过程以导师为中心,忽略了学生的个人特点与诉求,难以发挥学生的特长。导师以科研为中心,发挥着完全的核心作用,忽视了学生创造境界的提升、创造技法的获取及其长远需求,难以调动和发挥学生的积极性。

(4)学生科学、工程和人文素养较弱。传统的高层次人才培养关注较多的是科研本身,从而忽视了科学道德、科研兴趣、科研基本方法和科研成果总结等方面的培养,学生人文素养不高,学习目的不明确、动力不足、手段落后,在学习各阶段出现明显的功利性和随意性。

## ■成果总结报告

# 《主动适应多元需求,因材施教个性发展,培养特色鲜明的材料类高层次人才》成果总结报告

### 一、项目的研究背景

在高等教育"大众化"的趋势下,研究生的招生规模自20世纪90年代开始不断

扩大,凸显了研究生教育的诸多问题,如招生门槛降低,教育资源日益紧张等,严重地影响了人才培养的质量。近年来,我国高校已经开始关注研究生培养模式的改革问题,并采取了相应的改革措施,取得了一定的成绩,但仍然存在以下现象:培养目标集中于专一的学术型人才,个人培养计划高度统一,培养过程忽视个体差异。这一传统培养模式已不能满足当今社会与经济发展对多样化人才的需求,一直是研究生培养中亟待解决的关键问题之一。

产生上述现象的根本原因主要有以下几个方面:

(1)培养目标脱离了个人和社会的需求。研究生招生人数较少时,"批量化生产"可达到培养单一型人才的目标,但在面对大规模研究生培养时却难以满足社会的多元需求及研究生个人的不同诉求。

(2)教育软/硬件资源的极度紧张。研究生的急速增加使得导师队伍、科研经费及科研设备等教学资源紧张,有限的资源限制了研究生的多样化选择。

(3)培养过程中以导师的作用为核心。"学徒式"的导师培养过程,以传授知识和能力为主,忽视了研究生的个人兴趣,难以发挥其不同能力及专长。

(4)培养的学生个性特色不完善、不突出。学分考核及科研门槛的设置使得研究生专注于知识和科研能力的提升,导致其学习目的不明确、动力不足。

西安交通大学材料学院是一个极具研究型特色的学院。20世纪60年代被誉为当时高教系统的"五朵金花"之一。目前拥有金属材料强度国家重点实验室和材料科学与工程国家首批一级重点学科,在国际上具有一定的影响力:据美国ESI统计,2003—2013发表论文总数世界排名第58位,总被引频次排名第102位,篇均被引5.4次。如何利用材料学院良好的科研优势,将人才培养与社会需求紧密结合,培养具有创新意识和能力,能适应多种环境、解决实际问题、满足社会需求的高层次人才,并具有良好的科学、工程和人文素养,一直是材料学院研究生培养的目标和方向。

为此,近20年来,本项目组在深入分析国内外研究生教育面临的问题和发展新态势的基础上,依据材料学科理工交叉的特点,率先提出"主动适应多元需求,因材施教个性发展"的培养理念;通过导师队伍、课程体系、实践平台及科研项目方面的建设,打造多元化的优质教育资源;"量身定制"研究生个性化发展的培养方法,构建材料类研究生"一体两翼三结合"的培养模式。经过20年的努力,形成了独具特色的培养方法,在材料类研究生人才培养上取得了令人瞩目的成果,培养的研究生在材料科学与工程领域发挥着巨大的作用和影响。

## 二、成果的主要内容

基于"主动适应多元需求,因材施教个性发展"的培养理念,构建材料类研究生"一体两翼三结合"的培养模式:将研究生划分为基础研究和工程应用两大类(两翼),通过多元化的培养目标与个性化的培养方案、多元化的优质资源与个性化的培养计划、多元化的学生诉求与个性化的培养方式相结合(三结合),同时营造良好的人文素养氛围,培养满足社会需求的、特色鲜明的材料类高层次人才(一体)。

(一)提出了材料类研究生"主动适应多元需求,因材施教个性发展"的培养理念

结合国家和学科发展的前沿对人才的多样化需求,主动适应——将全日制研究生分为基础研究和工程应用两大类分类培养;充分调动学生的内在潜能,因材施教——对于不同类别的研究生,结合其专业素养和个人兴趣,量身定制培养方法,实现学生个人价值与社会需求的相互匹配,提高研究生的培养质量。

(二)形成了"多元化的培养目标与个性化的培养方案相结合"的培养思路

按照前沿课题目标导向和应用课题问题导向的大类培养目标,制定个性化的培养方案。基础研究类学生,打通硕、博课程体系,开设《材料科学前沿》课程,要求参加学术活动、开设学术讲座、撰写国家基金申请书、进行国际交流(各1学分),强化其创新意识和能力;工程应用类学生,落实校企合作,开设《材料工程进展》课程,增加6学分的企业定制课程和至少半年的实习,要求撰写工程报告(各1学分),强化其工程实践能力。

(三)系统建设了"多元化的优质资源与个性化的培养计划相结合"的人才培养资源

构建菜单式的资源体系,供导师为研究生定制个性化培养计划。

1. 打造高水平导师团队,形成个性化指导的导师/学生组合

采取引进、培养、外聘手段,按照建实体、授实职、做实事、求实效(四实)的方针,引进院士8人,千人学者7名;聘请来自美国、日本等国家的国际大师开设课程5门;培养杰青/长江学者各类人才10人次;外聘研究员、总工程师等企业导师49人。通过打造既有学术型又有工程应用背景的导师团队,由学生进行一段科研训练后依据个人兴趣与目标在导师团队内选择,最终形成合适的导师/学生组合。

2. 建设一套完整的课程菜单,供学生进行个性化选择点菜

设置双结合的课程体系,即内容上基础性和前沿性相结合:形成包含数学与学科基础在内的37门专业学位课,及包括学科交叉与前沿在内的大量选修课;类型上科学研究与工程应用相结合:聘请国内外大师开设学术讲座,增开全英文课程12门,将《Nature》等期刊最新成果引入课堂,聘请企业总工程师和高管开设定制课程,介绍工程领域的最新进展及管理经验。此外,预留2学分选择在全校范围内的人文类选修课程。通过自主选择,促进学生学习个性的张扬。

3. 构筑多层次产学研平台,践行以学生为主的科研训练方式

在国家重点实验室基础上,成立了国家"111"引智计划基地等8个具有国际水平的材料创新研究平台。成立了省部级工程研究中心7个,与中国航天等近20家行内优势单位成立校企协同育人基地。通过科研平台上的独立性实践,激发学生的研究兴趣。

4. 构建多类别科研项目平台,为不同类型的研究生提供支撑

积极承担基础研究与工程应用项目,包括国家973计划、863计划、国家基金等

项目及企业委托的技术开发、攻关等项目。通过让学生实际参与项目,培养具有创新能力及解决实际问题的人才;通过其直接参与项目及课题的组织与管理,培养专业复合型人才。

（四）采取了"多元化的学生诉求与个性化的培养方式相结合"的具体培养方法

针对多元化的学生诉求,采取导师与学生"双向沟通"的方法:鼓励学生根据个人兴趣导向在团队内选择导师、科研方向及研究课题;导师针对学生的专业背景、个人能力进行科研潜力挖掘。从科研课题及考核指标方面量身定制个性化培养方式:以"野外打猎训练"等实战训练,循序渐进地进行个性化指导;采用"多维、动态评价",对基础研究类学生,要求其发表高水平论文,参加国际合作研究和国际学术会议;对工程应用类学生,以企业实际需求为导向,要求其深入现场凝练和解决实际问题,申请发明专利。

（五）营造了有利于提升学生科学、工程和人文素养的崇尚创新的文化氛围

通过名师引领,采取读书、论坛、讲座、访谈等形式将人文素质与专业教育相结合:制定研究生必读书目与资料列表;创立"周惠久论坛"、材料青年论坛,近5年来邀请知名学者、企业家开设学术讲座200余场,纳入教学计划（1学分）;组织"大手拉小手"等系列访谈30余场,与大师零距离面对面;开设西迁历史讲座30余场,弘扬前辈舍小家为大家的家国情怀与奉献精神。用中国特色社会主义文化涵养大学文化,引导学生把服务国家与实现个人理想相结合。

### 三、成果的创新点

（一）培养理念的创新:提出了"主动适应多元需求、因材施教个性发展"的特色鲜明的创新人才培养理念

结合国家需求、学科发展及研究生个人能力和意愿,提出材料类研究生培养应该"主动适应多元需求、因材施教个性发展",在此基础上,依据材料学科理工交叉的特点,形成了材料类研究生"一体两翼三结合"的培养模式。该模式结合共性、强化个性,因材施教,循序渐进,充分赋予学生的自主权,将传统的单一学术型人才培养变革为满足社会需求的多元化人才培养,探索出一条新时代研究生多元化、个性化人才培养的有效途径。一方面培养出能适应多种环境、解决实际问题、满足社会需求的各级各类高层次人才,另一方面也实现了学生个人价值与社会需求的相互匹配。

（二）培养体系的创新:构建了包括导师队伍、课程体系、产学研平台、项目平台等在内的多元优质资源体系

构建了具备基础研究—应用基础研究—工程应用等多元知识背景的由优秀教师组成的高水平导师团队;提供了由基础课、专业教育学位课与个人兴趣能力导向的大量选修课组成的多样化课程体系;建成了以国家级重点实验室—省级工程中心—校企合作基地等组成的多层次高水平产学研平台,以及国家、省部级、国际合作与企业横向合作等多层次、多类型的科研项目平台,为不同生源结构、不同专业素质

水平、不同兴趣爱好的研究生提供"菜单式"选择。

（三）培养方法的创新：发展了"兴趣导向""潜力挖掘""实战训练"和"多维、动态评价"等培养方法

考虑学生内在的个体差异和多样化需求，以学生为本，根据"兴趣导向"，利用多元化的优质培养资源，定制培养计划；在培养过程中，充分挖掘学生的潜力，在给研究生正确、循序渐进的引导基础上，强调"实战训练"；采取"多维评价"，针对不同类型的研究生，鼓励其独立进行科学研究和工程实践，完成从老师的帮/带/扶到进行完全独立研究工作的巨大转变；坚持科学、人文取向，促进他们智力发展及其个性的完善，满足社会对多样化人才的需求。

**四、成果的推广应用效果**

（一）培养成效显著，在材料学术与工程领域及专业管理岗位涌现出了一批特色鲜明的优秀研究生

20年来共培养研究生2 370人，其中博士生527人。研究生发表SCI论文3 082篇，仅2010年以来，IF＞10的论文77篇，包括《Science》《Nature》及其子刊论文14篇，ESI数据库高被引论文16篇。获得授权国家发明专利546件。近5年来，50%以上的毕业生前往麻省理工学院、东京工业大学等海外名校及国内C9高校深造，其余毕业生中服务西部的比例高达41%。

2009届硕士生余倩，2013届博士生李苏植、张祯分别以第一作者在《Science》《Nature》上发表论文4篇；2015届博士生刘博宇在美国TMS年会上荣获最佳基础研究奖；余倩、2015届博士生田琳分别获得2010年和2012年"中国百篇最具影响学术论文奖"；2003届博士生刘刚等12人次获得杰青/长江学者等称号。

42人次获得国家三大奖18项，2006届博士生刘军林获得国家技术发明奖一等奖（2/6），2005届博士生魏世忠等4人获得国家科学技术进步奖二等奖（第一完成人），2009届金海云等9名博士生分别为国家自然科学、技术发明、科技进步二等奖的第二完成人。在读博士生高磊雯、钱旦分别获得"2017'互联网+'全国大学生创新创业大赛"金奖2项（全国仅有43项）。

30余名毕业生在政府部门、大专院校等担任书记、材料学院院长等行政职务。

（二）产生了良好的示范效应，形成学术活动品牌，国内外辐射效果显著

"周惠久论坛"已成为材料学院重要的学术活动之一，已有50余名国内外知名专家做客"周惠久论坛"，包括中科院、英国科学院院士，长江学者、杰青、千人等。千余名校内外学生聆听了报告。

美国麻省理工学院、英国剑桥大学等研究单位共接受西安交通大学材料学院146名研究生进行合作研究；52位来自美、英、日等国学生来院联合培养或短期实践；学院接受了13名海外研究生攻读学位。

（三）得到社会的广泛关注与认可，获得教育部门的肯定，在国内外得到推广

教育部部长陈宝生、陕西省委书记娄勤俭2017年分别考察了"把党支部建在建

功立业第一线"的微纳中心师生联合党支部,并对党建思政工作对科研育人的引领作用表示了肯定;微纳尺度材料行为研究中心获得教育部首届"全国高校黄大年式教师团队"。

孙军教授应邀在 2010 国际材联教育论坛、教育部高校教指委作《国际合作环境下的材料学科建设与人才培养》特邀报告,并于 2010—2017 年在英国剑桥大学、清华大学等 10 余所知名高校介绍并推广本模式。相关内容被中央电视台、《人民日报》、《科技日报》等媒体报道。

本成果通过了陕西省教育厅组织的成果鉴定,认为该成果理念先进、特色鲜明、效果显著,为我国材料类研究生培养提供了有益的实践并做出了重要贡献,也为其他领域拔尖创新人才的培养提供了思路。成果达到了国内领先水平,具有很强的应用和推广价值。

**五、结语**

针对现代社会对人才的多元化需求,结合习近平总书记提出的科学技术"三个面向",我们对材料类人才培养方法进行了全面优化。希望通过我们 20 年的努力,在研究生培养方面提供一些有益的帮助和借鉴。同时,在今后遵循人才培养规律,为培养特色鲜明的材料类高层次人才做出新的探索和贡献。

■ 成果二十二

# 校企全过程深度融合的软件工程实践教学体系构建与实践

（成果编号：2-174）

■**获奖等级**
二等

■**完成单位**
西北工业大学

■**主持人**
郑江滨，教授，博士生导师。现为西北工业大学软件学院副院长、国家外国专家局国家软件人才国际培训（西安）基地主任、陕西省移动应用信息技术工程研究中心主任、教育部软件工程教学指导委员会委员、计算机专业认证专家、西北工业大学—悉尼科技大学数字媒体和智能网络国际联合实验室主任、中国计算机学会高级会员、中国图形图像学会多媒体专业委员会委员、陕西省信号处理学会常务理事。主持包括国家自然科学基金、国家863、国防预研及参研核高基等项目研究工作。获得国防科学技术进步奖二等奖、陕西省高等学校科学技术奖一等奖、陕西省科学技术奖二等奖、陕西省信息产业厅科技成果奖一等奖、陕西省自然科学优秀学术论文奖三等奖、陕西省教育委员会科学技术进步奖二等奖、陕西省教学成果奖一等奖、国家高等教育教学成果奖二等奖。

■**团队成员**
郑江滨，樊晓桠，李辉，刘志强，马春燕，蔡康英，郑炜，周玲

■**成果简介**
成果以培养"高认知、工程型、创新型"的软件工程精英人才为目标，契合国家"产教融合协同发展"战略，根据软件行业技术更新快、新技术发展快和实践性强的

特点,借助软件企业在软件工程新技术、新平台和创新应用等方面的优势,通过多项省部级教学改革和建设项目的探索实践,建构了校企全过程深度融合的"4+2+1"软件工程实践教学体系。

(1)构建"课程建设合作型、创新技术带动型、综合工程体验型和企业项目协同型"4种校企合作实践教学模式,实现了"基本实验技能、专业技能、工程意识和创新能力"实践能力培养全过程的校企融合。

(2)建设由高校主导,融入企业人力和物力资源的校企联合实验室和俱乐部,构成"校内工场";建设由企业主导,融入学校师资和教学内容的实训基地和毕业设计基地,构成"校外工厂"。该2类校企共建平台是实践"企业教师与校内教师融合、软件生产过程与实践教学过程融合、专业知识与企业生产技术融合、毕业生能力与企业需求融合"的校企深度融合人才培养的重要阵地。

(3)充分发挥高校教师和企业专家各自的优势,通过学校教师进企业融合创新、企业专家进高校融合教学等方法,打造一支资源共享,优势互补,掌握先进理论和技术,深谙行业发展的校企联合教师队伍。

(4)构建易于校企供需对接、发挥企业重要主体作用的多级体制,建设支持企业需求融入人才培养,支持校企协同人才培养和科技创新的共赢制度,形成校企共赢机制。将人才"供给—需求"单向链条转向"供给—需求—供给"闭环反馈,促进企业需求侧和学校供给侧要素的对接。

该成果教育理念先进,实践成效显著。获得省级教学成果奖一等奖2项、教改项目6项;获批省级教学团队、实验教学示范中心;新增教材9部,其中国家级1部、省部级2部;校企共建课程14门,实践案例和项目共320项;校企共建联合实验室9个、俱乐部5个、实训基地21个、毕业设计基地12个;在《中国高等教育》等权威性期刊上发表论文16篇。成果对解决以下软件工程实践教学共性问题提供了一种范式:

(1)常见校企合作处于实习实训层面的浅层次,合作内容缺少系统性设计,处于低水平状态,与软件行业对学生工程实践能力高标准培养的要求不相适应。

(2)学校实践教学缺少新技术、新平台等实践教学资源要素,学校实践教学资源建设更新周期慢,与软件行业高速发展要求不相适应。

(3)高校教师具有技术、方法理论优势,缺乏企业生产性案例、大型软件开发经验、新技术应用经验、规范化管理经验,与培养学生生产性实践能力不相适应。

(4)企业在合作中受益不足,融入实践教学主体作用发挥不够,表现出"学校热、企业冷"的现象,缺少行之有效的校企协同共赢机制。

■成果总结报告

# 《校企全过程深度融合的软件工程实践教学体系构建与实践》成果总结报告

## 一、成果解决教学问题的方法

（一）构建课程建设合作型、创新技术带动型、综合工程体验型和企业项目协同型4种校企合作全过程实践教学模式

1. 课程建设合作型

以学生掌握行业新技术为导向，以企业发挥引领作用为依托，由企业提供前沿技术、项目案例、生产性实践平台等教学资源，共同研讨教学方法，完成教学任务。与华为等8家企业共建14门课程。

2. 创新技术带动型

以培养学生技术应用和创新能力为导向，以校企双重主体合作推进协同创新和成果转化为目标，由企业提供生产一线前沿性课题和多层次科技竞赛，由校企共同审核学生技术提案，纳入校企联合实践平台并组织研发。与腾讯等14家企业共建创新技术带动项目52项，转化学生成果30项。

3. 综合工程体验型

以学生获得软件开发全周期实践体验为导向，以企业作为主体开展生产性实训为原则，校企共同审定企业项目并评定开发成果，学生体验企业运作模式和研发软件全过程。与华迪等21家企业共建综合工程体验案例175个。

4. 企业项目协同型

以提升学生软件工程项目组织与实施能力为导向，以融入企业家精神、工匠精神、行业规范和企业文化为任务，校企共同指导学生研发工程项目，使学生具有系统化工程开发能力。与花旗等12家企业共建企业协同项目93项。

（二）建设"校内工场"和"校外工厂"，为学生提供2类校企联合实践平台

与百度等共建9个校企联合实验室和5个俱乐部，构成校内工场，支持课程建设合作型和创新技术带动型教学模式。建设由腾讯等企业主导的21个实训基地和12个毕业设计基地，构成校外工厂，支持综合工程体验型和企业项目协同型教学模式。形成满足软件行业高速发展的实践教学资源建设需求、支撑实践教学模式实施的系统化资源。

（三）打造一支稳定的校企融合贯穿实践教学全过程的师资队伍

从企业长期聘请45位专家担任授课教师、导师、班主任及督导，如聘请牛津大学博士徐磊等承担大数据系列课程教学。学校教师到企业开展教学和参加大型项目实践锻炼。形成一支教学资源共享，能力优势互补，掌握先进理论和技术，深谙行业发展的校企联合师资队伍。

### (四)形成校企融合贯穿实践教学全过程的共赢培养机制

体制上构建多级校企合作框架,设置校企合作办公室、协作组等机构,负责实践教学模式改革、实施及平台共建;制度上出台《推进校企深度融合的实施意见》等文件,签署合作协议。体制、制度层面上建立校企有组织、紧密合作的共赢培养机制,能实施多模式实践教学,能共建实践资源,能协同技术攻关,能闭环对接人才培养,使企业获得所需人才,学校实践教学质量得到提升,共享教学和科技成果。

## 二、成果的创新点

### (一)支撑全过程的实践教学模式创新

实施了4种校企融合实践教学模式,贯穿于软件工程基本实验技能、专业技能、工程意识和创新能力实践教学全过程,使学生具备行业所需的新兴技术应用和创新、软件工程项目组织与实施、软件全周期开发等生产性实践能力。为解决现有校企合作实践教学模式与软件人才工程实践能力培养不相适应问题提供了一种范式。

### (二)体现深度融合的实践教学资源建设创新

建设校企合作的2类样化实践教学平台和一支校企联合师资队伍,体现企业教师与校内教师、软件生产过程与教学过程、专业知识与企业生产技术、毕业生能力与企业需求4方面的深度融合。实践教学平台成为企业优质实践资源融入、保障学校实践教学快速更新的重要融合渠道。校企师资队伍成为理论与实践融为一体的教学资源建设和实践教学实施的重要保障,形成了实践教学建设自我完善的内生演进动力。解决了教学资源更新周期与软件行业高速发展不相适应,以及高校教师队伍与培养学生生产性实践能力不相适应的问题。形成的教学资源可在同类院校应用,教学资源的建设方法具有推广价值。

### (三)保障共赢的校企合作实践教学机制创新

建构了多级组织和岗位设置等体制,以及体现"双赢"的资源配置和相关规定等制度。围绕软件人才培养的实践教学,研究了高校和企业的互利互惠点,体制建设上的"多级型"组织职能和岗位职责设置更加适合校企合作;制度建设上体现"双赢"的资源配置和运行优化,支撑"资源共建、过程共管、成果共享"的校企合作实践教学具体内涵,应然形成的"供给—需求—供给"闭环系统,实现了校企在提前选拔人才、扩大企业影响力、敏捷转化师生创新成果、企业技术培训、实习与岗前培训融合等多方面的共赢局面;推动企业多形式参与教学,为企业需求融入人才培养提供了空间,促进了学校实践教学和企业需求的全方位融合。

## 三、成果的推广应用效果

### (一)成效

**1. 学生培养质量提升,企业受益显著**

(1)学生创新活力强。2015—2017年,学生获得国家大学生创新创业项目63项,45%源于企业;获得软件著作权46项;87%的学生参加国际ACM、国家软件杯等知名竞赛,获得国际奖158人次、国家奖348人次。

(2) 人才契合企业需求。2015—2017年,在腾讯等知名企业的就业人数总和比例分别以50.6%、53.1%和64.9%持续增长;78%的企业实习生直接入职,如98名华为实习生全部入职。

(3) 2013—2017年输送797名高质量软件人才,理光和华为评价:毕业生与企业无缝对接。

(4) 根据2015—2017年麦可思数据,毕业生就业企业质量高、学生满意度高和薪资高。

(5) 成果服务于企业。为企业开放课程24门,参加人数884人次。

(6) 企业转化学生的成果。2013—2017年30项创新项目被企业采纳。

2. 实践教学资源建设成果丰硕

与华为等8家单位共建课程14门,全员受益。与14家企业共建创新技术带动项目52项,与21家单位共建综合工程体验案例175个,与12家企业共建企业协同项目93项,3类项目每届受益学生分别达87.5%、82.3%和69.7%。与百度等34家企业建设2类校企联合实践教学平台,即由9个实验室和5个俱乐部构成"校内工场",由21个实训基地和12个毕业设计基地构成"校外工厂"。

长年聘请企业专家45位,建设了一支稳定的校企联合教学队伍,建成为省级教学团队。获得陕西省教学成果奖一等奖2项、教改项目6项。获批陕西省软件工程实验教学示范中心、软件工程双一流专业。新编教材9部,其中国家级规划教材1部、省部级教材2部,被全国范围内其他高校采用。2017年与华为等企业合作,获批教育部产学研协同育人项目3项。

(二) 推广

1. 实践教学模式具有示范带动作用,并得到上级部门推广

2010年西北工业大学承办教育部"中欧软件工业人才教育国际研讨会",教育部、国家外国专家局领导及29所软件学院一致认同4种校企合作实践教学模式为人才培养提供了一种范式。

2015年与华傲共建的大数据系列课程由国家外国专家局推广至软件学院联盟,9所高校、6家企业参加培训,同时深圳软件园将共建课程推广至园区单位。花旗将共建课程推广至四川大学和西安交通大学等。

2017年西北工业大学承办"国家软件人才国际培训基地培养模式改革研讨会",国家外国专家局领导及12所高校、4个园区45名代表认为:成果在培养学生软件工程系统化实践能力方面成效突出。

2. 实践和理论成果,发表在权威期刊上推广

在CSSCI权威期刊上发表论文16篇。围绕创新实践平台建设方法,在《高教探索》等上发表论文5篇;围绕师资队伍建设等教学质量评价指标的构建,在《现代大学教育》等上发表论文3篇;围绕教材、讲义、课程内容设置等优质教学资源建设方法,在《中国高等教育》《计算机教育》等上发表论文5篇。

### 成果二十三

# 以能力为核心,"三强递进式"培养电子信息类创新人才的改革与实践

(成果编号:2-183)

### ■获奖等级
二等

### ■完成单位
西安电子科技大学

### ■主持人

郭宝龙,男,1962年出生,陕西西安人,工学博士。西安电子科技大学教授,博士生导师,省特支计划教学名师,历任系副主任、副院长、院长、图书馆馆长、教务处处长兼创新创业学院院长,现任网络与继续教育学院院长。现任教育部电工电子基础课程教学指导分委员会副主任、中国高校电工电子基础课程在线开放联盟副理事长、中国电子教育学会副理事长、中国高等教育学会理事,IEEE 高级会员、中国电子学会高级会员;《Journal of IHMSP》《西安电子科技大学学报》等刊物编委,IAS09、IS-DA08 等国际会议联合主席或程序委员会联合主席。主要从事图像处理、智能感知、电路与智能系统等方面的教学和科学研究工作。先后主持国家自然科学基金和国家863计划4项、国防科研协作项目10多项,主持教育部及省教学改革项目6项;在《中国科学》《科学通报》《电子学报》《计算机学报》《Nerocomputing》等国内外学术期刊上发表SCI/EI论文150多篇,发表教改论文10多篇,出版教材及专著6部,获得省部级科技奖4项,获得国家发明专利授权13项,获得国家级教学成果奖1项、省级教学成果奖5项。获得电子电气课程论坛特殊贡献奖。"爱课程"优秀教师,中国大学生"互联网+"创新创业大赛优秀导师。国家精品在线开放课程"信号与系统""工程信号与系统"课程负责人。

### ■团队成员

郭宝龙、李建东、石光明、赵韩强、杨敏、黎娜、辛红、毛立强、王林雪、李亚汉、张

## 成果二十三
## 以能力为核心,"三强递进式"培养电子信息类创新人才的改革与实践

宇鹏,朱伟,云广平

### ■成果简介

西安电子科技大学是电子信息特色鲜明的国家一流学科建设高校(2个一流学科),3个学科在全国第四轮一级学科评估中获评A类,其中电子科学与技术学科为A+;6个电子信息类专业全国排名第一。学校肩负着培养电子信息创新人才的使命。

信息技术高速发展、知识半衰期缩短、产品日新月异,电子信息类专业面临着如何适应变化、培养创新人才的严峻挑战。

2007年以来,项目组依托国家级"电子信息类人才培养模式创新实验区"等项目,进行了5年的研究探索,率先提出了"培养能力、适应变化""基础为根、实践为体、创新为魂"的人才培养理念,以及结合专业"技术创新者"的双创教育理念,构建了"以能力为核心、三强递进式"电子信息类创新人才培养模式,在全国率先实施"实验实践能力达标测试""第二张成绩单"等举措。

"三强递进式"模式包含逐级递进强化能力的3个层次(图23-1):①强基础层,通过"加量、提质、增效、活化"的"四轮驱动"夯实基础,提升学生的逻辑思维和分析问题的能力。②强实践层,通过"体系化、前沿化、测试化"的"三化法",提升学生解决复杂工程问题的实践动手能力。③强创新层,结合专业开展"技术创新者"的双创教育,通过"三级三引四结合"的激励引导方法,提升学生的创新思维和创新实践能力。

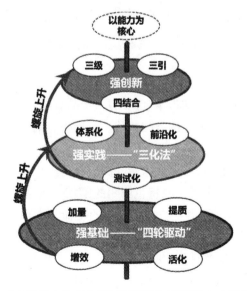

图23-1 以能力为核心的"三强递进式"创新人才培养模式

成果受益面大,人才培养质量高。5年来,培养了2万余名电子信息类人才,毕业生受到用人单位的赞扬,如航天科技集团授予"航天人才突出贡献奖",华为公司

授予"人才输送突出贡献奖",毕业生进入 BAT 就业总人数全国第一,形成了享誉全国的人才培养"西电现象"。国家教育咨询委员会调研组评价"西电的创新人才培养成绩显著";教育部审核评估专家组评价学校人才培养工作"三高":适应度高,达成度高,满意度高。

主要解决的教学问题如下:

(1)学生数理基础相对薄弱,逻辑思维和分析问题的能力培养相对不足的问题。互联网时代知识更新快,对电子信息类人才的数理基础提出了更高要求,具有扎实数理基础的学生更容易学习新知识,适应能力强,发展有后劲。如何强化数理基础,提高学生的逻辑思维和分析问题能力,需要给出有效的途径。

(2)实践教学体系和机制不够完善,学生实践动手能力相对薄弱的问题。传统实践教学环节分散、内容相对滞后;一、二课堂结合不紧密,学生实践能力没有有效的测量引导机制,学生解决复杂工程问题的实践动手能力不强。

(3)双创教育定位模糊、体系不完善,学生创新意识和创新能力相对薄弱的问题。传统高校的双创教育与专业教育没有有机结合,通常将双创教育简单地理解为搞一些创业活动、大面积鼓励学生开公司,甚至有些创业活动影响到专业教育;双创教育定位不准、平台体系不健全、激励引导机制不完善,学生的创新意识和创新能力不强。

### ■成果总结报告

## 《以能力为核心,"三强递进式"培养电子信息类创新人才的改革与实践》成果总结报告

### 一、成果的研究背景

当前信息技术高速发展、知识半衰期缩短、产品日新月异,电子信息类专业面临着如何适应变化、培养创新人才的严峻挑战。习近平总书记在全国高校思想政治工作会议上发表重要讲话:"办好我国高校,办出世界一流大学,必须牢牢抓住全面提高人才培养能力这个核心点,并以此来带动高校其他工作。"

西安电子科技大学是电子信息特色鲜明的国家一流学科建设高校(2 个一流学科),肩负着为国家培养电子信息类创新人才的使命。本项目组以承担国家质量工程项目"电子信息类人才培养模式创新实验区"(2007 年)、"电子信息类专业大学生创业人才培养模式创新实验区"(2008 年)和省级教改项目"大学生创业教育与创新能力培养的探索与实践"(2009 年)等为依托,针对电子信息类专业人才培养过程中存在的问题:学生数理基础相对薄弱,逻辑思维和分析问题能力培养相对不足;实践教学体系和机制不够完善,学生实践动手能力相对薄弱;双创教育定位模糊、体系不完善,学生创新意识和创新能力相对薄弱等,进行研究探索,提出了解决方法,构建

了"三强递进式"电子信息类创新人才培养模式,经过5年的实践检验,取得了显著成效。

**二、成果的主要内容**

本成果以创新人才的能力培养为核心,遵循知识能力逐次递进提升的规律,率先提出了"培养能力、适应变化""基础为根、实践为体、创新为魂"的人才培养理念,以及结合专业"技术创新者的双创教育"理念,构建了"以能力为核心,三强(强基础—强实践—强创新)递进式"电子信息类创新人才培养模式,在全国率先实施"实验实践能力达标测试""第二张成绩单"等举措。

(一)通过"加量、提质、增效、活化"的"四轮驱动"夯实基础知识,提升学生的逻辑思维能力和分析问题能力

1. 加量——优化课程体系,加大数理基础课比重

优化整合课程体系,培养方案在总学分压缩的情况下确保数理基础课程不减,保证基础能力训练的"量",主要包括加大"高等数学"的学时数(由180学时变为196学时),增开"数学分析选讲"(30学时),增开"大学物理演示实验"(4学时),激发学生对物理课程的兴趣,"大学物理"中增加数学模型内容6学时。

2. 提质——开展大面积挑战性学习,提高教学质量

工科专业的数学类课程注重培养学生应用数学知识解决实际问题的能力,实施大面积的"数学建模"挑战性学习,除讲授数学建模的基本原理等信息外,还采用案例教学的方式让学生进行实际建模,使学生在运用数学知识、使用计算机及软件、编程计算、计算机模拟、论文写作等方面的能力得到了全面锻炼,每年参与数学建模课程和实战演练的学生人数达2 000余人,多次获得国际数学建模竞赛特等奖和全国数学建模竞赛最高奖。

3. 增效——用现代信息工具改造基础课程,提升学习效率

用Matlab和建模实践改造工科线性代数课程,将工程背景、应用实例和科学计算软件融入线性代数教学中,提高课程本身的教学水平,培养学生的创新能力以及"用数学"解决复杂工程问题的能力。在西安电子科技大学的带动下,该项改革在不同类型、不同层次的19所高校得到了实践验证,如北京航空航天大学、东南大学、华南理工大学、西安交通大学等。

信号与系统采用"网络教学资源+课堂教学+实验教学"的架构以及现代信号分析技术,使重要的知识点用现代科技方法表现出新的活力,培养学生的创新能力以及"运用知识"解决复杂工程问题的能力。

4. 活化——改革教学方式和考核方式,突出知识的活化应用

突出探究式课堂教学改革,开设探究式课程200余门,形成启发式讲授、批判式讨论、非标准答案考试的教学新模式。出台《课程教学和考核工作的相关规定》,鼓励教师采用大作业、课内制作、课程论文、读书报告、实践操作、课内实验等多样化考核方式将记忆知识考核转变为运用知识求解问题的能力考核,提高"活化"知识的能

力。如《线性代数》采用"三阶段"考核方式:平时成绩(作业、小论文)10% + 水平考试(机考)50% + 能力考核(笔试)40%。

(二)通过体系化、前沿化、测试化的"三化法",提升学生解决复杂工程问题的实践动手能力

1. 体系化——构建立体化的实践体系,合力培养学生的实践能力

将分散的实验实践环节纵横连接,构建立体化实践体系。发挥9个国家级、23个省级实验中心的主导作用,将分散的实验实践环节纵横连接,按照实验的基础训练层、专业基础层、专业层、综合设计提高层等4个递进层次连接,分步梳理、设计实验教学体系,优化相对应的实验课程及实验项目,使学生的实践能力发展提升,每年有1.6万名学生受益。

2. 前沿化——引入前沿技术加强能力培养,校企合作协同育人

先后与IBM、HP、TI、中兴、华为等一流企业共建了74个具有国际先进水平的前沿技术实验室,联合开设各类技术前沿课程和讲座、合编教材、共建课程、设立教师新实验设备研制、新实验开发项目、学生科研创新项目、科技创新实践活动等。在共建课程方面,与IBM、中兴等企业联合共建"云计算中的并行SOA及大数据应用""软件开发创新平台与实践""云计算技术基础"等校企课程15门。在合作编写教材方面,与中兴通讯公司合作编写了《TD-SCDMA移动通信系统及其实验仿真》《数据通信网络技术与实践》等教材6部;与美国德州仪器公司合作编写了《模拟及数模混合器件的原理与应用》《DSP技术与应用》等教材5部。在新实验开发方面,联合设立新实验设备研制与新实验开发项目600余项,70%以上的项目用于实际教学。在毕业设计及科研实践方面,学生的毕业设计80%以上结合生产、工程实际,实施校企双导师制;联合立项资助学生科研实践项目1 800余项。

3. 测试化——实施"大学生实验实践能力达标测试",分级测量学生的实验实践能力

为了鼓励引导学生加强工程实践创新能力,在行业高校率先实施"大学生实验实践能力达标测试"。分年级测量学生的实验实践能力,分为C1级、C2级、B级、A级,C1、C2级测量基础实验能力及专业基础实验能力,B级测量专业综合实验实践能力,A级测量工程设计与研究能力;采用"自主申请+开放性指导"的方式。测试成绩记入"第二张成绩单",与学生毕业及授予学位相挂钩,测试成绩合格者方可毕业。各专业完成测试大纲23套,建立了测试题库216套,每年有1.1万名学生参加测试。测试结果反馈,教师引导未达标学生主动实验,反馈数据分析发现共性问题反馈给教学环节,形成持续改进的质量提升机制。

(三)结合专业开展"技术创新者"的双创教育,实施"三级三引四结合"方法,提升学生的创新思维和创新实践能力

1. 三级——建设三级众创空间,形成"技术创新者"的双创教育平台

一是普及实践层,即建立覆盖全体学生的班级双创俱乐部、宿舍创客俱乐部、口

袋实验室等71个,支持学生开展科技小发明、小制作,激发学生的兴趣,引导学生出创意、活化知识。二是创新提升层,依托实验示范中心、各专业实验室、校企合作实验室等实验实训平台,建设创新工程坊32个,以项目制方式组建学生团队,配备导师和资源,引导学生创新。三是创业帮扶层,集中建设校级创业苗圃3个,促进创意产生、产品落地,孵化创业项目。

2. 三引——出台3种激励制度,引导学生创新创业

一是实行"第二张成绩单"牵引。"第二张成绩单"注重对学生创新思维方式和实践创造能力的评价,科学量化评价学生开展创新活动、学科竞赛、创业实践、论文发表、获得专利、社会公益的情况,形成一、二课堂融合发展的引导机制,学生毕业至少完成19学分,并直接影响奖学金评定、研究生保送等评价"指挥棒",全校超过80%的本科生参加了认定。二是实行创新学分转换牵引。出台"学分认定和转换办法",建立多种形式的学习成果认定机制以及校内教育和校外教育转换通道,明确创新创业学分认定与转换机制,学生实践创新作品可申请转换相关课程学分或部分学分,对创新创业成绩优异的学生给予表彰奖励、保送研究生、基金扶持、成果孵化等支持。三是创业休学等服务制度牵引。实施"自主创业保留学籍规定"、创业"弹性学习年限制度"等,引导学生的实际创业行动。

3. 四结合——形成了技术创新人才的全链条培养过程

(1)结合兴趣出创意。开展大面积、普及性的"星火杯"课外学术科技作品竞赛活动,激发学生的兴趣,引导学生出创意,每年有1.3万名学生参加。

(2)结合制作出创新。每年以项目制方式组建学生团队2 000个,6 000余名学生进入实验室开展科技制作,引导学生在科技制作中创新。

(3)结合产品出创造。鼓励学生的创新项目与市场结合,促进项目转化,设立"大学生创业种子基金",扶持创业项目400余个,获得风险投资超过3亿元,引导学生创造适应经济社会发展的产品。

(4)结合"双创"出人才。将"双创"教育按照OBE理念融入人才培养的每个环节,包括培养方案、课程、教材、实验等全过程融入,培养了一批以张旺、杨少毅等为代表的"双创"典型。

**三、成果的推广应用效果**

**(一)成果受益面大,人才培养质量高**

5年来,培养了2万余名电子信息类人才,毕业生以其勤恳刻苦、有担当、勇于拼搏的精神以及突出的工作业绩赢得了社会各界的好评。近5年,学校本科生一次性就业率保持在98%以上,位居全国高校前列,航天科技集团授予西安电子科技大学"航天人才突出贡献奖",华为公司授予西安电子科技大学"人才输送突出贡献奖",毕业生进入BAT企业就业总人数位居全国第一,成为华为、中兴、腾讯、中电集团、中电信息产业集团等国家电子信息领军企业最为重要的人才培养基地。

国家教育咨询委调研组组长、全国政协常委、科教文卫主任张玉台等认为:西安

电子科技大学的创新人才培养成绩显著,为国家培养了大批行业骨干和引领者。教育部审核评估专家组组长李延保等认为:西安电子科技大学的人才培养目标与社会需求的适应度高,人才培养目标与培养效果的达成度高,学生和社会用人单位的满意度高。

(二)培养了一批优秀学生,形成了人才培养的"西电现象"

学生学科竞赛成绩优异,近5年共获得省级以上竞赛奖励2 844项,同比增长了51%;中国高等教育学会发布的《2013—2017年高校创新人才培养暨学科竞赛评估结果》中,西电位居全国第18位。

先后捧得"Intel杯""微软创新杯""MTLAB杯",国际数学建模竞赛2014年、2015年连续2年获得最高奖"特等奖"(每年全球仅19项),均是学校的突破性成绩;全国"互联网+"大学生创新创业大赛每年参赛学生1万余人、项目近3 000项,获得6金3银2铜的好成绩,获奖数位居全国高校第一。

涌现出给习近平总书记写信的"小满良仓"负责人张旺、首届"互联网+"大赛季军项目负责人"蒜泥科技"创始人杨少毅、"淘花园网络科技有限公司"创始人张延杰等一批创新人才,形成了享誉全国的人才培养的"西电现象"。

(三)建成了一批全国一流的优质教学资源,优化学生成长环境

14个专业入选国家级特色专业,《中国大学及学科专业评价报告(2017—2018)》中有21个专业位列全国前20名,其中6个专业位居全国第一。

成果建成"信号与系统"等13门国家级精品开放课程、"实用大众线性代数"等3门国家精品在线开放课程,国家级实验教学平台9个、工程实践教育中心4个、人才培养模式创新实验区3个、国家"十二五"规划教材20部。

学校入选首批"全国第二批双创示范基地"(电子信息领域唯一、西北地区唯一入选高校)、"全国高校实践育人创新创业基地"和全国首批深化双创教育改革示范高校。

(四)教育部推广西安电子科技大学人才培养经验

《教育部简报》2016年第42期《西安电子科技大学四项举措深化创新创业教育改革》、2017年第26期《西安电子科技大学全面提升本科教育质量》专刊介绍西安电子科技大学人才培养经验。2017年副校长李建东应邀到教育部高教司做《以教学改革为动力 打造一流本科教育体系》专题报告。学校领导应邀在全国性会议上介绍经验20余次,如2015年校长郑晓静在教育部深化高等学校创新创业改革会议上做《深刻认识创新创业教育的引领作用》主题发言;2016年校长郑晓静作为唯一高校校长参加习近平总书记召开的全国网络安全和信息化工作座谈会。

(五)获得高度评价,媒体广泛报道,推广辐射示范作用明显

国务院副总理刘延东两次来校视察,教育部部长陈宝生、副部长林蕙青,陕西省委书记胡和平,西安市委书记王永康,教育部高教司司长张大良、吴岩等来校调研,对学校人才培养工作给予高度评价。

新华社、《人民日报》、《中国教育报》、《光明日报》等40余家国家级媒体对学校创新人才培养工作报道110余篇,如《人民日报》2017年6月22日以《"西电现象"是这样炼成的》为题报道。成果完成人在《现代教育科学》等期刊上发表相关研究论文25篇。

成果改革理念被其他高校认可,南京邮电大学、西安邮电大学、西安理工大学、西安建筑科技大学、西安石油大学等高校借鉴采纳西安电子科技大学人才培养经验,取得了显著成效。学校承办了第三届"互联网+"大赛、创新创业教育国际校长论坛等,国内外272所大学的参会者了解了西安电子科技大学的"双创"教育经验。厦门大学、中南大学等高校来校调研人才培养工作102次。

## 成果二十四

# "五位一体"大学生信息设计创新能力分类培养模式改革与实践

（成果编号:2-188）

### ■获奖等级
二等

### ■完成单位
西北大学

### ■主持人
耿国华,女,西北大学信息学院教授,博士生导师,国家教学名师,入选万人计划教学名师,全国优秀科技工作者。主持数据结构、计算机基础2门国家精品资源共享课程建设;主讲《数据结构》国家精品在线开放课程;主持获得国家教学成果奖二等奖3项;主持获得陕西省教学成果奖7项;获得陕西省优秀教材一等奖3项;获得国家科技奖1项,省部级科技奖17项。

### ■团队成员
耿国华,董卫军,李剑利,彭进业,李康,张志勇,屈健,张蕾,刘晓宁,冯筠,赵武,王小凤

### ■成果简介
大学计算机教育量大面广,计算机类课程是培养信息设计创新能力的重要基石。传统教学模式单一、内容滞后、学生创新能力薄弱、发展空间不足的问题日益突出,适应多学科人才信息素质培养需求的教学改革已成为亟待解决的重大问题。

成果面向大学计算机教育,结合专业需求,以计算思维和创新能力的培养为目标,构建"五位一体"的信息设计创新能力培养模式:①设计"导论+设计+应用"三级课程体系。贯穿求解问题、设计系统、行为认知计算思维本质理念。②构造6类

"1+X"课程群。结合理工、文史、管理、艺术、法学、信息类专业需求,实施分类教学。③建设"精品课—共享课—MOOC+SPOC"课程资源。"基础、设计、能力"三层次教材配套,网络课程、新形态教材等多形式立体化教学资源支撑自主学习,辐射面大。④提出"四融合"课程教学方案。教学、考核、竞赛、教研一体化,突出培养解决问题的信息处理能力。⑤实施"3—3—3"实践模式。建设国、省、校实验教学示范中心和创新实践基地,贯穿3环节、3阶段、3竞赛,以创新项目和学科竞赛推动信息设计能力的培养。

10年探索实践,形成6类国家层面的标志性成果(万人计划名师、2门国家精品资源共享课程、国家精品在线开放课程、国家虚拟仿真实验教学中心和国家级工程实践教育中心、教育部教改项目结题优秀、3部规划教材/41部教材)。培养成效突出:成果首先应用于西北大学,10年4万余名学生受益;人才培养彰显综合大学优势,近5年来,国家级学科竞赛获奖223项,学科交叉创新成果特色突出;学科竞赛驱动,形成品牌效应,引领西北地区计算机教育;立体化教学资源(教材、网站、MOOC+SPOC)在几十所高校应用,网络共享。

2018年国家级教学成果鉴定结论为:所提出的"五位一体创新能力分类培养模式"理念先进,特色鲜明,具有独创性和示范性,具有良好的推广示范价值,辐射引领作用强,处于国内领先水平。

主要解决的教学问题如下:

(1)信息素质培养需求与课程教学模式单一的矛盾。大学计算机教育旨在培养学生应用计算机解决领域问题的能力,但传统教学方式单一,缺乏对专业需求的有效支持,学生学习能动性差,计算思维薄弱。

(2)多角度系统学习需求与离散教学资源之间的矛盾。创新能力提升对自主学习提出了更高需求,但教学资源庞杂且关联支撑性差,缺乏系统服务,阻碍借助网络资源自主提升能力的有效性。

(3)创新创业需求与实践能力欠缺之间的矛盾。创新创业要求学生具有创新性解决实际问题的能力,但重理论、轻实践的问题普遍存在,学生的工程能力薄弱,就业和未来发展空间不足。

■ 成果总结报告

## 《"五位一体"大学生信息设计创新能力分类培养模式改革与实践》成果总结报告

### 一、面临的问题

信息时代需要大学生应用计算机解决领域问题的素质和能力,而现状存在3个矛盾:

(1)传统教学模式单一,计算思维薄弱,学生应用计算机解决问题的能力与社会需求间的矛盾。

(2)现有的网络资源繁杂,难以有效支撑自主学习,存在着多角度系统学习需求与离散教学资源之间的矛盾。

(3)存在着重理论轻实践,造成学生的工程能力差,创新创业需求与实践能力欠缺的矛盾日益突出。

亟待推进适应信息创新能力培养需求的教学改革,本成果正是针对教学模式、资源模式、能力培养这三大问题求解的过程。

## 二、解决的方法

针对量大面广的大学计算机教育,求解模式、资源、能力问题,构建课程体系、课程群、课程资源、教学方案、实践模式的五位一体培养模式,旨在提升大学生的设计创新能力。面向大学计算机教育,创建"五位一体"的信息设计创新能力培养模式(图24-1):①设计"导论+设计+应用"三级课程体系,贯穿求解问题、设计系统、行为认知计算思维本质理念。②构造6类"1+X"课程群,结合理工、文史、管理、艺术、法学、信息类专业需求,实施分类教学。③建设"精品课—共享课—MOOC+SPOC"课程资源,三层次配套教材,网络课程、新形态教材等多形式、立体化教学资源支撑自主学习,辐射面大。④提出"四融合"课程教学方案,教学、考核、竞赛、教研一体化,突出培养解决问题的信息处理能力。⑤实施"3—3—3"实践模式,建设国、省、校实验教学示范中心和创新实践基地,贯穿3环节、3阶段、3竞赛,学科竞赛驱动信息设计能力的培养。

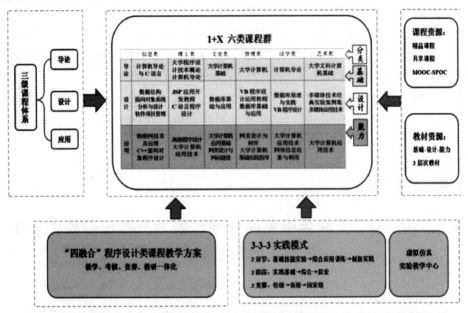

图24-1 "五位一体"教学模式

## 成果二十四 "五位一体"大学生信息设计创新能力分类培养模式改革与实践

10年探索实践形成6类国家层面标志性成果(万人计划名师、2门国家精品资源共享课、国家精品在线开放课、国家虚拟仿真实验教学中心和国家级工程实践教育中心、教育部教改项目结题优秀、3部规划教材/41部教材)。培养成效突出:成果首先应用于西北大学,10年4万余名学生受益;人才培养彰显综合大学的优势,近5年国家级学科竞赛获奖223项,学科交叉创新成果特色突出;学科竞赛驱动,形成品牌效应,引领西北地区计算机教育;立体化教学资源(教材、网站、MOOC+SPOC)在几十所高校应用,网络共享。

(一)建设高效教学团队,促进课程改革

1. 构建高质量的教学团队,建立良好的管理与运行机制

成果完成人主要为国家教学团队核心成员且工作在教学第一线,均获得博士学位及副教授以上职称;万人计划国家名师领衔,建立了良好的管理与运行机制,实现教学与科研互动,团队可持续性发展潜能大。

2. 团队建设成果具有辐射引领作用,形成了西部高校教学优势

以高水平教学团队建设为基础,建立了6类"1+X"课程群(表24-1),其中三级(国家级、省级、校级)精品课程建设成果已走向全国;结合课程建设需求和特点,围绕高品质教材编写、课程资源建设和课程改革实践开展教学研究,在国内形成较大影响。

表24-1 6类课程体系

| | 信息类 | 理工类 | 文史类 | 管理类 | 法学类 | 艺术类 |
|---|---|---|---|---|---|---|
| 导论 | 计算机导论与C语言 | 大学程序设计技术概论 计算机导论 | 大学计算机基础 | 大学计算机 | 计算机导论 | 大学文科计算机基础 |
| 设计 | 数据结构 面向对象系统分析与设计 软件项目管理 | JSP应用开发教程 C语言程序设计 | 数据库基础与应用 | VB程序设计应用教程 数据库基础与应用 | 数据库原理与实践 VB程序设计 | 多媒体技术经典实验案例集 多媒体应用技术 |
| 应用 | 物联网技术及应用 C++面向对象程序设计 | 高级程序设计 大学计算机应用技术 | 大学计算机应用基础 网页设计与网站建设 | 网页设计与制作 大学计算机基础实践指导 | 大学计算机应用技术 网络信息检索与利用 | 大学计算机应用技术 |

(二)以创新能力培养为核心,深化课程群教学改革

1. 构建并实施多"1+X"课程体系

结合专业需求,建设6类"1+X"课程群,求解课程教学模式单一、学生计算思维薄弱的问题。

2. 出版三层次系列化成套教材

2008年以来,在高等教育出版社、科学出版社、电子工业出版社等出版了41部

系列化教材,其中国家规划教材3部,省级优秀教材2部,新形态教材1部。

3. 以"精品课程—共享课程—MOOC+SPOC"强化课程资源建设

建设导论、设计类、应用系列课程,贯穿求解问题、设计系统、行为认知计算思维本质理念。其中,代表性课程《数据结构》的三级(国家级、省级、校级)精品课程建设成果已走向全国。

支持学生通过在线资源完成预习、学习、实践和反馈的完整学习过程。立体化教学资源在几十所高校得到应用,求解课程学习教学资源匮乏,学生自主学习能动性差的问题。

(三)构建实施四融合、三环节教学新模式

1. 构建"四融合"的教学方案,提升设计能力

四融合教学方案结合专业需求,实施分类教学,突出解决问题的设计方法,掌握开发技术,通过竞赛激发学习创新的积极性,强化学生应用计算机分析问题、解决问题的能力,求解学生设计能力薄弱的问题。

2. 实施"3—3—3"实践模式,加强学生创新能力的培养

实践教学由"基础技能实验—综合应用训练—创新实践竞赛"3个环节组成,将学生从"被动实践"引入"主动实践";实践过程由"基础—综合—探索"3个阶段组成,引导学生对于实验内容由浅入深、由基础到综合、由硬件到软件、由验证到创新地进行实践,体现创新能力培养;实践应用依托"校级预赛—省级比赛—国家级决赛"三级竞赛活动,强化实践能力。

3. 实施"四层次训练"的工程型人才培养新模式

实施"基础训练+综合训练+研究式训练+开发训练"的四层次工程训练模式。基础训练解决一个基本问题;综合性实习构造一类综合问题解决方案;研究式训练参与综合性强、难度较大的横向课题,覆盖问题研究;开发式训练显著提高了学生的专业能力和科学素质。

(四)建设创新实践基地,强化学生创新能力的培养

1. 多种教学方法和手段,提高实验教学效果

依托文化遗产数字化国家地方联合工程中心,建设国家文化遗产数字化保护虚拟仿真教学实验中心和工程实践教育中心。构建仿真模拟教学环境、开展虚拟仪器实验教学、开发实验教学网络平台,突出实践教学与科研项目密切结合的特色,有效支撑实践创新能力的培养。

2. 以创新项目和学科竞赛推动综合能力的培养

以科研项目为抓手,积极探索创新人才培养模式,使各层次学生的创新能力得到极大的提升。耿国华教授主持的国家973预研项目,指导本科生参与秦始皇帝陵一号坑的3次发掘和K9901百戏俑坑发掘的数字化保护和虚拟修复研究。学生利用所学知识开展创新实验,参与学科竞赛,提升了学生对计算思维的感性认识,培养创新与综合应用能力。

### 三、创新点

**(一)贯穿"五位一体"创新能力培养新模式**

以探究计算思维和信息设计创新能力培养为目标,提出结合专业需求的"五位一体"培养模式,将问题求解、系统设计和行为认知的计算思维理念贯穿于信息设计创新能力培养的全过程,有效地解决了专业需求多样、计算机课程教学模式单一、学生信息设计创新能力培养欠缺、计算思维和工程实践能力薄弱的突出矛盾,显著地提升了人才培养的质量。

**(二)构造多"1+X"课程群和共享教学资源建设新体系**

依托国家级、省级、校级三级精品课程,建设6类"1+X"课程群实施分类教学改革;构建自主学习环境,配套6类课程群建设需要,出版41部系列化教材,形成支撑教学过程与自主学习2个面向的立体化共享资源,有效地解决了传统课程体系、教学内容和课程建设难以适应创新需求的问题。

**(三)实施以创新实践为中心的创新能力培养新方法**

提出"四融合"教学方案,以创新创业为引领,专业竞赛驱动,形成品牌效应,有效地激发了学生创新创业的积极性,引领西北地区计算机和专业融合的教学改革,有效地提升了学生的创新设计能力。实施"3—3—3"实践模式,问题驱动,培养学生问题求解、系统设计、系统实现的工程实践能力。建设多类型工程实践基地,形成软/硬件协同创新平台。通过产学研合作,结合文化遗产保护、能源地质等经济文化建设需要,项目驱动,提升学生的综合创新能力。

### 四、改革成效与应用情况

历经7年的探索实践,形成6类国家层面的标志性成果,应用成效显著。

**(一)竞赛驱动创新能力的培养**

软件工程专业本科毕业生获得2012年CCF全国百优本科毕业生称号,2011级郑童宇获得联想集团3 000万元的创业投资,学生创新能力彰显,人才培养成效显著。部分代表性竞赛获奖的情况如表24-2所示。获批国家级大学生创新创业项目14项,省级大学生创新创业项目26项,共130余人次参加创新创业项目实施过程。

表24-2 部分学生参与国家级竞赛获奖情况

| 比赛名称 | 获奖级别 | 时间 |
| --- | --- | --- |
| CCF全国百优本科毕业生 | 1人 | 2012年 |
| ACM国际大学生程序设计竞赛ICPC | 国家级铜奖1项 | 2015年<br>2016年 |
| 全国大学生物联网设计竞赛 | 国家级一等奖1项<br>国家级二等奖3项 | 2017年<br>2016年<br>2015年 |

续表

| 比赛名称 | 获奖级别 | 时间 |
| --- | --- | --- |
| 全国大学生数学建模竞赛 | 国家级一等奖3项<br>国家级二等奖7项 | 2015年<br>2016年<br>2017年 |
| 中国高校计算机大赛<br>团体程序设计天梯赛 | 国家团队三等奖 | 2016年 |
| 美国数学建模竞赛 | 国家级一等奖3项<br>国家级二等奖16项 | 2017年 |
| 中国程序设计大赛CCPC | 国家级铜奖 | 2016年 |
| 全球创新节（韩国） | 全球创新人才奖 | 2016年 |
| 中国"互联网+"大学生创新创业大赛总决赛 | 国家级铜奖 | 2016年 |
| "创青春"全国大学生创业大赛 | 国赛银奖<br>国赛铜奖 | 2016年 |
| 中国大学生计算机设计大赛 | 国家级奖项23项<br>国家级奖项27项 | 2016年<br>2017年 |

（二）计算机设计大赛成绩优异，设计创新能力显著提升

（1）学科竞赛驱动，西北赛形成品牌效应，引领作用明显。西北赛规模不断扩大，从2013年的38件作品110余人参赛，发展到2017年的700余件作品2 000余人参赛，影响力日益广泛。西北大学比赛成绩逐年提高。2016年在省级比赛中获奖81项，在国家级决赛中获奖23项（一等奖1项，二等奖5项，三等奖16项），同时荣获西北赛区优秀组织奖和全国优秀组织奖。2017年在省级比赛中获奖97项，在国家级决赛中获奖27项（一等奖2项，二等奖5项，三等奖20项），同时荣获西北赛区优秀组织奖和全国优秀组织奖。

（2）举办2届中国大学生计算机设计大赛国家级决赛，产生了广泛影响。举办了2011年、2015年中国大学生计算机设计大赛国家级决赛。大赛的举办是对"高校创新人才培养建设"的有益探索，进一步加强了省内外高校及学生之间的人文与技术交流，在专业和学科人才培养方面起到了示范促进的作用。

（3）每年举办校级"电脑文化节"。连续多年举办西北大学电脑文化节。

（4）每年开展校级"网页设计大赛""计算机程序设计大赛""FIASH竞赛""计算机知识竞赛"，提升了学生的创新能力。

（三）成果受益面广，学生就业率显著提升

2008年至今培养学士4万余人。信息类专业实施本成果后，本科生就业率保持在95%以上，用人单位反映"基础扎实、应用能力强"。

（四）团队建设成效突出

万人计划教学名师领衔，省级教学名师1人，团队成员5名为博士生导师，涵盖

"校、院"两级教学管理和一线教师,12人均有博士学位,3名青年教师获得校讲课比赛一等奖,均具有主持参加大型软件开发的经历。

(五)建设文化遗产数字化保护国家级虚拟仿真实验教学中心

依托文化遗产数字化保护特色科研优势,获批建设国家首批虚拟仿真实验教学中心,为提升创新人才的培养质量奠定了雄厚的基础。

(六)建设《数据结构》MOOC课程,特色突出

同行专家评价"在国内外同类课程中居于领先水平",对推进提高学生的计算思维和创新能力具有重要作用,应用成效显著。学生选课踊跃,选课总人数达37 977人,增强了学生学习的兴趣,提升了学生学习的效果。

主持跨校共建《数据结构》MOOC工作组,20余所高校参加,共建共享,辐射影响面大,MOOC+SPOC教学模式改革实践为工作组成员学校提供示范,陆续在工作组院校推广应用。

《数据结构》在"中国大学MOOC"三期上线,建设了《计算机导论与C语言》《传感器原理与应用》《信号与系统》3门陕西省精品课程,《数据结构》获得首届国家精品在线开放课程。

(七)出版系列教材41部,影响面广

41部教材支持6类课程群(国家规划教材3部,省级优秀教材2部,新形态教材1部),分别在高等教育出版社、科学出版社、电子工业等出版社出版,被四川大学、长安大学、延安大学等几十所高校采用,普遍反映特色突出,实用性强,效果好。高等教育出版社证明,仅《数据结构》"十二五"规划教材印刷7次,发行达3万余册。

(八)教育部和省重点教改项目结题优秀

教育部教改项目"基于计算思维的文科类专业计算机基础系列课程教学改革研究与实践"结题验收结论为优秀;陕西省教学改革重点项目结题验收结论为优秀,主持省级教改项目4项。

(九)相关评价

2018年,国家级教学成果鉴定结论为:提出的"五位一体创新能力分类培养模式"理念先进,特色鲜明,具有独创性和示范性,具有良好的推广示范价值,辐射引领作用强,处于国内领先水平。

2015年,教学成果鉴定委员会的结论为:多"1+X"课程体系建设特色鲜明,学生创新能力普遍提高,受益面广,成效显著,处于国内领先水平。课程群建设的成果网络共享,具有很强的推广价值和示范辐射作用。

同行专家评价:"成果的推广和应用促进学生创新能力普遍提高;课程群建设成效突出,在国内同类课程中居于领先,对推进提高学生计算思维和创新能力具有重要示范辐射作用,受益面广,应用成效显著。"

## 成果二十五

# 明确目标、创新模式、强化能力,培养电气工程领军型人才的研究与实践

(成果编号:2-192)

### ■获奖等级
二等

### ■完成单位
西安交通大学

### ■主持人
罗先觉,西安交通大学电气工程学院教授,博士生导师。国家教学名师,国家"万人计划"领军人才——教学名师,中国电工技术学会电工理论与新技术专业委员会副主任委员,高等学校电路和信号系统教学与教材研究会副理事长。国家级精品课程《电路》、国家级精品资源共享课程《电路》、国家精品在线开放课程《电路》负责人,国家级教学团队"电工基础课程教学团队"带头人。主编和参编教材8部。分别于2001年、2005年、2018年3次获得国家级教学成果奖二等奖,于2009年获得陕西省教学成果奖特等奖。研究领域为电力系统的安全经济运行与电力市场、复杂电网络的故障诊断。分别于2005年和2007年获得教育部科技奖一等奖和二等奖。

### ■团队成员
罗先觉,别朝红,杨旭,荣命哲,刘进军,李盛涛,王兆安,张保会,杨爽,方丽

### ■成果简介
西安交通大学电气工程学科依托5项国家级教改项目,历经12年的研究与探索,突破了领军型人才培养的难关,取得了如下教学成果:

(1)明确领军型人才的培养目标。培养具有坚实的理论基础、良好的自主学习能力、突出的创新能力、优秀的组织协调能力、全球胜任的国际竞争力、科学精神和

担当意识。

（2）创新领军型人才培养模式。制定了多层次、多类型领军型人才培养新方案；建成了以9门国家级各类精品课程和19部国家级规划教材为核心、适应领军型人才培养的课程体系，着力培养学生的自主学习能力；构建了"创新意识和实践能力培养平台"和以国家重点实验室和6个省部级重点实验室为依托、24个优秀科研团队为核心、国家重大科研项目为牵引的"创新能力和领导力培养平台"，系统培养和提升学生的实践能力、创新能力和领导力。

（3）提升领军型人才全球胜任的国际竞争力。首创以"以我为主、对等交换、互免学费、双向交流"为核心的双学位国际班，成建制招收培养留学研究生班，开设12门本科生双语课程和13门研究生全英文课程，邀请国外顶尖学者讲授研究生课程，全方位造就学生全球胜任的国际竞争力。

成果创新点：①教育理念创新。②培养模式创新。③国际化培养方法创新。

成果推广应用效果显著：学生培养质量显著提高，在第四轮学科评估中"人才培养质量"位列电气工程全国第一，培养全国百篇优秀博士学位论文2人、陕西省优秀博士学位论文20人；人才培养的国际化程度不断提高，联合培养双学位硕士和留学研究生6届200余人，100余人获得硕士学位；课程教材推广应用广泛，其中《电路（第5版）》《电力电子技术（第5版）》《电力系统继电保护》等3部教材发行300余万册，在线课程《电路》学习人数达到17万人。该成果获得包括中国工程院院士马伟明、汤广福，教育部高等学校电气工程类教学指导委员会主任胡敏强的高度评价。

### ■成果总结报告

## 《明确目标、创新模式、强化能力，培养电气工程领军型人才的研究与实践》成果总结报告

### 一、研究的背景和意义

21世纪以来，我国综合国力不断增强，电力、交通、能源等领域逐步跨入世界先进行列。为了进一步实现超越和引领，迫切需要一大批高素质领军型人才，这不仅是相关行业的迫切需求，更是国家人才战略的重要需求，也是构建创新型社会对高层次人才的强烈需求。

以特高压、新能源为代表，中国电力行业已进入世界先进行列，但传统的电气工程高等教育以培养工程师为目标，领军型人才严重不足，无法支撑行业的快速发展。加快培养领军型人才不仅是电气工程学科面临的挑战，也是我国高等工程教育存在的普遍问题。世界一流大学均十分重视领军型人才的培养，视其为人才培养的高地，相比之下，我国还存在着很大的差距。攻克领军型人才培养的难关、占领这一高地，是我国高等教育迈向世界一流的必由之路。

西安交通大学电气工程学科既是国家"双一流"建设学科,也是教育部第四轮学科评估A+学科。2005年开始,本学科主动适应国家创新驱动发展战略、电气工程行业重大变革,充分发挥本学科同时具有国家重点实验室、国家级电工电子实验教学示范中心、2个国家级教学团队等教学科研优势,继承和发扬无私奉献、艰苦奋斗的"西迁精神",依托"电气工程类创新型工程技术人才培养实验区""电气工程与自动化特色专业建设""专业综合改革试点——电气工程及其自动化专业""电力电子与新能源技术研究中心教学团队""电工基础课程教学团队"等5项国家级教改项目,历经12年的探索,开展培养电气工程专业领军型人才的研究与实践,取得了显著的教学成果。

二、主要解决的教学问题

针对我国在高等工程教育中缺少对领军型人才培养的研究,本成果解决了高等工程教育中存在的3个突出问题:

(1)培养目标与社会需求脱节,未能与时俱进主动适应国家重大需求和行业新变革,原有培养模式无法满足快速发展的社会对领军型人才的强烈需求。

(2)培养模式缺乏对领军型人才培养的系统设计,单向知识传授模式不利于培养学生的自主学习能力,以课堂教学为主的教学模式不利于培养创新意识和系统思维,自设问题的封闭式实践模式无法激发学生的兴趣,缺乏团队作战的组织协调能力,立德树人弱化。培养模式难以塑造领军型人才的能力和素质。

(3)国际交流分散,开放程度低。原有培养方案的国际化交流模式举措少,形式单一,不能给学生创造跨文化协同和参与国际竞争的机会和条件,无法有效地培养学生全球胜任的国际竞争力。

三、研究的思路与目标

(一)研究目标

针对高等工程教育缺少对培养领军型人才的研究,解决最主要的关键问题,即明确领军型人才的培养目标;创新领军型人才的培养模式,重构适应于领军型人才培养的课程体系,构建完整的培养领军型人才的实践能力、创新能力和领导力的实践体系;提出全方位、多层次的国际化培养体系。在此基础上,通过人才培养的教育实践,验证和不断完善研究成果。

(二)研究思路

首先针对国家、社会对领军型人才的要求,通过教学研究、改革与实践、用人单位反馈、毕业生跟踪调查,明确了领军型人才的培养目标。在此基础上,遵循因材施教的教育理念和尊重学生个性发展的要求,制定多层次、多类型领军型人才培养新方案,为学生提供符合个人发展路径的多样化选择。与此同时,研究如何与时俱进,重构适应于领军型人才培养的课程体系,构建分层递进培养领军型人才的实践能力、创新能力和领导力的实践体系,提出多类型的国际化培养体系。最后,将研究成果应用于领军型人才培养的教育实践、检验成果和完善成果,并将其中部分成果推广辐射,起到示范和引领作用。

### 四、成果概述

（一）明确领军型人才的培养目标

提出厚基础、重创新、塑人格的教育理念,要求培养的领军型人才具有坚实的理论基础、良好的自主学习能力、突出的创新能力、优秀的组织协调能力、全球胜任的国际竞争力、科学精神和担当意识。

（二）创新领军型人才的培养模式

以知识获取—能力培养—素质养成为主线,重构培养方案、课程体系、实践与创新体系,将学科优势转化为人才培养优势,实现科研、实践、团队、文化全方位育人,着力提升自主学习能力、解决复杂工程问题能力、创新能力和组织协调能力,造就领军型人才。

（三）创建国际化的培养体系

以培养领军型人才胸怀世界、全球胜任的国际竞争力为目标,创建了对等交换、双向交流、成建制组班的国际化培养体系。

### 五、成果解决教学问题的方法

（一）明确领军型人才的培养目标

针对国家对领军型人才的需求,通过教学研究、改革实践,用人单位反馈、毕业生跟踪,明确了领军型人才的培养目标:具有坚实的理论基础、良好的自主学习能力、突出的创新能力、优秀的组织协调能力、全球胜任的国际竞争力、科学精神和担当意识。

（二）统筹制定多层次、多类型的领军人才培养新方案

打破本、硕、博培养界限,制定了本硕连读、硕博连读、长学制、直博等多层次、多类型领军型人才培养新方案,为学生提供符合个人发展路径的多样化选择;压缩20%的授课学分,加大实践创新环节,增加了60个综合实验,新开了26个开放创新实验和7门项目设计课;实行学业导师制,优秀专业教师全程参与指导本科生选课和科技活动;实施优本、优博计划,创造优秀人才脱颖而出的机制。

（三）重构适应于领军型人才培养的课程体系

主动适应国家需求和行业变革,新增课程14门,更新130门课程的教学内容,通过12学分的通识类核心课程和选修课程,培养学生的系统思维模式;建成了以9门国家级各类精品课程和19部国家级规划教材为核心的课程体系,推进MOOC、微课建设,为学生创造了立体化的学习环境,着力培养学生的自主学习能力;实施工程师进课堂计划,15门专业课程由企业工程师和教师共同讲授;通过养成教育、"思想交大"建设工程,以勇于担当和无私奉献的"西迁精神"为旗帜,培养学生志存高远和脚踏实地的品格。

新增的14门课程,主动适应国家重大需求和行业发展新变革,更新教学内容,开设系列新课。适应我国特高压输电的重大需求,新开设《电气材料与电力设备概

论》《电力工程》《成套电器状态监测》《高压直流输电技术》等专业课程。适应新能源电力大发展的需求,新开设《新能源概论》《新能源电力规划与运行》《风力与太阳能发电及变换技术》《新能源电力接入与传输》等4门课程。新开设《可再生新能源技术》《光伏发电基础及应用》等2门研究生课程。针对国防建设的重大需求,新开设《脉冲功率技术及其应用》《高压大电流测控技术》《特殊环境下电介质材料破坏机理与性能提高》《等离子体物理基础及应用》等研究生课程。

(四)构建了完整的实践能力、创新能力和领导力培养体系

构建了由综合性设计性实验、26个开放创新实验、7门项目设计课程、课外科技创新活动、校企协同指导毕业设计5个环节组成的创新意识和实践能力培养平台。在课程实验中,综合性设计性实验达到实验总数的80%以上,有效地培养了学生的工程实践能力。通过26个开放创新实验,培养了学生的创新意识。开设项目设计课程7门,学生以团队形式,围绕一个工程设计项目构思、设计、实施、组织,培养了团队精神、组织协调能力。学生参加各类课外科技创新活动和科技竞赛,培养了科研素养和创新能力。

建成了以国家重点实验室和6个省部级重点实验室为依托、20余个优秀科研团队为核心、国家重大科研项目为牵引的创新能力和领导力培养平台,通过项目申请、组织、实施等多环节强化培养领军型人才的创新能力与领导力。对具有领军潜质的人才,实施优博培育计划,实行个性化定制培养。这些条件为培养领军型人才提供了极好的创新环境。特别是科研方向和科研项目的跨学科交叉,需要多个学科教师合作,客观上为学生的创新能力和领导力培养创造了条件。

(五)开展多层次、全方位国际化办学,培养具有全球胜任的国际竞争力

制定了3套国际化分类培养方案。开设了12门采用原版教材的本科生双语课程和13门研究生全英文课程,实现了课程体系的国际化。长聘外籍教师10余人,邀请国外顶尖学者和工程师讲授研究生课程,80%以上的中青年教师具有国外长期学习的经历,完成了师资队伍的国际化。首创以"对等交换、互免学费、双向交流"为核心的双学位国际班,通过培养模式的创新,成建制招收留学研究生,实现了培养过程的国际化。

**六、成果的创新点**

该成果通过对教学过程的全链条深入分析,在明确领军型人才培养目标的基础上,以"知识获取—能力培养—素质养成"为主线,提出厚基础、重创新、塑人格的教育理念,创新培养模式,重构了培养方案、课程体系、实践与创新体系,将学科优势转化为人才培养优势,突破了领军型人才培养的难题。

(一)教育理念创新

与时俱进主动适应国家重大需求和行业新变革,明确了领军型人才的定位和培养目标,提出领军型人才厚基础、重创新、塑人格的教育理念,解决了原有培养模式无法满足快速发展的社会对领军型人才强烈需求的问题。

### （二）培养模式创新

完成了对领军型人才培养的系统设计，以"知识获取—能力培养—素质养成"为主线，创新领军型人才培养模式：制定多层次、多类型培养方案，重构课程体系，构建实践与创新平台，强化领导力培养，将学科优势转化为人才培养优势，实现科研、实践、团队、文化全方位育人，从而突破了原有培养模式单向知识传授、课堂教学刻板、实践模式封闭、团队作战缺乏的局限。

### （三）国际化培养方法创新

以培养学生胸怀世界、全球胜任的国际竞争力为目标，探索出国际化人才分类培养体系，实现了课程体系、师资队伍和培养过程的国际化；首创了以"以我为主、对等交换、互免学费、双向交流"为核心的双学位国际班；成建制招收留学研究生班；充分利用国际化合作，邀请国外顶尖学者讲授研究生课程，优化配置全球电气优质教育资源，提供在校内即可实现的国际化培养全过程，从而解决了原有培养模式中国际化培养分散、交流方式单一的问题。

## 七、成果的推广应用效果

### （一）学生培养成效显著

#### 1. 学生培养质量显著提高

教育部第四轮学科评估中本学科"人才培养质量"指标位列电气工程全国第一；毕业生40%以上进入世界500强企业工作，毕业生仅在国家电网公司就有院士、千人等国家级人才11人，省部级人才147人，人才培养效果显著；2017年进行的国际评估对人才培养模式和培养成效给予了最高评价。

#### 2. 学生科研实践能力不断增强

近5年来，学生获得国家级、省级各类竞赛奖项600余人次，发表SCI论文1 000余篇；2012年以来电气工程领域2项国家科技进步奖特等奖获奖人员中本学科毕业生有10人（占10%）；毕业生入选杰青、长江学者等国家级人才15人（占电工学科的30%），人数均居本学科首位；培养全国百篇优秀博士学位论文2人、提名5人，陕西省优秀博士学位论文20人。

#### 3. 学生国际竞争力不断提高

与"意大利米兰理工"和"法国中央高电"联合培养双学位硕士6届98人，招收13个国家的留学生158人，并成建制编班，70余名留学生获得学位；毕业生活跃在美国、英国、巴西、菲律宾、南非、埃及、葡萄牙等全球的电力行业，胜任管理、研发和工程等多种岗位。

### （二）培养模式影响广泛

#### 1. 课程教材推广普及

建成9门国家级各类精品课程，2005年以来出版19部国家级规划教材，其中《电路（第5版）》被380余所高校采用，《电力电子技术（第5版）》被400余所高校采用，《电力系统继电保护》被100余所高校采用，3部教材总计发行300余万册；在线课程《电路》选课人数达到17万人。

#### 2. 实践培养引领示范

同时拥有国家重点实验室和国家实验教学示范中心,年均30多所高校来校参观交流;形成校企联合的培养模式,与国家电网、ABB、西门子等30余家国内外企业开展协同育人,经验被多所大学借鉴和应用。

#### 3. 教改、标准全国推广

罗先觉、李盛涛、刘进军等教授受邀在全国高等学校各类教改研讨会上做大会报告10余次,发表教改论文90余篇;牵头制定的专业研究生学位标准被全国114所高校采用,制定的本科培养方案被30余所高校采纳和借鉴。

### (三)成果得到高度评价

中国工程院院士汤广福评价本成果"培养的毕业生在工程界广受欢迎,很多人成为工程界的领军人才";中国工程院院士马伟明认为本成果"成效显著,为我国高等工程教育探索培养领军型人才做出了突出贡献";教育部高等学校电气工程类教学指导委员会主任胡敏强教授评价"毕业生理论基础扎实、创新能力强,很多人成为高校电气工程学科、科研院所或大型企业的领军人才"。

陕西省教育厅组织的教学成果鉴定意见认为,本成果"教育理念领先,特色鲜明,创新性强,推广应用成效显著,为我国高等教育培养领军型人才做出了突出贡献"。

■ 成果二十六

# 创建大学生"系统性实践"模式,培育航天创新人才

(成果编号:2-195)

■ **获奖等级**
二等

■ **完成单位**
西北工业大学

■ **主持人**
周军,现任西北工业大学精确制导与控制研究所所长,陕西省微小卫星工程实验室主任,陕西省电动伺服系统工程研究中心主任,空间攻防对抗技术研究中心首席科学家。新世纪百千万人才工程国家级人选,国防科工委"511人才工程"人选,陕西省"三五人才工程"人选,陕西省劳动模范,陕西省教学名师,陕西省青年科技奖、教育部首届优秀青年教师奖、宝钢优秀教师特等奖和中国航空青年科技奖获得者,教育部航空航天类专业教学指导委员会副主任委员,中国自动化学会空间及运动体控制专业委员会副主任委员。兼任国家863重大专项专家组专家,原总装备部卫星系统技术专业组特邀专家,载人登月工程综合论证组专家,探月工程三期论证组专家,月球探测工程科学应用专家委员会专家。享受政府特殊津贴。

■ **团队成员**
周军,刘莹莹,于晓洲,牟蕾,郭建国,黄河,李春科,刘光辉,白博,李朋,张佼龙,谭雁英,刘睿,薛国粮,卢晓东

■ **成果简介**
习近平总书记指出:"发展航天事业,建设航天强国,是我们不懈追求的航天梦。"航天科技是综合国力的象征。国家兴盛,人才为本,如何培养有国际竞争力的

最优秀人才是我们面临的重要挑战。新时代对航天创新人才提出了更高要求:宽厚即用的学识、严慎极致的匠心、开拓引领的意识、航天奉献的精神。高校传统实践教学因其前沿性、深刻性与挑战性不足而难以营造出培养创新人才的实战环境和激励氛围。2005 年以来,在国家精品课程建设和教育部、陕西省 7 个教改项目支持下,教学名师带领陕西省和工信部优秀教学创新团队开展了有益的探索实践,包括首创大学生"系统性实践"概念,打造高校实践教学 2.0 版。系统性实践是以卫星等实用化对象为载体,学生和教师组成联合团队,全流程参加该复杂系统设计、研制、测试、试验与应用的实践过程。系统性实践让学生实际参与解决复杂系统工程问题,真实体验实战化科研氛围,切身感受航天工程中成败的艰辛,从而培养学生协作严谨作风、攻坚克难能力、探索创新激情和航天奉献精神。

建立转化高水平学科优势资源为系统性实践服务的机制。系统性实践需要适应复杂系统全流程研究的高水平实验条件、教师队伍和涉猎知识渠道,高校现有的教学资源难以满足。同时,国家对高校长期大规模投入建设的学科优势资源却很少在大学生实践教学中有效地发挥作用。为此,提出高校学科优势资源转化机制:将高水平学科实验室向教学实验条件转化、高素质科技创新团队向多专业交叉指导教师队伍转化、高层次国际合作平台向学生国际交流渠道转化,并构建"互联网+学研"的多元化自主求知新模式,为系统性实践提供坚实保障。

13 年来,依托立方体卫星(立方星)开展航天专业系统性实践及创新人才培养模式的探索实践,学生的综合素质和能力全面提升:成功研制发射 3 颗卫星并创立国际标准,勇夺第二届"互联网+"大学生创新创业大赛全国总冠军(图 26-1)。刘延东副总理两次参观实践成果,教育部部长陈宝生深入西北工业大学大学生微小卫星创新基地考察,均给予高度评价。实践成果影响巨大,数十家主流媒体报道并与国内外数十所高校交流推广,荣获陕西省教学成果奖特等奖 1 项、一等奖 2 项、二等

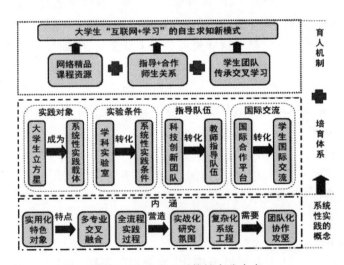

图 26-1 大学生系统性实践内容

奖2项,发表教改论文11篇,对我国高校工科专业实践教育和创新人才培养具有重要意义和推广价值。

主要解决的教学问题如下：

(1)如何提升高校培养体系中实践教学的层次,让大学生充分体验实践的实战性,激发他们的创新创造热情。

(2)如何解决高层次实践教学对条件的高需求,与现有教学实验条件和指导教师力量不足之间的矛盾。

(3)如何加强大学生创新实践的深度和广度,提升创新人才的国际竞争力。

■成果总结报告

## 《创建大学生"系统性实践"模式,培育航天创新人才》成果总结报告

### 一、成果解决教学问题的方法

(一)首创大学生系统性实践新概念,精选立方星为特色载体

系统性实践是以实用化对象为载体,多专业学生和教师组成团队,全流程参加复杂系统工程设计、研制、试验与应用的实践过程,是对课程实验和毕业设计等传统实践教学的提升,是高校实践教学的升级版。立方星研制前沿技术多、专业交叉深、工程流程繁、试验验证严,使学生融入实战化科研氛围,直面航天工程的困难与挑战(图20-2)。

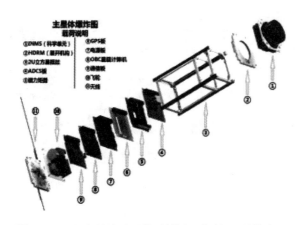

图26-2 立方星涉及通信、计算机、控制、机械等专业

(二)共享高水平学科实验室,提供系统性实践实验条件

将国家级"微小卫星技术及应用国地联合实验室"向学生开放,其设备高精尖、操作复杂、易损坏。创建了学科实验室向教学资源转化的机制,成立专门的大学生创新基地作为实验室与学生间的纽带,建立学生使用管理制度、高性能设备使用保

护接口、操作规范流程等,并配备专门实验员。共享开放价值7 300万元的设备服务卫星系统性实践。

(三)转化高素质科技创新团队,提供多专业交叉指导的教师队伍

转化国家级"微小卫星技术及应用"科技创新团队,解决传统实践教学指导教师专业单一不能满足需要的问题。该团队包含航天、机械、电子、控制等多专业的骨干教师,覆盖立方星涉及的11个专业,项目在每个专业方向指定1~2名团队教师为指导教师,再针对卫星的每部分安排2~3名教师与学生组成研究组共同研制,实现团队多专业教师对学生"多对多"的交叉指导,指导力量得以加强。

(四)依托高层次国际合作平台,加强大学生国际交流的深度和广度

依托国家级"移动平台环境感知与空天应用"国际科技合作基地,参与发起欧盟QB50大学生国际大科学计划并成为亚洲总协调单位,让学生与荷兰代尔夫特理工大学等国际一流大学学生联合开展卫星研制。将出国访学、国际参会等国际交流传统方式提升为卫星联合研制、国际联合测控和创新联合参赛,荷兰、西班牙等国家的8名学生来校参研卫星,并为9国16所大学学生提供实践教学。

(五)构建"互联网+学研"新模式,提供大学生自主求知环境

"互联网+学研"是学生通过网络平台、学生—学生间、学生—教师间多元、交叉、融通的自主求知模式。首先,充分利用精品在线开放课程资源,打造了《航天器控制原理》等3门国家级、省部级精品在线课程,精选33门国内外精品课程构成多专业课程群,为学生在实践中自主求知提供高质量的便捷环境,即用即学。

其次,建立"指导+合作研究"的新型师生共同体(图26-3)。在卫星系统性实践过程中,师生组成联合团队,教师不仅指导学生,而且还与学生设计师分工合作。

图26-3 大学生系统性实践"指导+合作研究"新型师生关系

第三,建立学生与学生"交叉传承"学习的新模式。同年级学生从事不同研究的,相互开展"专业交叉学习";不同年级学生间开展传帮带的"新老传承学习",学生团队结构分明。自2007年组建大学生卫星团队以来,已有10批学生交替传承开展系统性实践。

"互联网+学研"构建了与系统性实践相适应的大学生自主学习和创新研究相结合的新模式(图26-4)。

## 成果二十六
### 创建大学生"系统性实践"模式，培育航天创新人才

| 教师\学生 | 机械方向 | 电气方向 | 总体方向 | …… | 合计 |
|---|---|---|---|---|---|
| 博士生 | 2人 | 3人 | 2人 | …… | 18人 |
| 研三 | 3人 | 2人 | 2人 | …… | 20人 |
| 研二 | 2人 | 3人 | 2人 | …… | 21人 |
| 研一 | 根据导师研究方向和学生兴趣组队 | | | | 23人 |
| 大四 | 以保研学生和优秀本科生为主 | | | | 22人 |
| 大三 | 根据专业方向和学生兴趣全校选拔 | | | | 20人 |

（纵向：不同年级学生新老传承学习；横向：同班级不同专业方向，同学之间交叉学习）

图 26-4 大学生系统性实践学生团队组成结构图

### 二、成果的创新点

**（一）首创大学生"系统性实践"新概念，打造高校实践教学2.0版**

系统性实践是以具有专业特色且能实际应用的实践对象为载体，如卫星、飞行器等，由学生和教师组成联合研究团队，全流程参加复杂系统的设计、研制、测试、试验与实际应用的实践过程。系统性实践能让大学生实际参与解决复杂系统工程问题，综合运用航天、机械、力学、控制、通信和计算机等多专业知识，真实体验实战化科研全过程，切身感受系统性实践过程中攻坚克难的挑战。系统性实践提升了大学生教学实践的前沿性、深刻度与挑战性，为我国高校工科专业创新人才的培养提供新的实践手段。

**（二）创建高水平学科优势资源转化新机制**

建立了将国家长期大规模投入形成的高校高水平学科优势资源转化为教学资源的机制，包括将国家级学科实验室向教学实验室转化、国家级科技创新团队向指导教师队伍转化、国家级国际合作平台向大学生国际交流渠道转化等，从根本上解决了系统性实践的条件需求与现有教学实验条件和指导教师力量不足之间的矛盾，为新时代航天创新人才的培养构建了新的教学实践体系，也为我国高校工科专业创新人才培养提供了新方法。

**（三）构建大学生"互联网+学研"自主求知新模式**

首先，基于互联网海量精品在线开放课程资源，构建系统性实践所需的多专业知识网络课程群，为学生在实践过程中"自主广域"地学习知识提供高质量便捷的环境；其次，建立学生和教师联合研究团队，把师生间传统的"指导"关系转变为"指导+合作研究"的系统性实践新型师生共同体；第三，建立不同专业年级大学生（包括本科生和研究生）之间"专业交叉学习、新老传承学习"的系统性实践学生自主学习新模式。

**（四）开创大学生实践教育国际合作交流新格局**

以国际大科学计划为牵引，以高水平学科优势资源为基础，将出国访学、国际参会等传统合作交流方式提升为与国际一流大学学生卫星联合研制、国际联合测控、

创新联合参赛等,提升了大学生国际合作的深度和广度,增强了学生的国际竞争力,开拓了学生的国际视野。

### 三、成果的推广应用效果

**(一)全面提升了大学生的创新实践能力和综合素质**

1. 大学生创新能力得到充分提升

研制并成功发射了3颗大学生卫星:"翱翔之星"是世界首颗12U立方星并创立国际标准,是我国首颗由大学地面站自主测控的卫星;"翱翔一号"是欧盟QB50国际大科学计划卫星,经国际空间站部署,西北工业大学学生与国际学生联合研制并由多国联合测控。

2. 大学生创新热情强烈激发,成绩令人瞩目

"翱翔系列微小卫星"团队荣获第二届"互联网+"大学生创新创业大赛全国总冠军;"高层灭火精准投送飞行器"团队荣获第三届"互联网+"大学生创新创业大赛银奖,荣获2016年工信部"工信创业奖学金"特等奖、陕西首届研究生创新成果奖特等奖等。

3. 大学生的航天奉献精神得到升华

13年来,为我国航天事业和西部地区输送了360多名高素质创新人才,参加载人航天、探月工程、北斗导航等国家重大航天任务并做出重要贡献。2017年学生团队被授予"全国共青团活力团支部"称号。

**(二)在高校工科创新人才培养中取得很好的推广效果**

1. 系统性实践理念和模式融入大学生创新竞赛,辐射带动作用很强

2015年发起教育部首届全国未来飞行器创新大赛,34所高校4 000余名学生参加,已举办4届,作品1 400余件;2017年发起国际立方星及应用创新大赛,26国的63所大学报名参赛,西北工业大学为永久赛址;2014年发起陕西省立方星设计大赛,已举办4届,11所高校共303队1 200人参加。

2. 系统性实践理念和模式得到国内高校高度认可和广泛交流推广

哈尔滨工业大学、北京航空航天大学、北京理工大学、南京航空航天大学、香港中文大学等30余所高校近千名师生前来访问,交流系统性实践经验模式,共享卫星研制条件;央视《朝闻天下》报道推广了周军教授指导大学生卫星系统性实践的经验。

3. 系统性实践的高水平条件吸引国际著名高校合作交流

德、法、英、荷、比、西等23国高校先后派学生前来参加实验教学、卫星联合研制和创新大赛;奥地利记者团高度评价西北工业大学卫星实践成果并做专题报道,导师黄河受邀赴联合国外太空署介绍大学生卫星实践情况,得到高度重视。

**(三)得到国家和教育部领导、专家的高度赞誉**

刘延东副总理两次参观西北工业大学大学生卫星实践成果,教育部部长陈宝生深入大学生微小卫星创新基地考察,均给予高度赞誉评价;路甬祥、杨利伟等数十位

专家领导来校考察;陕西省、西安市政府已对西北工业大学大学生卫星系统性实践条件加大投入,并大力支持卫星产业化。

（四）产生巨大的社会影响

系统性实践经验和成果获得国内外媒体的广泛深入报道和推广。"翱翔一号"卫星入选"砥砺奋进的五年"国家成就展,美国航天局、欧洲航天局、俄罗斯等已报道"翱翔之星"6次,中央政府、教育部、工信部等官网均对大学生卫星进行报道,中央电视台、陕西电视台、《中国日报》、《科技日报》、《光明日报》等20余家主流媒体报道70余次,人民网、凤凰网、新浪网等数十家门户网站报道300余次。

### 成果二十七

# 面向国家战略与行业需求的公路交通类本科拔尖创新人才培养的探索与实践

（成果编号：2-197）

### ■ 获奖等级
二等

### ■ 完成单位
长安大学

### ■ 主持人
沙爱民，教授，博士生导师，长安大学道路与铁道工程国家重点学科带头人，负责建设了"公路工程系列课程"国家教学团队、"土木工程"国家实验教学示范中心、"路基路面工程"国家精品课程及国家级规划教材和"特殊区域公路工程可持续发展"高等学校学科创新引智基地。研究方向为道路工程材料与结构、环境友好功能路面材料。入选国家万人计划科技创新领军人才，国家"111"引智基地负责人，获得国家科技进步奖二等奖2项（第一完成人）；在高教管理方面，入选交通运输类专业教学指导委员会委员，担任教育部能源与土木建筑水利学部委员。获得国家级教学成果奖二等奖和陕西省教学成果奖特等奖各1项（第一完成人）。

### ■ 团队成员
沙爱民，申爱琴，蒋玮，张洪亮，张驰，陈红，马骉，胡力群，马峰，陈华鑫，秦雯

### ■ 成果简介
我国高速公路总里程已位居世界第一。习近平总书记提出的交通强国战略是实现"中国梦"的重要支撑，"一带一路"倡议为中国交通走出国门提供了良好的机遇。

长安大学交通运输学科是国家重点学科，入选"世界一流"建设学科。成果依托

国家级教学团队、实验教学示范中心等项目,以培养"工程领军、国际视野和现代复合型人才"为目标,不断改进人才培养模式和创新专业实践类型,分别开展了重大工程实践、国际联合实践和专业基地实践模式建设,着力提升学生解决复杂工程问题能力、国际工程适应能力及复合知识运用能力,逐步形成了以学科交叉融合为基础的研究性学习与探究式学习相结合的教学模式,培养了一大批基础理论和工程能力并长、社会责任和国际视野兼具的公路交通拔尖创新人才。

成果提出了面向国家战略和行业需求的公路交通类拔尖创新人才培养的新理念,探索了"项目本位、浸入认知和数字化复合"的实践教学新途径;构建了集系统化—目标化—模块化—现代化—国际化内容于一体的"一体五化"知识体系;形成了适应海外工程公路交通类人才需求的教学内容与方法;在国家教学指导委员会领导下,牵头编制了《道路桥梁与渡河工程专业本科教学质量国家标准》。成果辐射到包括哈尔滨工业大学、同济大学、东南大学等在内的全国百余所院校,对新工科建设背景下的行业特色高校人才培养起到了重要示范作用。

主要解决的教学问题如下:

(1)培养模式单一,难以满足现代交通行业多类型人才的需求。交通类本科人才长期按照单一目标培养,阻碍了学生的多类型、多路径发展,削弱了学生的自主能动性与积极性,难以支撑现代交通行业对工程领军、国际化和复合型各类人才的需求。

(2)实践能力不足,难以胜任重大复杂工程建设的需求。特殊环境、复杂条件和可持续发展背景下的国家重大工程建设,对人才的工程实践能力提出了更高的要求,而在培养过程中缺乏对学生解决工程实际问题能力的训练。

(3)知识体系保守,难以适应行业发展的多元化、交叉性需求。随着高端装备、高新材料以及信息技术等在交通行业的广泛应用,对人才的学科视野拓展和前沿专业知识获取提出了更高的要求,既有的知识体系不能适应现代交通行业发展的需求。

(4)教学过程固化,难以对接人才培养的开放性、国际化需求。受传统教育固定模式的影响,学生缺少国际工程条件及文化环境下的专业教育,缺乏对国际工程建管模式、国际工程标准规范的认知,不能响应交通运输行业走出去与"一带一路"倡议对国际化人才的需求。

■成果总结报告

## 《面向国家战略与行业需求的公路交通类本科拔尖创新人才培养的探索与实践》成果总结报告

### 一、概述

我国高速公路总里程达到13.65万千米,位居世界第一。在党的十九大报告中,习近平总书记提出加快建设交通强国,为公路交通建设发展开启新的篇章。

成果在国家级教学团队、国家级精品课程、国家实验教学示范中心、国家优势特色专业建设等项目的推动下,站在行业与国家战略需求的角度;提出了"工程领军、国际视野、现代复合型"3种路径的拔尖创新人才培养模式,探索了"项目本位、浸入认知和数字化复合"的实践教学新途径,分别开展重大工程实践、国际联合实践和专业基地实践,着力提升学生解决复杂工程问题能力和国际竞争能力;构建了集"系统化—目标化—模块化—现代化—国际化"内容于一体的"一体五化"知识体系;形成了适应海外工程公路交通类人才需求的教学内容与方法;在国家教学指导委员会的领导下,牵头编制了《道路桥梁与渡河工程专业本科教学质量国家标准》,成果辐射到包括哈尔滨工业大学、同济大学等在内的全国百余所院校,对新工科建设背景下的行业特色高校人才培养起到了重要示范作用。

(1)培养模式单一,难以满足现代交通行业多类型人才的需求。交通类本科人才长期按照固定专业模块下的单一目标培养,阻碍了学生的多类型、多路径发展,削弱了学生的自主能动性与积极性,难以支撑现代交通行业对工程领军、国际化和复合型各类人才的需求。

(2)实践能力不足,难以胜任重大复杂工程建设的需求。当今特殊环境、恶劣条件和可持续发展背景下的国家重大工程建设,对人才的工程意识、实践能力提出了更高的要求,而在培养模式和知识体系中缺乏对学生工程意识提升和解决复杂问题能力的训练。

(3)知识体系保守,难以适应行业发展的多元化、交叉性需求。随着高端装备、高新材料以及信息技术等在交通行业的广泛应用,对人才的学科视野拓展和前沿专业知识获取提出了更高的要求,既有的知识体系不能适应现代交通行业发展的需求。

(4)教学过程固化,难以对接人才培养的开放性、国际化需求。受本土传统教育的长期影响,学生缺少专业教育的外语环境,缺乏对国际工程建管模式、国际工程标准规范的认知,难以支撑交通运输行业走出去与"一带一路"倡议对国际化人才的需求。

**二、成果解决教学问题的方法**

(一)加强人才培养顶层设计,构建了培养方案,针对性地创建了"工程领军人才、国际视野人才、现代复合型人才"3种路径的培养模式

(1)依托"港珠澳大桥、杭州湾大桥、终南山隧道"等重大工程中80余位优秀校友的影响与经验,实施校企双导师计划,深度参与工程建设,培养能够担负重大工程建管重任的领军人才。

(2)引进具有海外教育与工程背景的师资,组建国际化教学团队。深度整合教学资源,建设43门双语课程及全英文课程,编制32部教材及教案,强化国际规范与工程管理教学,培养国际视野高级工程人才。

(3) 新建学科多元融合的通识教育课程，设置动态更新的专业选修课程。建设了公路信息技术、交通智能测试技术等36门课程。科研成果渗入课堂，学生依托教师科研项目开展研究性学习，培养具有跨学科、厚基础的现代复合型人才。

（二）针对分类目标，构建了"项目本位、浸入认知和数字化复合"3种实践教学类型

(1) 项目本位实践教学围绕学生解决复杂工程问题、国际项目建管和复合知识能力的要求，建立了以终南山隧道、杭州湾大桥等为依托的9个重大工程实践基地，通过现场工程技术人员的教学讲解与深度参与，全面提升学生探索解决复杂工程问题的能力。

(2) 浸入式实践教学致力于提升学生对海外工程建管模式与环境的适应性，创建了海外毕业设计、全英文授课夏令营等国际联合教学实践模式。通过对国外工程建设、规划、管理、决策等过程的浸入认知，提升学生对海外工程建设管理模式与环境的适应性。

(3) 数字化复合实践教学采用外业测设与内业仿真相结合的工程设计训练模式，建设了以略阳工程地质实习基地、太白山道路交通实习基地、交通虚拟仿真实训基地等为代表的11个专业实践基地，实现外业与内业相结合的工程设计与数字化仿真模型多阶段实践，提升学生大专业背景下的综合工程意识和实践能力。

（三）优化知识构成，建立了适应现代交通发展需求的"一体五化"拔尖创新人才培养知识体系

构建了贯通现代交通管理、基础设施建设、信息技术应用等内容的系统化理论知识体系（系统化）；新建了以提升解决重大工程问题、拓展国际视野和强化现代复合工程能力为目标的专业实践知识体系（目标化）；根据交通类2个专业方向的特点，设置模块化知识结构（模块化）；打破了传统专业知识的壁垒，拓展现代信息、绿色建造、智能装配等现代化知识内容（现代化）；增设了海外工程所需的相关专业课，采用全外文授课方式，填补了国际化人才培养的专业知识缺口（国际化）。实现了集系统化—目标化—模块化—现代化—国际化"一体五化"知识体系的有机衔接与统一。

以"路基工程""路面工程""道路建筑材料""道路勘测设计"4门课程为试点，进行教学方法和教学内容的改革，主要进行了以下工作：

(1) 改变传统的"填鸭式"教学方法，大力开展讨论式、研究式、参与式教学。一方面将教师课堂讲授的学时压缩，将更多的时间和部分非关键内容留给学生，用于课堂讨论、学生自主讲述。

(2) 加重对学生的查阅文献、思考以及综合运用知识能力的考核，作业以大型的设计类题目或探讨类题目为主。

(3) 增大实习和实验的比重，补充并丰富了大型开放性试验，增大了毕业设计、实习和实验的课时。采用学生内业设计，分小组汇报设计成果并择优选择外业调研

方案的模式,应用高精度 GPS、无人机和倾斜摄影测量等技术增强实习效果,对接现代交通技术发展。

(4)通过开放试验平台、建立各类创新创业师生微信群、虚拟仿真实验网站等多种途径,打破了学生与专业课教师沟通的壁垒,积极鼓励学生参加大学生创新创业训练计划、学科竞赛。

(四)开放教学过程,围绕行业国际化人才培养需求,开展形式多样的国际化教学活动

分别针对交通工程和道路桥梁与渡河工程 2 个专业方向开设了国际班。围绕行业的国际化人才需求,新建了培养方案,新增了外资贷款项目建设管理、欧美设计规范释义、国际工程案例讲座等特色课程。以队伍建设为核心,培养目标与时俱进;坚持每 2 年定期研讨修订培养方案,推进教学内容更新;以课程组为单位组建教学团队,进行课程负责人制,鼓励有条件的课程开展小班制、讨论课等手段;组建包含国内外学者的双语教学团队,建设"全英文授课+专题讲座+海外交流"的教学模式,支撑学生专业视野拓宽和国际前沿知识的掌握;创新优化了开放式课堂教学模式,提出课堂学时的 1/3 用于学生讨论,针对专业核心课程建设增加了开放性、设计型的大型实验内容,增强学生对实际工程问题的理解能力,提升工程意识。

### 三、成果的创新点

(一)提出了通过"工程领军、国际视野、现代复合型"3 种路径培养公路交通类拔尖创新人才的新理念,探索了"项目本位、浸入认知和数字化复合"的实践教学新途径

构建交通类"工程领军、国际视野、现代复合型"3 种路径的拔尖创新人才培养模式,组建了具有重大工程、海外工程及交叉学科背景的师资队伍,采用了国际联合毕业设计、工程浸入式、情景式等教学方法,提出了针对 2 个专业方向的 3 种实践教学类型。3 种培养模式和对应的实践教学类型提升了人才培养与国家、行业需求的契合度,更加突出学生的工程创新能力、国际视野培养,实现人才培养从单一定位向多元化转变。

(二)建立了集"系统化—目标化—模块化—现代化—国际化"于一体的公路交通类拔尖创新人才"一体五化"的专业知识体系

提出人才复杂工程问题解决能力、国际化视野和现代复合工程能力的构成要素,并通过增加专业选修课、前沿课及国际化内容等途径,打通各能力要素目标的实现路径,构建系统化—目标化—模块化—现代化—国际化"一体五化"知识体系。

构建了贯通现代交通管理、基础设施建设、信息技术应用等内容的系统化理论知识体系;新建了以提升解决重大工程问题、拓展国际视野和强化现代复合工程能力为目标的专业实践知识体系;根据专业方向特点,设置模块化知识结构;打破了传统专业知识的壁垒,拓展现代信息、绿色建造、智能装配等现代化知识内容;增设了海外工程所需的相关专业课,采用全外文授课方式,填补了国际化人才培养的专业

知识缺口。

（三）形成了适应海外工程建设与管理需求的公路交通类本科人才培养的教学内容与方法

针对交通工程和道路桥梁与渡河工程两个专业方向开设国际班。借鉴国外30余所交通土木类一流院校的经验，围绕行业的国际化人才需求，新建了培养方案，成体系地建设了双语课、全英文课程和教材、教案，使得所培养的学生在对外交流、知识宽度、国际标准规范掌握能力等方面具有卓越的国际市场竞争力，能够适应海外工程建设、规划、管理、决策的要求。

**四、成果的推广应用效果**

成果经过5年来在校内6个学院12个专业中的实践，在校外具有同类专业的院校推广应用，实现了公路交通类本科人才培养与国家战略需求的紧密对接，受到校内外特别是行业内的一致好评。

（一）人才培养类型多样，适应了行业发展需求，为公路交通行业输送了大量优质人才

近5年来，按照"工程领军、国际视野、现代复合型"3种模式培养本科生达2 612名，其中从事海外工程项目的728名。毕业生一次性就业率达95%以上，国际工程方向培养的5届毕业生就业率为100%。学生的评教满意率从2012年的85.5分提高至2015年的93.7分并持续稳定。近3年来，近50%的本科生参加各类创新创业训练计划、挑战杯、课外科技竞赛等155项，获得国家级竞赛奖励54项。培养了以"港珠澳大桥"副总工程师景强，"一带一路"沿线重点国际工程"东西高速"设计项目负责人张博等为代表的一批优秀拔尖人才，其中大部分人在工作5年后已成长为技术管理骨干，获得了交通运输公路科学研究院、中国交通建设集团、杭州湾大桥建设管理局等用人单位的一致好评。

（二）取得一批在全国推广和共享的标志性成果

建设了国家级精品资源共享课程、双语教学示范课程3门，国家级规划教材4部。建成了土木工程国家级实验教学示范中心、道路与桥梁国家级大学生校外实践基地和校外实践教育基地，省级人才培养模式创新实验区2个，获得卓越工程师计划专业2个、专业综合改革试点专业3个。

形成了包括省级教学名师的公路工程系列课程国家级教学团队，道路工程材料、交通工程省级教学团队群，教师在国家、省级教学竞赛中获奖6人次。

（三）辐射示范作用明显

在《高等建筑教育》《大学教育》等期刊上发表相关教育教学研究论文20余篇。在高等学校道路工程、桥梁工程、道路勘测设计等教学研讨会，方福森教授教育思想研讨会，国家教学指导委员会年会等做主题报告20余次。国家级精品资源共享课程、双语示范课及配套教案、视频素材均在线开放，4部国家级教材累计发行近40万册，被哈尔滨工业大学、同济大学等百余所院校采用，涵盖公路交通行业国内全部高

校。通过承办全国高等学校道路工程专业建设研讨会暨《路基路面工程》《道路建筑材料》教学研讨会和教材建设会(2013年)、第五届全国《桥梁工程》教学研讨会(2016年)和首届全国《道路勘测设计》教学研讨会(2017年)等,吸引了包括同济大学、东南大学、哈尔滨工业大学等百余所高校参会,搭建交通类专业相关课程的教学理念、教学方法、教学经验的交流平台,推动交通类专业建设及教学研究。近30余所院校到长安大学调研人才培养模式,推动相关高校的专业建设。

在国家教学指导委员会的领导下,牵头编制了《道路桥梁与渡河工程专业本科教学质量国家标准》,将人才培养知识体系和培养模式等理念融入其中,推动了交通类本科人才培养的标准化建设,扩大了成果的影响和应用范围。

## 成果二十八

# 面向纺织行业转型升级,"一强化三突出五融合"实践育人体系的构建与实施

(成果编号:2-202)

### ■获奖等级
二等

### ■完成单位
西安工程大学

### ■主持人
刘江南,男,工学博士,二级教授,博士生导师。现任西安工程大学党委书记、西安市政协委员、中国纺织工业联合会特邀副会长、陕西省金属学会副理事长、陕西省材料研究学会副理事长等。研究方向为耐热合金及金属功能材料的基础与应用研究等,主持和参与国家及省部级科研项目20余项,发表学术论文50余篇,30余篇被SCI和EI收录。先后获得部级优秀教师、陕西省教书育人先进个人、陕西省有突出贡献专家、陕西省"先进工作者"、陕西省"全心全意依靠教职工办学的优秀党政领导干部"、中国纺织行业年度创新人物等荣誉称号。曾获得国家级教学成果奖二等奖2项,省部级科技进步奖二等奖3项、三等奖1项,陕西省教学成果奖特等奖2项、一等奖3项、二等奖2项等。

### ■团队成员
刘江南,黄新波,万明,王进富,赵小惠,郭嫣,吕钊,王进美,刘静

### ■成果简介
西安工程大学是一所以纺织服装为行业背景的高校。从20世纪90年代起,纺织行业先后经历了限产压锭、减量增效等一系列重大变革,倒逼行业从劳动密集型向技术密集型、资本密集型和人才密集型转型,并在科技、绿色、智能、品质、特色和

管理等六大方面加快升级。多年来,学校一直围绕着行业转型升级对人才提出的全新要求,积极探索,持续开展教育教学改革。

从1998年起,本成果以"纺织工程专业人才培养模式及教学内容改革与实践"等27项省部级教育教学研究课题为依托,梳理出转型升级对人才的新要求,发挥学校纺织服装相关专业齐全的优势,按照"深化融合意识、突出能力培养、推进协同育人"的思路。到2012年,形成了面向纺织行业转型升级的独具特色的"一强化三突出五融合"的实践育人体系。"一强化",就是强化"能力导向"的实践育人理念并将其贯穿于人才培养全过程;"三突出",就是围绕行业转型突出认知能力、应用能力和创新能力的培养;"五融合",就是学科产业融合、艺工融合、学科交叉融合、产教融合、科教融合多维协同育人。该体系经过多年的贯彻实践,突出地将学校人才培养与行业需求对接,动态优化培养体系;将实践教学拓展到工厂的实际生产和持续创新中,构建校企地协同育人长效机制,取得了丰硕成果,对转型升级的纺织行业人才培养起到了积极的作用。

■ 成果总结报告

## 《面向纺织行业转型升级,"一强化三突出五融合"实践育人体系的构建与实施》成果总结报告

### 一、成果的背景

纺织工业是我国的传统支柱产业和重要民生产业,体现科技和时尚的融合,并为实现"美衣美居"中国梦提供重要支撑。自20世纪90年代以来,纺织行业从计划经济走向市场经济,从劳动密集型走向技术、资本和人才密集型,经历着科技、绿色、智能、品质、特色和管理等六大方面的转型升级,逐步实现从"纺织大国"向"纺织强国"的战略转变。

随着纺织行业转型升级的步伐越来越快、力度越来越大,行业企业对人才的实践能力和创新能力提出了全新的要求,单纯依靠高校难以完成这些能力的培养,需要通过"政产学研用"多维体系来实现。学校依托"纺织工程专业人才培养模式及教学内容改革与实践""创建学科群对接纺织产业集群协同平台,提高人才创新能力"等27项省部级及以上课题,持续开展研究、改革与实践,构建了面向纺织行业转型升级的"一强化三突出五融合"实践育人体系。按照"深化融合意识、突出能力培养、推进协同育人"的思路,将"能力导向"实践育人理念贯穿于人才培养全过程;通过梳理纺织行业人才实践能力的新要求,围绕行业转型突出认知能力、应用能力和创新能力的培养("三突出");搭建学科产业融合、艺工融合、学科交叉融合、产教融合、科教融合("五融合")的多维协同育人环境,解决了人才培养不能很好适应行业转型升级的问题。实践表明,该体系明显提升了纺织行业人才培养质量,并对行业

院校起到了示范引领作用。

**二、成果解决教学问题的方法**

1. 缺乏与纺织行业转型升级相适应的实践育人理念

行业转型升级对行业高校人才培养提出了新要求，而高校实践育人的顶层设计尤其是理念滞后，人才培养的主体（高校）与科技创新的主体（企业）之间缺乏深度融合，学校人才培养与企业需求脱节。

2. 实践育人模式与纺织行业转型升级不匹配

高校没有及时梳理行业企业对人才能力的新需求，调整实践育人模式，仍沿用传统的实践平台和课程体系，致使培养的学生综合实践能力不佳、创新意识和创新能力不足，难以满足行业和社会的需求。

3. 高校实践教学资源不能满足转型升级人才培养要求

产品设计、生产、管理更新周期加快，给人才培养的供给侧结构性改革提出了新要求，而高校实践教学资源更新速度滞后于企业且数量不足；中西部纺织产业持续向长三角、珠三角等经济发达区域转移，致使基地匮乏，学生到企业实践受限；高校缺乏建在企业的实践基地，学生企业实景训练受限，致使高校实践教学资源明显不足。

4. 缺乏校企协同实践育人的长效机制

纺织产业集群化程度高、民营化最彻底，极易受政治、经济和市场的影响，企业生存压力往往很大。由于缺乏校企协同育人的长效机制，企业未能在合作中明显受益，协同育人的积极性不高、分工不明确，责权利无法落实到位，校企协同实践育人呈现"校热企冷"。

**三、成果的主要内容**

以问题为导向，采取"凝练理念—设计模式—搭建平台—完善机制"的思路和方法开展探索和实践。

（一）凝练"能力导向"的实践育人理念

纺织行业转型升级要求学生不仅要具备纺织全产业链的认知能力，又要具备纤维新材料研发、纺织品与服装设计、装备制造、智能化设备等领域较强的应用能力和创新能力。通过修订培养方案、构建实践课程体系、设计实践教学环节、搭建实践育人平台等，形成了面向全产业链强化"能力导向"的实践育人理念（图28-1）。

（二）构建"三突出五融合"的实践育人模式

按照"深化融合意识、强化能力导向、突出能力培养"的思路，构建了"三突出五融合"的实践育人模式（图28-2）。

1. 梳理转型升级对人才实践能力的要求，突出认知能力、应用能力和创新能力

认知能力培养"厚基础，宽口径"，设置《专业导论》《纺织服装概论》等系列课程，提升学生对全产业链的认知，依托校内平台培养学生的工程素养和基本技能。应用能力培养"重应用，强实践"，设置《专业综合实践》《创业实践》等实践环节，到

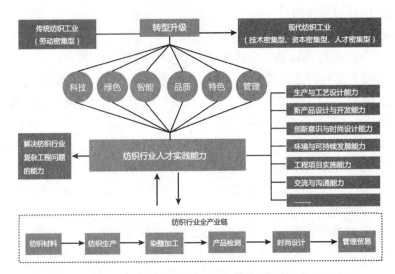

图 28-1　面向全产业链强化"能力导向"的实践育人理念

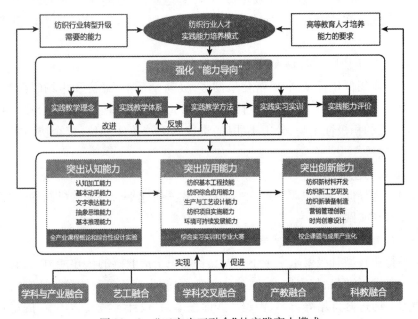

图 28-2　"三突出五融合"的实践育人模式

企业进行生产和毕业实习,实施了"3+1"育人模式。创新能力培养"推融合、促创新",依托科技小组、学科竞赛、创客空间、产学研协同研究院、西安环大学创意产业带和大学生时尚文化创意设计中心等,将创新项目嵌入实践教学,培养学生解决行业复杂工程问题的能力、创新能力和创业意识。该模式继承了学校百年办学传统,丰富了"实业报国、负重奋进"的内涵。

2. 打造"五融合"育人环境

整合资源、理顺机制是保障人才培养的重要基础,通过"五融合"实现各类资源互融互通,从而为实践育人服务。在实践能力的培养过程中,工程技术人才兼顾科学思维和人文与科学素养的培养,艺术设计人才得到工程能力的培养,在专业课程设置、师资配备和实践平台上充分融通,实现艺工融合;特色学科群对接产业集群协同创新,把协同育人研究院建在纺织行业集群所在地的龙头企业,实现学科产业融合;面向纺织行业,注重纺织、轻化、服装、控制、管理等学科交叉的综合训练,实现了学科交叉融合;校企共同修订培养方案、搭建实践平台,实现产教融合;科研成果融入教学,学生参与课题,实现科教融合。

(三)搭建多维协同育人实践平台

学校深化"融合意识",积极整合多方资源,搭建了多维协同育人实践平台(图28-3)。校内平台依托127个基础、专业实验室和工程训练中心等,培养学生的基本实验技能和专业技能。校企平台基于校企"5+X"协同育人理念("5"是指纺织工程、纺织机械、纺织信息控制、服装工程、纺织管理等五大特色学科群,"X"是指对接产业集群龙头企业建立的多层次、系列化平台),与行业龙头如山东如意集团等建成17个协同研究院和65个实践基地等,培养学生的工程意识和能力。校地平台和公共平台依托西安环大学创意产业带及陕西省产业用纺织品协同创新中心、国家级"西咸纺织服装创新园"等,培养学生的创新意识和能力。

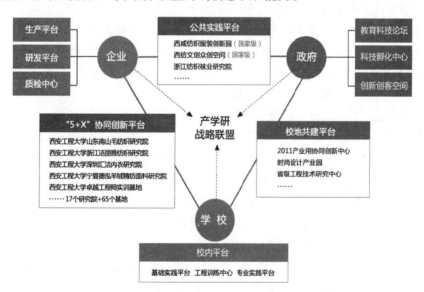

图28-3 "政产学研用"多维协同育人实践平台

(四)完善校企协同实践育人的长效机制

从动力、路径、制度三方面构建和完善校企协同育人长效机制(图28-4)。动力机制方面,学校积极建立对接企业人才需求、企业技术难题、技术人员培训与科技攻关等制度,使企业在协同中受益。企业解决学校实践资源、就业渠道、师资培训等问题,实现校企双赢,学校人才培养质量与企业竞争力得到提升。路径机制方面,一是成立国内合作与校友工作处,发挥校友的积极作用;二是成立科技成果转化中心,促进学校科研成果转化成企业产品;三是将研究院建在产业集群地企业,逐步形成"人才共用、责任共担、过程共管、成果共享"的校企深度合作共赢模式。管理机制方面,出台了《关于推进"5+X"产学研协同育人研究院建设的实施意见》等12个系列文件,与企业和地方政府等签署产学研战略合作协议,从制度上规范和约束校企协同育人。

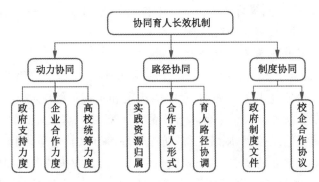

图28-4 校企协同实践育人的长效机制

### 四、成果的创新点

**(一)凝练了覆盖全产业链的"能力导向"实践育人新理念**

梳理了纺织行业转型升级和社会对人才实践能力的要求变化,率先提出了覆盖纺织全产业链的"能力导向"实践育人理念,有效地对接了行业转型升级的人才需求,强化了其在人才培养方案修订、课程体系设置、实践环节、平台建设、质量评价和持续改进中的指导作用,促进了校企地协同育人。

**(二)构建了"三突出五融合"实践育人模式**

构建了"三突出五融合"实践育人模式,全过程强化"能力导向"实践育人理念,突出了纺织行业转型对人才认知能力、应用能力、创新能力等3个方面15种能力的培养;深化实践育人全过程的"融合意识",推进了学科产业融合、艺工融合、学科交叉融合、产教融合、科教融合。该模式满足了行业转型升级对人才全产业链认知和创新能力的要求,继承了学校"实业报国、负重奋进"的百年办学传统。

**(三)搭建了多维立体化协同实践教学平台**

深化人才培养全过程的"融合意识",整合多方资源,充分发挥政府、企业、高校的优势,创新性地将"5+X"研究院建在产业集群中的龙头企业,实现了人才培养、科技创新、成果转化和观念文化互动四大功能;基于多维协同育人平台,制定学生"三突出"能力的个性化培养方案,建立"设计、运行、评价"的培养过程动态调整机制,充分发挥平台在人才培养的产业实景实训优势,解决了实践能力培养与企业需求脱节的问题,实现了本科生、研究生、青年教师、企业创新人才培养的联动效应。

**(四)建立了校企协同育人的长效机制**

从动力、路径和制度3个方面构建并完善了学校、企业、政府协同育人的长效机制,激发协同育人的积极性,有效地解决了"校热企冷"的问题。动力机制保障了校企地协同育人多赢，提高了各主体参与的积极性；路径机制提供了3种措施和方法，保证协同育人的实施；管理机制从制度上保障和规范了校企地协同育人。

**五、成果的推广应用效果**

项目实施以来，先后承担省部级及以上课题20余项，取得了丰硕的成果，受益学生3万余人。

（一）学生实践能力和综合素质得到全面提升

一是创新能力和时尚设计能力得到提高。依托该体系学校重点打造了"一院一品牌、一院一特色"的社会实践和系列学科竞赛，行业领军企业依托西安工程大学设立了面向全行业的5个大竞赛赛项，如溢达创意设计大赛、中国袜业设计大赛等。学生参与学科竞赛的覆盖面从2012年的5.1%提升到2017年的34.9%。近5年，依托各类平台获得中国高校纺织品设计等省部级及以上大赛奖项2 000余人次，占学科竞赛的83%。2017年杨楠同学获得团中央、全国学联大学生创业英雄100强。

二是解决纺织行业工程问题的能力得到提升。连续多届60%的学生参与教师科研课题，累计解决企业技术难题930余项；设计成果被企业采纳率或参考率达70%左右，大部分进行了商业化生产。

三是就业质量不断提高。根据麦可思《西安工程大学毕业生培养质量评价报告》，用人单位对学校毕业生实践能力满意度为76%；毕业生具备特点的前3项是踏实肯干、实践能力强、有创新意识。毕业生很好地适应了行业的转型升级变化。

四是培养了大批行业精英和企业骨干。如中国服装界最高奖项"金顶"奖获得者梁子和刘薇、国际毛纺组织总干事潘宁、国际纺织企业家邱亚夫等一批国际纺织服装界的领军人物和行业精英。

（二）教育教学改革成效显著

一是形成了教育教学改革系列成果。开展省部级教学改革系列研究项目27项；获得省部级教学成果奖15项，其中特等奖2项；在《中国高等教育》等期刊上发表教改论文32篇，其中论文《产学研协同创新机制研究》被引136次；出版教材35部，其中国家级规划教材2部（《纺织材料学》已再版4次），省部级优秀教材8部，相关教材在40余所高校推广使用。

二是建设了一批围绕纺织全产业链的特色专业。新增4个国家级特色专业、2个国家专业综合改革试点专业、5个国家级"卓越工程师教育培育计划"试点专业、11个省级"一流专业"。

（三）多维协同育人实践平台建设与运行成效显著

一是建设了具有先进水平的校内、校企、校地实践平台。建成了12个实验教学示范中心、工程训练中心等校内平台。与山东南山集团等行业龙头企业建成17个产学研协同研究院和65个实践基地等校企平台，建成产业用纺织品协同创新中心等10个校地平台、国家级西咸纺织服装创新园等8个公共平台，领衔建立了5个国家级纺织产业战略联盟。

二是提升了实践教学师资水平。聘任企业兼职教师380多人,选派青年教师赴企业实践锻炼650多人。

三是产生了突出的协同实践育人效果。平台年均接待学生实践万余人次,累计培训企业技术人员万余人次,联合申报省部级及以上科技成果110余项。学校被评为"省大学生创新能力培养综合试点学校""陕西服装行业校企合作产学研先进单位"。

(四)产生了良好的社会反响和示范效应

一是在行业和区域经济发展中得到充分认可。与浙江省、福建省等产业集群地政府建立协同创新平台,得到了中国纺织工业联合会、企业和政府的肯定,2012年杜钰洲会长带领产业集群地浙江省海宁市政府及60余位企业家来西安工程大学进行政产学研对接。

二是在国家和行业主流媒体引发广泛关注。中央电视台、《中国纺织报》、《人民日报(海外版)》、全球纺织网等媒体对成果进行了跟踪报道。2015年6月22日中央电视台专题报道了西安工程大学校企协同育人的经验。

三是在行业高校产生了示范效应。实践育人改革得到了行业高校的广泛认可,东华大学、武汉纺织大学等行业院校先后有120余人来西安工程大学学习交流。2015年,课题负责人受邀在中国纺织高校年会上做了《特色学科群对接纺织产业集群提升人才创新能力》的专题报告。

## 成果二十九

# 适应行业转型升级的轻工类专业"323"人才培养模式构建与实践

(成果编号:2-203)

### ■获奖等级
二等

### ■完成单位
陕西科技大学

### ■主持人
马建中,男,汉族,中共党员,二级教授,博士生导师,陕西科技大学校长。2001年被陕西省教育厅、人事厅授予"陕西省优秀留学回国人员"称号;2005年获得教育部新世纪优秀人才支持计划;2007年被陕西省政府授予"陕西省先进工作者"荣誉称号;2008年被陕西省教育厅授予"陕西省教学名师"荣誉称号;2012年及2016年分别被中国轻工业联合会授予中国轻工业联合会"十一五"及"十二五"科技创新先进个人;2013年和2018年分别被中国皮革协会授予"皮革行业杰出贡献奖"及"皮革行业功勋人物"荣誉称号;2016年获得何梁何利基金产业创新奖。近年来,以第一完成人获得国家技术发明奖二等奖1项、国家科技进步奖二等奖1项、省部级科技奖一等奖3项、陕西省教学成果奖特等奖1项。

### ■团队成员
马建中,王学川,弓太生,鲍艳,蒲永平,张辉,张素风,吕斌,强涛涛,陈李斌,吴鲁阳

### ■成果简介
陕西科技大学(原北京轻工业学院、西北轻工业学院)是新中国成立后建设的第一所轻工类重点高校,坚持为轻工业发展服务一直是学校的办学特色。面对轻工行

业转型升级的严峻挑战,为解决轻工类专业人才培养中存在的类型及模式单一、社会资源参与不足、缺乏人才分类培养的政策支持与制度保障等问题,陕西科技大学一直坚持以因人施教、因需施教为理念,在完成"轻化工程国家级专业综合改革试点"等9项教育部质量工程项目和6项省级教学改革研究项目的基础上,结合承担的国家重点研发计划等系列项目,历经20年改革与实践,形成了轻工类专业的"323"人才培养模式。

"323"人才培养模式的内涵是,面向轻工行业需求,构建以科研能力、工程能力及综合能力培养为核心的"3"类教学体系,运用校内和社会"2"方面资源,统筹推进课程体系、教学内容、师资队伍、平台基地等资源的优化和配置,完善教学管理机制,保障学术型、工程型及复合型"3"类人才的培养质量。

通过"323"人才培养模式的实施,陕西科技大学轻工类专业的人才分类培养成效显著。学生就业率多年稳定在95%以上。在第四轮学科评估中,陕西科技大学轻工技术与工程学科获得了全国并列第三的佳绩。

### ■成果总结报告

## 《适应行业转型升级的轻工类专业"323"人才培养模式构建与实践》成果总结报告

### 一、成果的背景

高新技术强国,轻工产业富民!我国轻工行业在国民生产总值中占31.0%,其中皮革、造纸等在轻工行业生产总值中占32.3%。轻工行业的发展不仅极大地丰富了国内市场,而且还是我国在全球经济一体化时代参与国际竞争与合作的重要力量。我国轻工产品的1/4出口到全球200多个国家和地区,占国际市场份额的50%以上,100多种产品的产量居世界第一,2017年轻工行业实现贸易顺差是全国贸易顺差的1.03倍。然而,随着社会经济的快速发展,我国轻工行业面临多元化发展与转型升级的严峻挑战,轻工行业逐步向企业规模化、技术高新化、上下游一体化、管理现代化模式发展。

陕西科技大学(原北京轻工业学院、西北轻工业学院)是新中国成立后建设的第一所轻工类重点高校,也是陕西省人民政府与中国轻工业联合会、中国轻工集团公司共同建设的重点高校。轻工类专业是建校初设立的特色专业,在60年的发展中一直保持着突出的办学特色。然而,面对轻工行业多元化发展与转型升级的严峻挑战,传统的轻工类人才培养存在着以下几个方面的问题:

(1)人才培养类型及模式单一。科研院所需要学生具有较强的科研能力,生产企业需要学生具备到岗后能尽快解决实际问题的能力,行业转型升级更需要素质复合型人才。但在传统人才培养模式下,所有学生只按一种方案、一个模式进行培养,无法满足行业发展对多样性人才的需求。

（2）社会资源作用发挥不充分。在传统的人才培养模式下,学校与社会合作育人的深度和广度不足,从教学内容更新、教材及课程建设到教师能力提升等方面,社会资源未得到充分利用,教学资源建设不能与学科及产业发展同频共振,教学体系不能适应人才分类培养模式的变革,导致育人效果与行业需求存在着差距。

（3）教学管理体制与人才的分类培养不匹配。传统的教学管理体制对人才分类培养缺乏有效的政策支持与制度保障,未形成激发原动力的育人机制,不能充分体现"以人为本、人人成才"的教育理念,不符合人才成长规律,学生的自主选择权和自由发展空间受到约束。

为适应行业转型升级、解决轻工类专业人才培养中存在的上述问题,陕西科技大学以因人施教、因需施教为理念,在完成"轻化工程国家级专业综合改革试点"等9项教育部质量工程项目和6项省级教学改革研究项目的基础上,结合承担国家重点研发计划等系列项目,历经20年改革与实践,形成了轻工类专业的"323"人才培养模式。

**二、成果的主要内容**

"323"人才培养模式的内涵是,面向轻工行业需求,构建以科研能力、工程能力及综合能力培养为核心的"3"类教学体系,运用校内和社会"2"方面资源,统筹推进课程体系、教学内容、师资队伍、平台基地等资源的优化和配置,完善教学管理机制,保障学术型、工程型及复合型"3"类人才的培养质量。在实施过程中采取的具体方法主要有以下几种。

**（一）改革人才培养模式,实施分类培养**

根据行业转型升级和学生自主发展的需求,按照学术型、工程型及复合型3种类型,分别制定人才培养方案并构建相应的教学体系。

大学第一年,全体学生强化通识教育,夯实学科基础,然后按照自主选择与考核选拔相结合的办法分流。自大学第二年起,针对20%的学生,增加化学类基础课程72学时,科研思维和方法训练类课程6门,以具有海外留学背景及承担国家级项目的教师讲授主干课程,并举办学科前沿讲座每年40余次,实施本硕博一体化和导师指导组培养,让学生参与实际科研项目和大学生创新创业训练计划等学科竞赛,形成以"学术导师+3年科研实践+学科前沿报告+学科竞赛"为抓手的学术型人才培养方式;针对40%的学生,推行校企联合协同培养,新增《纸制品方案设计》《质量管理》等校企共建课程21门,以工程实践背景强的教师领衔讲授主干课程,邀请企业技术骨干每年开展技术讲座60余次,来校指导实践180学时,推行"校内+企业"的双导师制,实施累计1年的企业实践,形成以"校企共建课程+校企双导师+专业技术讲座+1年企业实践"为抓手的工程型人才培养方式;针对其余40%的学生,新增上下游产业相关的专业及《企业管理》《市场营销》等管理类课程,以具有学科交叉背景的教师领衔讲授主干课程,聘请管理、营销、物联网、人文等专家每年开设素质报告 80 余次,实施二年级社会实践,二、三年级企业实践、开放设计性实验,四年级科研实践,形成以"拓展专业外延+学科交叉报告+分阶段综合实践"为抓手的复合型人才培养方式。

### (二)融合学校—社会资源,推进协同育人

依托丰富的校友资源和良好的学科声誉,将社会力量参与育人过程的内容列入人才培养方案,推进教学资源的分类配置、教学内容的持续更新和教师队伍的内外融合,实现学校与社会协同育人。

建成 3 类教师校外实践培训与学生实习实践基地共计 63 个。其中,金东纸业—陕西科技大学功能纸研发中心等学术型人才实习基地 12 个,顺丰控股—陕西科技大学绿色包装实践基地等工程型人才实习基地 35 个,兴业股份—陕西科技大学清洁制革等复合型人才实习基地 16 个。同时,面向全体学生建成国家级轻化工程实验教学示范中心、教育部轻化工助剂化学与技术重点实验室等 16 个实践平台。

每年有计划选派 20 余人次教师分别到德国拜耳公司(Bayer)、美国加州大学(UC)、加拿大哥伦比亚大学(UBC)等开展工程实践、国内外访学、教育教学培训,提升师资队伍理论和实践教学能力。另外,广泛邀请国内外高水平专家开展学科前沿讲座每年 40 余次;聘请企业技术骨干做技术报告每年 60 余次,共同指导毕业设计(论文)60 余人次,工艺实验教学 180 学时;邀请人文、管理、营销、物联网等领域专家做素质报告 80 余次。开设《纸制品方案设计》等校企共建课程 21 门;通过"学生教师送出去、名师专家请进来"的形式提升教师队伍整体水平,丰富课堂教学内容。

### (三)完善教学管理体制,保障育人效果

制订专业分流管理办法及拔尖人才选拔、卓越班选拔实施细则等,通过自主选择与考核选拔,实现学生的自主分流。出台退出补位制度,为学生重新确定发展方向提供可能。设立学业班主任、名师讲堂、校友讲坛等,帮助学生合理定位。

教师国外访学、教师工程实践、企业导师聘任等管理制度的实施,有力地推动了适应分类培养的师资队伍建设;设立拔尖人才、卓越计划等专项经费,为分类培养提供资金保障;用人单位回访、专家参与培养方案的制定、校企共建平台基地等措施,促进教学内容的及时更新,更好地发挥社会资源的作用。

设立教学质量监控办公室和教学督导组,出台校、院、系三级听课制度及教学质量学生评价制度,形成了教师互评、督导评教和学生评教的多维教学评价体系;学生自主选择分流方向及退出补位制度的实施,倒逼教学主体不断改进教学方法,提高教学质量。

## 三、成果的创新点

### (一)形成了"社会需求—教学体系—资源配置"协同联动的"323"人才培养闭环模式

适应学生多元化发展及行业对人才多元化的需求,构建以科研能力、工程能力及综合能力培养为核心的"3"类教学体系,融合拓展学校和社会"2"方面资源,实施

学术型、工程型及复合型"3"类人才培养。三者相辅相成,形成相互支撑、相互促进的闭环模式,有效地解决了长期以来学校人才培养中存在的关注社会需求不够、人才培养模式单一等问题。

(二)构建了内外融合的适应人才分类培养的教学资源

围绕3类人才培养目标,充分利用以国家级实验教学示范中心、国家级教学团队为代表的校内优质资源,发挥国内外知名研究机构与合作单位的优势,分别打造学术型、工程型和复合型的师资队伍,共建教学实践基地63个,建成国家级、省级精品课程19门和以国家级规划教材为代表的专业教材50部,形成了保障3类人才培养的优质教学资源。

(三)形成了"外界压力—内生动力—持续改进"的管理运行机制

为适应人才分类培养需要,创建了"激发原动力+条件保障+质量监控"的教学管理体制,形成了"外界压力—内生动力—持续改进"的管理运行机制,使改革不断深化和自我完善。立足学生发展需求,出台自主选择与考核选拔相结合的分流制度,使学生由被动接受转为主动选择;教学质量监控体系的设立及运行,促使施教方由被动改革转为主动变革;学生自主发展的需求及质量监控所产生的优胜劣汰,倒逼教学主体不断改进教学方法,提高教学质量。

**四、成果的推广应用效果**

(一)主要成效

1. 人才培养成效显著

作为国内培养规模最大、覆盖面最广的轻工院校之一,20年来培养了万余名轻工类毕业生。培养的学生具有能力显著提升、供需契合度高、成功成才率高等特点,学生及用人单位均比较满意。

学生能力显著提升。近10年来,轻工类专业学生在"互联网+""挑战杯"等竞赛中获得各类奖励104项,获批大学生创新创业计划项目50余项,发表学术论文近2000篇,获批国家发明专利500余项。2017年,陕西科技大学在中国高等教育学会发布的《中国高校创新人才培养暨学科竞赛评估结果》中排名第128位。

人才培养供需契合度高。学术型学生考研及留学比例达70%以上,工程型学生进入生产一线工作的比例达90%以上,复合型学生80%左右进入轻工行业,从事管理、营销、贸易、技术等工作。学生就业率多年均稳定在95%以上。

毕业生成功成才率高。中国皮革工业协会历任理事长、中国皮革制鞋研究院有限公司70%的中层以上管理人员、国内皮革企业60%以上的技术骨干及主管均为陕西科技大学毕业生(源自德国巴斯夫公司内部行业调查报告)。

学生及用人单位满意度高。在2017年《麦可思就业质量评估报告》中,陕西科技大学轻工类专业学生的就业现状满意为75%,专业教学满意度为94%;用人单位对学生的满意度为97%。

"323"培养模式提高了人才培养质量,推动了学科进步。在第四轮学科评估中,陕西科技大学轻工技术与工程学科获得了全国并列第三的佳绩。

2. 教学资源建设成效显著

校内资源与社会资源相融合,不断充实和完善教学资源,有力地保障了人才分类培养的实施。学科与技术前沿内容进课堂、进教材,出版了《皮革化学品的合成与应用技术》《皮革生产技术与原理》《加工纸与特种纸》等国家级规划教材和特色教材50余部,共建《制革整饰材料化学》《皮鞋工艺学》《包装技术基础》等国家级、省级精品(资源共享)课程19门、企业课程21门;针对3类人才培养,建成省级以上教学平台16个、校外实习实践基地63个;学生教师走出去,名师专家请进来,让优质社会资源参与青年教师和学生的培养过程中,建成皮革工程教学团队、制浆造纸核心课程教学团队等国家级、省级教学团队6个,涌现出"万人计划"教学名师、全国模范教师等一批优秀教师,形成适应分类培养的教师队伍。

从1998年开始探索,先后承担了轻化工程专业综合改革试点、轻化工程实验教学示范中心、轻化工程特色专业等国家级、省级教学质量与教学改革研究项目53项,成果获得陕西省教学成果奖特等奖2项、一等奖4项、二等奖5项。

(二)推广应用

"323"人才分类培养模式实施以来,得到了包括教育部轻化工程教学指导委员会和中国工程院院士在内的有关机构、专家及用人单位的高度评价。2016年教育部本科教学工作审核评估专家组对本模式给予了充分肯定。

改革理念在校内外得到广泛借鉴,共有华南理工大学、齐鲁工业大学等50余所高校300余人次来校调研。改革经验多次在轻工类专业教学指导委员会进行交流,受教育部科技委员会化学与化工学部邀请,成果完成人在杭州师范大学、西安石油大学、烟台大学等兄弟院校做创新型人才培养的主旨报告多场。出版的30余部教材在众多兄弟院校推广使用,如主编的《制革整饰材料化学》是国内皮革行业化工材料课程的第一部教材,不仅解决了当时国内专业教材不足的燃眉之急,还以其创新的内容在业界引起了较大的反响。多位行业知名专家在国际皮革工艺师和化学家协会会志《JSLTC》以及《皮革化工》《四川皮革》《北京皮革》等杂志上发表了对本书的高度评价。改革成效被《中国教育报》《光明日报》《中国青年报》和陕西电视台等媒体纷纷报道,产生了良好的社会效应。

## 成果三十

# 德育为先、实践为重、特色为本的森林保护专业创新人才培养体系改革与实践

（成果编号：2-222）

### ■获奖等级
二等

### ■完成单位
西北农林科技大学

### ■主持人
谢寿安，男，汉族，中共党员，1970年8月生，甘肃武威人；二级教授，博士生导师。1994年大学毕业于西北林学院森林保护学专业，留校从事森林保护学的教学和科研工作。先后荣获国家教学成果奖二等奖、陕西省省级教学名师、陕西省高等教育教学成果奖特等奖、陕西省师德标兵、陕西省教育系统"我身边的好典型"年度人物、陕西省高校优秀共产党员、教育部霍英东教育基金会第十届高校青年教师奖等多项称号。现为教育部林学专业教学指导委员会委员，教育部林学专业认证委员会委员。主讲课程先后获批国家精品课程和国家精品资源共享课程，先后3次荣获中国林学会和国家林业局梁希科技奖励证书。主持国家级项目4项，出版专著和教材4部，发表论文30余篇。

### ■团队成员
谢寿安，唐明，李孟楼，陈辉，韩崇选，余仲东，贺虹，郭新荣，汪爱兰，王娟娟，杨士同

### ■成果简介
进入21世纪，高等林业教育对森林保护专业人才的培养提出了懂生态文明理念、知森林保护理论、会生物防治技术、晓行业发展趋势、具创新创业能力、有深厚

"三农"情怀的新要求。在此背景下,西北农林科技大学以陕西省高等教育教学改革重点项目、森林保护学国家级教学团队、森林生物学虚拟仿真国家级教学实验中心、国家级精品资源共享课程等教改项目为依托,秉承"德育为先"和"宽口径、厚基础、强实践、重创新"的人才培养理念,以服务国家生态文明建设和森林保护专业人才为目标,通过理念、队伍、体系、内容、措施等方面的创新,构建了"12345"德育教育体系;立足国家林业可持续发展战略,通过实验平台、校内实践基地、校外实践基地、试验示范站、虚拟仿真实验教学中心等方面的创新,实施了"4个板块、10大环节、3个层次"贯穿全程的实践教育体系;针对林业产业发展和生态文明建设需求,通过定位、特色、模块、主线、措施等方面的创新,制定了"12345"特色人才培养体系,形成了"德育教育—实践教育—特色教育"三位一体的人才培养模式,有效地解决了高等农林院校森林保护专业人才培养中面临的以下问题:

(1)常规德育教育无法满足森林保护人才的特殊职业需求。我国森林保护人才肩负着维护国家生态安全和发展林业产业的双重使命。然而,由于林业行业的特殊性和艰苦性,社会在一定程度上对高等林业教育还存在着不同程度的偏见,导致大学生学林爱林情怀不够。森林保护专业涉及的行业规范和职业操守在常规立德树人教育中体现得严重不足,无法满足国家对森林保护专业毕业生"政治过硬、业务精良、作风优良"的要求。

(2)常规实践教学无法满足森林保护人才创新创业的技能需求。实践教学在森林保护专业人才培养中占有重要地位,但在传统的以"理论教学为主,实践教学为辅"等思想观念的影响下,实践教学未能摆到应有的位置,加之实践教学体系不完整,实践教学环节的组织缺乏连续性、系统性、相互协调性和衔接性,从业者难以具备突出的创新意识、创新思维、创新能力和创新精神,无法满足现代林业对森林保护人才创新创业的技能需求。

(3)高等农林院校如何凸显森林保护人才培养特色。面向行业、面向"三农"是农林院校的神圣职责和使命,高等农林院校肩负着服务生态文明建设和为林业行业培养人才的重任。传统森林保护专业人才培养目标雷同,岗位定位相似,课程体系同质化现象严重,导致人才培养的特色不明显。如何依托林业行业,凸显人才培养特色,成为高等农林院校森林保护人才培养的关键问题。

■成果总结报告

## 《德育为先、实践为重、特色为本的森林保护专业创新人才培养体系改革与实践》成果总结报告

### 一、成果的背景

伴随着我国生态文明建设以及林业产业结构的调整,传统林业经营思想和经营

模式发生了重要变化,林业行业对人才的需求也随之发生了变化。高等林业教育对森林保护专业人才培养提出了懂生态文明理念、知森林保护理论、会生物防治技术、晓行业发展趋势、具创新创业能力、有深厚"三农"情怀的新要求。在此背景下,西北农林科技大学以陕西省高等教育教学改革重点项目、森林保护学国家级教学团队、森林生物学虚拟仿真国家级教学实验中心、国家级精品资源共享课程等10项教改项目为依托,秉承"德育为先"和"宽口径、厚基础、强实践、重创新"的人才培养理念,以服务国家生态文明建设和森林保护专业人才为目标,通过理念、队伍、体系、内容、措施等方面的创新,构建了"12345"德育教育体系,实施了"4个板块、10大环节、3个层次"贯穿全程的实践教育体系,制定了"12345"特色人才培养体系,形成了"德育教育—实践教育—特色教育"三位一体的人才培养模式,为我国探索一流农林创新人才的培养提供了有益的经验。该成果也荣获了陕西省2015年度高等教育教学成果奖特等奖。

## 二、成果的主要内容

### (一)围绕国家生态安全观,构建了"12345"德育教育体系

以"立德树人"为理念;强化辅导员和专业教师2支队伍建设;形成思想政治、专业认知、社会实践3个育人体系;涵盖爱国主义教育、中华传统文化教育、社会主义核心价值观教育、生态文明教育4种教育内容;实施德育要求融入专业教育、促进科研成果进入学生社区、强化新媒体的德育功能、设置技能竞赛提升职业道德、建设校内和校外德育教育平台5项措施,有效地培养了森林保护专业大学生的爱国情怀和社会责任感,提升了立德树人教育的成效。

### (二)立足国家现代林业战略,构建了"4个板块、10大环节、3个层次"贯穿全程的实践教学体系

以核心课程和平台课程为重点,依托"211工程""985工程"学科平台、高校改善办学基本条件等项目,投入1 500余万元完善实验体系,建成了6 000平方米的"比色分析、燃点测定、酸碱滴定、组织显微观察、染色体观测、PCR测定、提取液浓缩、标本鉴定"等9个设计研究型教学实验平台;整合渭河试验站、杨凌教学实验苗圃、西北农林科技大学火地塘教学实验林场等实践教学资源,打造校内实践教学基地3个;与太白山国家级自然保护区等共建校外实践教学基地22个;建成山阳核桃、板栗站,清涧红枣站,凤县花椒站,镇安板栗站,安康北亚热带经济林站,黄龙、宜君和陇县核桃基地等8个试验示范站;以森林"培育—经营—保护"为主线,建设了森林生物识别、森林培育、森林生态与经营、森林保护、森林资源利用等5大模块虚拟仿真实验,建成我国第一个国家级森林生物学虚拟仿真实验教学中心。利用上述平台,成功构建了4个板块(课程实验、教学实习、科创训练、创业实践),10大环节(军事训练、生产劳动、社会实践、工程训练、思政课实践、课程实践、课程设计、教学实习、创新创业训练、毕业论文),3个层次(基础实践、专业实践、综合实践)贯穿全程的实践教学体系。

1. 森林保护专业基础实践技能体系构建

森林保护专业基础实践技能体系包括森林保护学专业基础实践技能通识类课程实验技能、学科大类课程实验技能和森林生物学虚拟仿真实验3个组成部分,旨在培养低年级大学生的基础实践技能。

2. 森林保护学专业专项实践技能体系构建

森林保护学专业专项技能包括资源昆虫饲养、森林病虫害测报、森林害虫防治、森林病害防治、生物防治技术、化学防治技术、森林有害生物检疫技术、园林植物保护技术等8项专业技能。主要结合农林业生产实践,于每年的6—8月集中安排在秦岭学校火地塘教学实验林场和学校试验示范站进行,实训和实习时间不少于2个月,为将来走向林业生产岗位奠定了坚实基础。

3. 森林保护学专业综合实践技能体系构建

森林保护学专业综合实践技能主要由森林病虫鼠害监测调查技能、防治技能、森林植物检疫综合技能、农药药效试验技能、森林防火应急预案制定技能、经济林栽培修剪综合技能等森林保护专业综合技能组成。每项实训力求运用适合高等农林教育的项目任务教学模式,既有对项目任务的描述,又有可操作性的设计与指导,体现了教、学、做的一体化。

(三)面向现代林业需求,制定了"12345"特色人才培养体系

以服务生态文明建设和现代林业建设需求为定位;确立服务森林资源保护和凸显生物防治为主2个特色;构建了通识教育、专业教育、实践和创新创业教育3个模块;设定了森林昆虫学、森林病理学、森林微生物、森林鼠兔害4种教育内容;加强课程体系、课程内容、系列教材、师资队伍、科研成果反哺教学5项措施,有效地提升了森林保护专业人才培养的成效。

1. 构建课程体系

按照"厚基础、宽口径、强实践、重创新、高素质"的要求和"重组基础、反映现代、融入前沿、综合交叉"的原则,将"知识、能力、素质"三要素有机结合起来,依照林业科技发展和生态文明建设需求,构建了通识教育、专业基础、实践教育和创新创业等富有特色的本科教学"模块式"课程体系。在学生培养的各个环节中全程多层次设置实践教育课程模块和创新创业教育课程模块,包括教授负责制的新生研讨课程、科学研究方法课程、实践教学、科技创新、社会实践、综合设计、毕业论文等。

2. 优化课程内容

人文、社科、经济、生态文明、创新创业教育等课程首次大幅度进入森林保护专业教学计划。专业课程内容由过去仅局限于森林保护,拓展为以现代林业知识理论为主线,形成了"森林昆虫学、森林病理学、森林微生物、森林鼠害"等4个特色鲜明的专业方向课程群;以《森林昆虫学》国家级精品资源共享课程建设为龙头,全面带动四大方向课程群精品资源建设。

### 3. 出版系列教材

依据编写队伍权威化、理念现代化、知识新颖化、结构合理化、内容系统化、插图电子化的教材建设新思路,主编出版了10部森林保护学专业教材,其中"十一五""十二五"国家规划教材4部,填补了我国高等农林院校森林保护学系列教材的空白。《森林昆虫学通论》《资源昆虫学》荣获陕西省普通高等学校优秀教材一等奖、二等奖和中国林学会优秀教材奖。在教材建设与创新方面取得了显著成效,现已供16所高等农林院校林学和森林保护专业本科生教学使用,并获得一致好评。

### (四)建设师资队伍

在83年的发展历程中,通过引进和培养相结合,借助多项国家级课题研究促进专业方向的凝练,促进科研产出并反哺本科教学,在教学团队建设方面取得了显著成效。目前28名团队成员中,有教授8人、副教授13人、国家杰青1人,全国优秀教师1人,享受政府特殊津贴专家3人,陕西省教学名师2人。该团队联合教研室、研究所、实验室、教学基地、试验示范基地,以森林昆虫学、森林病理学、森林微生物、森林鼠害等4个特色鲜明的专业方向课程群为建设平台,形成了专业技术职务结构和知识结构合理,在国内森林保护专业领域具有重要影响的国家级教学团队。

### (五)科研反哺教学

将《华山松大小蠹和共生真菌致死寄主树木机制的研究》《退耕还林区鼠害综合控制技术》《林木鼠害综合控制关键技术与示范》《林木鼠害无害化控制技术集成与示范》《秦岭华山松大小蠹信息素防治技术》5项陕西省科技成果引入本科生《森林昆虫学》《森林保护学概论》《新生研讨课》中,形成了5个科研反哺教学的案例。

## 三、成果的创新点

### (一)以德育为先理念的"12345"德育教育体系创新

本成果立足中国特色生态安全观,落实德育为先的教育理念,培养学生胸怀国家、心系"三农"和学林爱林的社会责任感。在常规德育教育的基础上,针对森林保护专业德育教育的特殊性,构建了特色鲜明的"12345"德育教育体系。有理念、有队伍、有体系、有内容、有措施,教学内容丰富,涵盖了理论和实践、专业认知、职业操守等,实现了德育教育"四年不断线",解决了常规德育教育无法满足森林保护人才的特殊职业需求问题。

### (二)以实践教学为抓手的"4个板块、10大环节、3个层次"实践教学体系创新

本成果立足国家林业可持续发展战略,围绕如何加强人才培养过程中的实践教学环节,更好地提升森林保护专业人才创新教育的成效,建成了9个设计研究型教学实验平台,依托3个校内基地、22个校外基地、8个试验示范站和国家级森林生物学虚拟仿真实验教学中心,构建和实施了"4个板块、10大环节、3个层次"贯穿全程的实践教学体系。新的实践教学体系有平台、有基地、有示范站、有国家级虚拟仿真实验教学中心,有效地培养了学生的创新意识、创新思维、创新能力和创新精神,解决了常规实践教学无法满足森林保护人才创新创业的技能需求问题。

### (三)以服务生态文明建设和现代林业发展需求的特色人才培养体系创新

本成果立足高等农林院校和林业行业的森林保护人才培养定位,围绕如何实现特色人才培养,构建和实施了"12345"特色人才培养体系,建设森林保护学国家级教学团队1个,教育部创新团队2个,以国家级精品资源共享课程为龙头,带动了4大课程群建设;出版专业教材10部;完成国家和陕西省教学改革项目10项,把特色人才培养的需求"做实、做专、做好",培养了一批服务于生态文明建设和现代林业发展的高素质森林保护专业人才。

### 四、成果的推广应用效果

(一)人才培养质量显著提高

以2015—2017年3年为例,森林保护专业本科生雷雨等10人分别获得第三届中国"互联网+"大学生创新创业大赛陕西赛区银奖和铜奖。森林保护专业139人开展了国家级、省级、校级科创项目37项,65人参加森林保护专业教师主持的国家自然科学基金等10项国家级科研项目,参与率达46.8%;近3届毕业生平均就业率达92.9%,有61余人赴北京大学、中国科学院等知名高校和科研院所进一步深造,考研率达44%。人民网对西北农林科技大学培养的2013级森林保护专业毕业生管洪信同学的先进事迹进行了报道。38家用人单位的抽样调查结果表明,95%的企业对本专业学生入职后的总体表现满意。

(二)学科和专业建设成效显著

2017年教育部学位与研究生教育发展中心公布全国第四轮学科评估结果,林学学科成为西北农林科技大学唯一的A类学科,全国排名第三。森林保护学国家级教学团队和专业人才培养为本次林学学科评估提供了重要支撑。

(三)全国广泛推广后,应用效果良好

课程组成员发表的33篇教改论文、出版的《森林昆虫学通论》等10部新教材和《森林昆虫学》国家级精品资源共享课程,已被全国农林类16所高等院校本科教学选用,教材选用率占高等农林院校森林保护类本科课程的75%以上。《森林昆虫学》精品资源共享课程在网上开放,这些成果均以不同形式对我国高等农林教育产生了重要影响。

(四)媒体关注和相关评价

《中国教育报》以《创新促卓越,全面提高人才培养质量》和《秦岭为师求真知》为题整版报道了创新人才培养和火地塘生物学实习教学改革的做法;教育部网站以《亲近自然,收获真知,大学生走进秦岭开展科研活动》为题,图片新闻报道了生物学综合实习的情况。

■ 成果三十一

# 中医研究生"院校 + 分层师承"培养模式的构建与实践

(成果编号:2 - 240)

■**获奖等级**
二等

■**完成单位**
陕西中医药大学

■**主持人**
闫咏梅,女,二级教授,主任医师。从事教学、科研、临床工作34年,长期致力于高等中医药教育的教学研究,主要负责该成果的总体设计和具体实施;负责完成中医研究生人才培养方案的制定;负责分层师承模式构建与实施;负责设计中医研究生"三段六项"临床技能考核实施方案;负责研究生教学大纲修订,编写研究生临床培养特色教材;负责国医大师学术经验传承数据库等资料库的建设工作。2017年获得陕西省教学成果奖一等奖,2014年获得陕西省高等学校教学名师,2013年获得陕西省名中医称号,2012年获得全国中医药系统创先争优活动先进个人、陕西省"三八红旗手",2011年获得陕西省白求恩精神奖先进个人、陕西省科学技术奖三等奖。

■**团队成员**
闫咏梅,周永学,邢玉瑞,张慧,卫昊,陈震霖,杨景锋,王亚丽,辛静,董盛

■**成果简介**
本成果针对中医研究生培养过程中存在的中医思维薄弱、理论学习与临床实践结合不足、独立执业胜任能力滞后等问题,创新性地提出了"体悟经典,分层跟师,精中通西,德术双修"的人才培养理念,构建了"院校 + 分层师承教育"的培养模式,针

对思维、方法、能力等关键要素进行了有益的探索和实践。

循序渐进,实施"三阶段分层跟师"模式,有效地提升研究生中医临床思辨能力。该模式将培养过程分为"经典研读""临床思辨""多元发展"3个阶段,由研究生导师全程指导,省级名中医、国家级名中医口传心授、分层点拨,将悟经典和做临床深度结合,将学术思想和临床经验融会贯通。组织编写了国内首部《中医思维方法》《黄帝内经理论与方法论》教材和《国医大师学术经验及临证医案》等,先后荣获中华中医药学会学术著作奖、陕西省优秀教材一等奖。

象数互参,开发系列临床诊治量表和软件,提高研究生理论学习与临床实践的结合能力。表征中医"取象比类"临床思维模式,开发证候要素诊断、证候要素评价、临床疗效患者自评等临床数字化量表,编写了《临床实用量表手册》,将具有中医临床诊治特点的意象思维模糊概念量化表达,便于学生理解和掌握应用。同时,强化科教融合,在"中医传承辅助平台"基础上,研发了"国医大师学术经验传承数据库""临床方药管理数据库"等数据库,获批"陕西省中医药数据中心"建设项目。

考评结合,实施"三段六项"考核模式,提高研究生的执业胜任能力。将临床操作技能分为"全科""专科""专题"三阶段,依次开展中医经典、西医技能、中医技术、中医思辨、名医经验、科研能力等6项考核。优化培养方案,修订了《研究生临床技能培训手册》《研究生临床实践阶段考核标准》,建立了模拟考核与临床考核相结合的考核体系,提高中医临床研究生精"中"通"西"的实践和科研能力。

5年的实践结果显示,中医临床研究生平均就业率由83.93%提高至91.56%。三甲医院就业人数增长至85.4%,执业医师一次性通过率连续5年保持在100%,获得研究生创新成果及中国"互联网+"创新创业大赛等奖项28项。

■成果总结报告

## 《中医研究生"院校+分层师承"培养模式的构建与实践》成果总结报告

### 一、成果的背景及意义

陕西中医药大学是1952年创建于西安的西北中医进修学校,1978年被中共中央确定为全国8所重点建设的中医院校之一,同年开始招收硕士研究生;1981年成为全国首批硕士学位授权单位;20世纪90年代在全国中医院校中率先实施"院系合一"机构改革,附属医院和医疗系医教研管实质融合,为顺利开展师承教育提供了坚实的管理机制保障。附属医院即第一临床医学院是国家"七五"期间重点建设的7所中医高校附属医院之一,是国家首批优秀住院医师规范化培训基地和首批中医药传承创新重点工程重点中医院。

2009年5月,国务院颁发了《关于扶持和促进中医药事业发展的若干意见》(国发〔2009〕22号),明确提出改革中医药院校教育,按照中医药人才成长规律施教,强化中医药基础理论教学和基本实践技能培养;完善中医药师承和继续教育制度,总结中医药师承教育经验,探索不同层次、不同类型的师承教育模式,丰富中医药人才的培养方式和途径。根据文件精神,在深入分析总结陕西中医药大学30年中医研究生培养经验的基础上,针对中医研究生培养过程中存在的中医思维薄弱、理论学习与临床实践结合不足、入职后临床独立执业胜任能力滞后等问题,从2011年开始,依托中医药高等教育学会临床教学科学研究课题,项目组创新性地提出了"体悟经典,分层跟师,精中通西,德术双修"的人才培养理念和基于该理念的"院校+分层师承"教育的人才培养模式,重点对中医思维、临床诊治方法、综合执业能力等关键要素进行了有益的探索和实践,取得了良好的效果。

(一)人才培养类型及模式单一

科研院所需要学生具有较强的科研能力,生产企业需要学生具备到岗后能尽快解决实际问题的能力,行业转型升级更需要高素质复合型人才。但在传统人才培养模式下,所有学生只能按一种方案、一个模式进行培养,无法满足行业发展对多样性人才的需求。

(二)社会资源作用发挥不充分

在传统的人才培养模式下,学校与社会合作育人的深度和广度不足,从教学内容更新、教材及课程建设到教师能力提升等方面,社会资源未得到充分利用,教学资源建设不能与学科及产业发展同频共振,教学体系不能适应人才分类培养模式的变革,导致育人效果与行业需求存在着差距。

(三)教学管理体制与人才的分类培养不匹配

传统的教学管理体制对人才分类培养缺乏有效的政策支持与制度保障,未形成激发原动力的育人机制,不能充分体现"以人为本、人人成才"的教育理念,不符合人才成长规律,学生的自主选择权和自由发展空间受到约束。

二、改革措施及成就

(一)改革措施

1. 以问题为导向,优化师承教育体系,实施"三阶段分层跟师"模式

为强化中医研究生的临床思辨能力,2010年学校修订完善了研究生培养方案,将研究生培养过程划分为"经典研读""临床思辨""多元发展"3个阶段。其中,"经典研读"阶段强调结合临床实践对中医经典理论融会贯通,系统掌握整体观念和辨证论治,做到三因四诊五行断、六淫七情八钢辨,提高中医思维能力;"临床思辨"阶段跟随省级名医名师学习,博采众长,实现阴阳五行明、脏腑经络精、理法方药多通便,提升中医经典理论运用与临床实践相结合的能力;"多元发展"阶段跟随国家级名医名师学习,运用院校教育掌握科研能力和现代技术,挖掘整理、传承和发展名医名师学术思想和经验。同时,充分发挥陕西"岐黄圣地、药王(孙思邈)故里"的区位文化优势,每年在药王山举行研究生拜师仪式和专题人文教育,以境感人、以文化

人、以德育人,固化"大医精诚"医德思想医术追求,增强中医文化传承自信。

2. 以方法为引领,开发系列评价量表,构建直观易懂的中医临床教学体系

该成果紧抓中医研究生临床教学三大关键环节,在证候诊断、疗效评价及学术经验传承方面改革教学方法。表征中医"取象比类"临床思维模式,引入和完善中医证候要素诊断量表、证候要素评价量表等,帮助研究生更准确地把握证候内涵。在尊重中医特点的基础上,使其更具有规范性、科学性、实践性、广泛性,让相对模糊偏重描述的中医术语在教学中化繁为简,变得直观易懂;应用国际公认疗效评价量表及具有中医特色的临床疗效患者自评量表等最新测评量表规范疗效评价,让未来的中医临床工作者牢固建立规范临床研究的意识,而不再是仅用几个成功案例报道评价疗效;运用现代化数字挖掘技术,强化科教融合,在"中医传承辅助平台"的基础上,自行研发了"学科文献管理数据库""国医大师学术经验传承数据库""临床方药管理数据库"等三大数据库,让研究生能通过数据分析结果更准确地把握名医名师的学术经验,使确有疗效的名医经验能够表述具体、便于掌握。在此改革的基础上,项目组获批了"陕西省中医药数据中心"建设项目。

3. 以能力为中心,聚焦中医临床关键要素,构建"三段六项"考核模式

构建的"三段六项"考核模式如图31-1所示。

三段是指"全科、专科、专题"3个培养时段。其中,"全科"阶段强调学思结合、

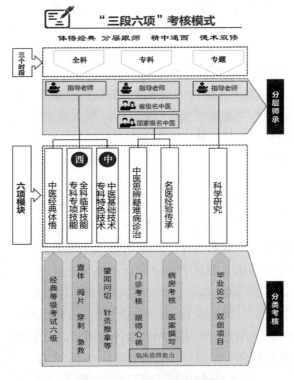

图31-1 "三段六项"考核模式

专博相济,主要考核中医经典,中医、西医基本技能等3项能力。"专科"阶段强调中医师承特色,通过中医专科基本功、床旁临证考核、综合答辩3种形式,主要考核中医思辨和疑难病诊治、导师学术思想和临床经验传承两项能力。"专题"阶段强调考评能力与临床综合分析能力,主要完成学位论文实验研究或临床案例总结分析。达到以考促练,以考促教,促进研究生熟练掌握临床技能,提高中医临床研究生精"中"通"西"的实践和科研能力,将提高执业胜任能力落到实处。同时,优化了实践教学大纲,细化研究生实践技能知识点,解析中医、西医专科临床操作要点,梳理各专业知识技术模块132项,编写《研究生临床技能培训手册》《研究生临床实践阶段考核标准》,录制技能培训教学视频,以网络教学、模拟实训与临床实践教学等多种方式进行规范培训,系统提升人才培养质量。

(二)改革成效

1. 取得了一批教学改革研究成果

项目组围绕"体悟经典,分层跟师,精中通西,德术双修"的人才培养理念和"院校+分层师承教育"的人才培养模式改革进行了大量的理论和实践研究,先后在《医学教育探索》《中华中医药杂志》等期刊上发表相关学术论文20余篇,申请教学改革研究课题4项,获得省级以上教学成果奖励3项。

2. 构建了一支高水平的中医师承师资队伍

通过多年分层师承教育实践,陕西中医药大学逐步形成了一支结构合理、水平一流的师承指导教师队伍,拥有张学文、郭诚杰、雷忠义3名"国医大师",国家级名老中医专家学术经验指导教师19位、省级名老中医28位、校级硕士研究生指导教师101位,有效地保障了分层师承教育的深入持续开展。

3. 编写了一系列高水准的中医教材和专著

为了强化中医思维和中医基础理论,项目组成员先后编写了《中医思维方法》《黄帝内经理论与方法论》《内经选读》《方剂学》《国医大师学术经验及临证医案》等教材和专著,其中《黄帝内经理论与方法论》先后荣获中华中医药学会学术著作奖、中国西部优秀科技图书二等奖,《方剂学》荣获陕西省优秀教材一等奖,《内经选读》荣获陕西省优秀教材二等奖。

4. 构建了一个行之有效的中医临床研究生培养模式

秉承"体悟经典,分层跟师,精中通西,德术双修"的人才培养理念,针对人才培养短板问题,通过完善思维、方法、能力等关键要素的培养路径,创新性地构建了符合中医药教育规律、突出师承教育特色、适合研究生个性发展的"院校+分层师承教育"的培养模式。实现了学生中医思维从习得—养成—变通,学习方法从单一化、概念化到整体化、系统化,掌握能力从"中医不精、西医不通"到精"中"通"西"的转变。

三、成果的创新点

"院校+分层师承"中医研究生教学模式将中医师承的个性传授与院校教育的共性培养相结合,凸显学术继承和临床应用,旨在强化研究生中医临床思辨、优化临床诊治方法、提高执业胜任能力,为健康中国建设提供中医基础理论知识厚实、临床基本功过硬的高层次中医药人才。本成果的创新点主要有以下几个方面。

(一)培养模式创新

创建以个性化培养、阶梯式发展为特征的"院校+分层师承"培养模式,科学利用名医名师资源,打破单一导师学术壁垒,尊重学生的个性化发展需求,有层次地开放校内外导师资源,"导师指导画龙,大师引导点睛",一徒多师、博采众长,促进研究生中医思维的多元化及开放性;编写了国内首部《中医思维方法》和首部《黄帝内经理论与方法论》研究生教材,为培养具有原创思维的高层次中医人才奠定了良好的理论基础,为具有中医原创思维的高层次人才培养探索出了一条有效途径。

(二)培养方法创新

吸纳和借鉴诠释学的理念、思路、方法,率先采用评价量表、现代数据挖掘技术等将传统师承中靠"深学、感悟"才能掌握的抽象中医术语、临床经验以半定量或定量方式客观表达,使中医的辨证施治这一核心技术相对客观化、标准化、规范化,有利于研究生提高中医临床思辨能力和开展真实世界临床科研能力。

(三)考评机制创新

围绕临床综合能力培养,构建的"三段六项"临床技能考核体系,将中医经典、名中医经验、针灸技能、综合应诊能力、西医基本技能、科研能力等临床教学关键要素序贯编排,并与分层师承模式紧密结合,体现"六位一体,能力为先",符合我国医学人才培养规律,适应当下健康理念转变下的社会需求。

四、成果的推广应用效果

(一)业内认可度高

本成果提出的"三阶段"分层师承模式、"三段六项"临床技能考核等特色改革措施,符合国家中医药管理局近期出台的《关于深化中医药师承教育的指导意见》精神和举措。该模式曾在全国中医教育教学研讨会上多次进行主题发言或大会交流,获得了与会专家的高度认可,先后有黑龙江中医药大学、辽宁中医药大学、甘肃中医药大学、广西中医药大学、河北中医学院、宁夏医科大学中医学院等高校来陕西中医药大学学习交流和借鉴。编写了国内第一部研究生教材《黄帝内经理论与方法论》,获得国医大师邓铁涛教授的好评并亲自为本书作序,该书先后获得中华中医药学会优秀科学著作奖、第十三届中国西部地区优秀科技图书二等奖。编写出版的《中医思维方法》《内经选读》等多部教材和专著,被上海中医药大学、河南中医药大学、广西中医药大学等多所高校的中医研究生教育教学选用,同行关注度高,引领示范性强。

(二)成果影响力大

以师承教育和模块考核为主的项目"院校教育与师承教育相结合的中医临床人才培养模式的构建与实践""中医学专业临床实践教学改革的探索与实践""师承与院校交融式中医研究生培养模式的构建与实践"分获 2011 年、2015 年、2017 年陕西省教学成果奖一等奖,系统地呈现了陕西中医药大学中医学本硕同模式一体化分层次培养的教学模式和办学特色。成果项目组核心成员邢玉瑞教授曾两次受邀参加香山科学会议,专题研讨中医临床原创思维的内涵及应用。教育部高教司司长张大良先后两次来学校考察教育教学工作,国家中医药管理局王国强局长、马建中副局长、卢国慧司长,张伯礼院士,国医大师王绵之、周仲英、邓铁涛等均对陕西中医药大学中医分层师承教育给予了高度的肯定。

(三)学生综合能力强

"院校+分层师承教育"模式实践结果表明,中医研究生中医药思辨能力、临床诊疗水平和中医执业技能明显增强,执业医师考试通过率、就业率和就业质量显著提升。数据显示,近5年中医临床研究生就业率由原来的83.93%提高至91.56%;三甲医院平均就业人数增长至85.4%,执业医师一次性通过率连续5年保持在100%。先后有150余人次荣获陕西省研究生创新成果奖一等奖、中国"互联网+"创新创业大赛分区赛金奖等各类奖项28项。

"院校+分层师承教育"模式注重中医思维,重视临床实践,尊重个性发展,符合中医高等教育发展规律和中医人才成长规律,符合近期国家中医药管理局出台的《关于深化中医药师承教育的指导意见》精神,为中医高层次人才培养提供了行之有效的"陕中医"方案,在同类院校中具有普遍推广价值。

■ 成果三十二

# 国际化视野下大学生工程能力培养体系的构建与实践

（成果编号:2-258）

■ **获奖等级**
二等

■ **完成单位**
西安电子科技大学

■ **主持人**
郭涛,男,中共党员,博士,西安电子科技大学本科生院招生中心主任、教务处副处长。曾获得国家级教学成果奖二等奖3项(主持1项);获得省级教学成果奖5项,其中特等奖3项。教学研究方面:承担各类教学改革研究项目28项(主持11项)。其中,国家级教学改革项目(工程科技人才培养研究)专项1项;教育部产学合作协同育人项目3项,撰写教改论文37篇(第一作者20篇,其中,CSSCI类1篇/中文核心9篇),编著高等教育改革实践类书籍2部。

■ **团队成员**
郭涛,李建东,傅丰林,苏涛,谢琨,孙肖子,周端,胡晓娟,左愿远,刘涛,陈彦辉,周佳社,李勇朝,孔难难,王小娟

■ **成果简介**
该项目在经济全球化的大背景下,依托近年来30余项教改举措和标志性成果,遵循"以生为本、能力为核",形成了"四全兼备"(全链条、全过程、全周期、全育人)的电子信息工程人才培养质量目标,努力打造具有国际视野、通晓国际规则、参与国际竞争的拔尖工程科技人才。成果通过国际化牵引,优化人才培养目标,提升资源平台和课程体系建设,推进多方协同,有效地解决了学生跨学科知识整合能力不足,

工程综合素养偏弱,复杂工程问题解决能力不强等问题。成果通过实施"本科教育质量提升计划""国际化牵引行动"等重大举措,在全校开展本科教学大讨论活动百余场,探索工科人才培养质量新标准,给予学生充分的选择权,激发学生的学习兴趣,创建了特色显著的"3.5层塔构"实验教学示范中心运行模式,突出"多层次、立体式、重内涵、开放性、强联合"等要素。成果实现了"三大一强"工程能力培养新模式,同时创立了贯穿本科教学全过程的"工程实践贯通培养对标保障体系"。创造性地实施了"本科生实验实践能力达标测试"与"第二张成绩单"等重大改革措施,实现了课内基础对标与课外综合对标的有机结合。2016年,核心成果在加拿大阿尔伯塔大学(加拿大排名前5)交流。2017年,成果被批准建设成为对外交流的永久展厅,北京大学、南京大学、空军工程大学等院校来校参访交流。教育部审核评估专家组集中考察,评价学校的人才培养:适应度高、达成度高、满意度高。

## 成果总结报告

# 《国际化视野下大学生工程能力培养体系的构建与实践》成果总结报告

### 一、成果简介及主要解决的教学问题

伴随第四次工业革命与经济发展全球化,现代电子信息工程的内涵发生了巨大的变化。遵循"以生为本、能力为核",形成了"四全兼备"(全链条、全过程、全周期、全育人)的电子信息工程人才培养质量目标,努力打造具有国际视野、通晓国际规则、参与国际竞争的拔尖工程科技人才。

在学校为国家输送了20余万名电子信息领域高级人才,培养了柳传志、"天宫一号"总设计师杨宏等行业领军人物的基础上,课题组通过国际化牵引,优化人才培养目标,提升资源平台和课程体系建设,推进多方协同与全方位培养,有效地解决了工程人才培养过程中普遍存在的3个突出问题:

(1)由于现代工程教育趋于国际化、综合化、复杂化,传统细分专业的精细化培养无法形成学生良好的知识结构以及运用整体性知识和跨学科交叉适变思维的能力。

(2)缺少知识体系之外对学生解决复杂系统工程的基本能力、工程伦理和社会责任感等工程素质方面的科学评价标准与方法。

(3)以学生为中心,结合"大系统"设计的工程情境实践项目偏少,培养学生解决大系统性复杂工程问题的能力不足。

通过实施"本科教育质量提升计划""国际化牵引行动"等重大举措,在全校开展本科教学大讨论活动百余场,探索工科人才培养质量新标准,给予学生充分的选择权,激发学生的学习兴趣,创建了特色显著的"3.5层塔构"实验教学示范中心运

行模式,突出"多层次、立体式、重内涵、开放性、强联合"等要素。

实现了"三大一强"工程能力培养新模式:构建了"内部+外部"的"大平台",建设了"课内+课外"的"大体系",设立了"教学+科研"的"大项目",强化了"激励+氛围"的"强师资"。

创立了贯穿本科教学全过程的"工程实践贯通培养对标保障体系"。创造性地实施了"本科生实验实践能力达标测试"等重大改革措施,与"第二张成绩单"有机结合,实现了课内基础对标与课外综合对标,有效地提升了学生的工程实践能力。

强化与跨国企业及海外名校的深度合作,实施"三大计划"(百企拓展、优企促教、校企繁荣),构建产学研合作人才培养新模式;实施"三引三学"工程(引智、引人、引课,教师访学、学生游学、合作办学),拓展了师生的国际新视野。

2016年,核心成果在加拿大阿尔伯塔大学(加拿大排名前5)交流。2017年,成果被批准建设成为对外交流的永久展厅,北京大学、南京大学、空军工程大学等院校来校参访交流。教育部审核评估专家组集中考察,评价学校的人才培养:适应度高、达成度高、满意度高。工程学 ESI 国际排名前1‰。

## 二、成果解决教学问题的方法

(1)"内部"覆盖基础工程能力,"外部"接轨前沿工程实践,构建了全链条工程能力培养"大平台"。构建了以国家级、省级示范中心建设为主线的"内部"平台32个(全国领先);以校外实践基地建设为主线的"外部"平台109个。"内部"平台构建了分层支撑顶端综合层的"3.5层塔构"运行模式(图32-1)。综合层与国际企业现代工程实验紧密结合,与"外部"平台实现强强联合。

图32-1 "3.5层塔构"实验教学示范中心运行模式

(2)"课内"优化课程对标保障,"课外"聚焦国际双创育人,建设了全过程工程能力培养"大体系"。引进国际工程师培养体系,融合增效人才培养质量,输出教育自主品牌。创建了贯穿本科4年育人全过程的工程实践贯通培养对标保障体系,实现了学生工程实践能力形成性评价机制(图32-2)。

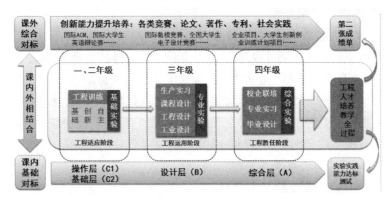

图32-2 工程实践贯通培养对标保障体系

创立并实施了"本科生实验实践能力达标测试"课内基础对标模块和"第二张成绩单"课外综合对标模块,加入国际竞赛、工程项目等学生自选单元。双创教育引入国际化,与42个国家172所大学建立了"一带一路"双创教育合作机制,提升了学生的国际视野与跨文化交流能力。

(3)"教学"分层递进强化能力,"科研"项目牵引拓宽视野,形成了全周期工程能力培养"大项目"。名师引领数字战场等大工程项目转化82项高水平实验,开发50种1 000余套实验系统。

(4)"激励"制度保障国际牵引,"氛围"浓郁奋进塑造卓越,强化了全育人工程能力培养"强师资"。"三引三学"拓展国际化。与29个国家134所高校合作;聘请IBM、TI等企业导师167名,参与工程前沿课程、毕业设计指导等。

### 三、成果的创新点

(1)形成了"四全兼备"(全链条、全过程、全周期、全育人)的电子信息工程人才培养质量目标。提出了"三大一强——大平台、大体系、大项目、强师资"工程能力培养新模式。

(2)构建了"3.5层塔构"实验教学示范中心运行模式。突出"多层次、立体式、重内涵、开放性、强联合"等要素。

(3)立足学生认知,创建了贯穿学生本科4年教学全过程的"工程实践贯通培养对标保障体系",形成了科学评价标准和方法。创立并实施了"本科生实验实践能力达标测试"课内基础对标模块,提出"以学生培养为核心,以成效检验为手段,以实验课程优化为重心,以提升学生工程实践创新能力为目标"。对应本科1~4学年,达标测试分为操作层(C1)、基础层(C2)、设计层(B)和综合层(A)4个层次,对学生学习成效进行跟踪与评估。通过形成性评价,形成促进学生工程实践创新能力和实践水平提升的有效机制。

创建并实施了大学生"第二张成绩单"课外综合对标模块,为学生搭建自主选择、广泛实践的平台,引入"创新能力提升"学生自选单元,采取"基点"评价模式,给予课程评价之外的综合能力素质拓展方向的量化评价。

## 四、成果的推广应用效果

**(一)新体系内容丰富,师生受益面广**

新体系每年服务 3.4 万余人次。近 5 年来,学生科技竞赛获得省级以上奖励 2 844 项,其中国际奖 255 项、国家奖 388 项。实现了五大突破:3 次捧得全国嵌入式"Intel"杯,全国唯一;2 次获得国际大学生数学建模竞赛特等奖,全球前 20;捧得全国大学生电子设计竞赛"瑞萨杯",全国第一;首届"互联网+"大赛获得季军,夺 2 金,全省唯一,获奖数全国第一;捧得中国区总决赛"微软创新杯",为中国总冠军。

**(二)"大平台"输出成果多,被广泛采用**

研制的新实验设备被西北大学、长安大学、空军工程大学、中国航天科工六院 210 所等 20 多所兄弟院校和研究所采用;出版的系列教材被数十所高校广泛采用。

首创校中青年教师实验技能竞赛 35 岁以下教师全覆盖,校一等奖获得者直接晋升为副教授。经验推广至陕西省内高校,2015 年创建了"首届陕西高校中青年教师电子类实验技能竞赛"品牌,48 所高校近 400 名教师参赛,西安电子科技大学教师排名全省第一。

**(三)国际影响力显著提升**

输出了中国第一所援非通信类大学——Oyala 通信学院 INSTTIC,赤道几内亚总统奥比杨高度评价教学体系和课程。

**(四)课程和系统性教材被广泛采用**

创建丝绸之路云课堂沿线学校共享机制,输出 6 门电子技术在线开放课程群。本科生康晓洋出版《微装配与 MEMS 仿真导论》一书,受邀赴美参加"2009 年灵巧材料、自适应结构和智能系统国际会议"并作会议报告。编写"本科生实验实践能力达标测试"专业测试大纲 25 套,建立测试题库 236 套,每年有 1 万余人次评测。核心成果《大学生实践能力达标测试教学改革与创新》一书,已公开出版推广。

**(五)核心成果被媒体广泛报道**

近 3 年来,美国莱斯大学、北京大学、南京大学等国内外近 200 所高校来校访问。成果主持人作为全国 5 所高校典型代表受邀参加教育部产学合作协同育人项目总结会,分享产学合作经验。成果被新华社、《人民日报》、《教育报》等媒体报道 100 余次,在全国产生了重要且广泛的示范效果。

## 成果三十三

# 高校思政课"三理贯通、三环相扣"的教学理念与实践模式

（成果编号:2-262）

### ■获奖等级
二等

### ■完成单位
西安交通大学

### ■主持人
王宏波,男,中共党员,西安交通大学马克思主义学院二级教授,教育部马克思主义理论与研究建设工程专家、教育部思想政治理论课教学指导委员会研究生分委员会副主任委员;享受国务院特殊津贴(1996年)、陕西省三秦人才(2013);全国高校思想政治理论课教师2014年度影响力人物,曾担任教育部"马工程"教材《马克思主义与社会科学方法论》大纲编写组成员。曾长期担任陕西省马克思主义基本原理教学研究会会长。曾获得国家教委首届人文社会科学优秀成果奖二等奖(1995)、陕西省教委人文社会科学优秀成果奖一等奖(1996)、陕西省政府第九届自然科学优秀学术论文一等奖(2006)、陕西省政府第九次哲学社会科学优秀成果奖一等奖(2009)等奖励。

### ■团队成员
王宏波,燕连福,苏玉波,卢黎歌,陆卫明,刘儒,陈建兵,周远,郑冬芳,李永胜,杨华,宋永平,马金玲,宋希斌,韩锐,樊晓燕

### ■成果简介
高校思政课教学中普遍存在"理论与现实脱节"的现象,从而影响思政课的说服力、吸引力和感染力。增强学生对思政课的获得感,让思政课入耳入脑入心,关键是

要解决好"理论联系实际"的问题。

西安交通大学长期以来高度重视思政课建设,不断推进思政课教学改革,从2009年开始,以国家精品课项目、教育部思政课新课程试点项目、教育部优秀教学科研团队重点项目、全国重点马克思主义学院建设项目为依托,针对思政课教学中"理论联系实际"这一问题,形成了"三理贯通"(政理、学理、事理贯通)、"三环相扣"(专题式讲授、主题式开放讨论、多样化主题社会实践相扣)的教学理念和实践模式。

建构"三理贯通"的教学模式。教学内容设计由政理阐释、学理解释、事理解析3个基本部分组成,体现三理贯通。以"三理贯通"为主线,将"三理贯通"体现于课前备课、课堂讲授、学生讨论、课后实践全过程,在推进"理论联系实际"的科学性、实效性中提升思政课的亲和力和学生的获得感。

实施"三环相扣"的教学路径。在社会热点、理论难点、学生疑点的"结合点"上设计教学专题,以专题式课堂教学为支撑实现"三理贯通"。精准设置讨论主题、培养发言骨干、鼓励自由思考、强化教师引导,以主题引导式的开放讨论为形式体现"三理贯通"。组织开展改革开放、红色文化、"西迁精神"等思政课主题社会实践活动,以多样化主题社会实践为抓手落实"三理贯通"教学理念。

建立"三理贯通、三环相扣"的保障机制。成立"大学生思想教育与实践研究中心",融合思政课教师与辅导员两支队伍,搭建辅导员参与思政课"小班讨论"活动、多样化主题社会实践的体制机制平台。建立业绩结构化考核制度,促进教师教学科研水平双提升;建立集体备课制度,将集体备课数量与质量纳入授课单位的年度考核。建立师德与业务相统一的培训机制。加强师德师风建设,设立专项经费支持教师参加教学培训、学术会议及社会考察。

"三理贯通、三环相扣"教学理念和实践模式在实际教学中有效地提高了思政课的教学效果,学生听课满意度不断提高、获得感不断增强;该教学成果部分内容在《中国高等教育》《教学与研究》《中国教育报》上刊载和发表;该教学成果的主要做法被有关高校思政课教师充分认同并得到试点推广;该教学成果还引发了广泛的社会关注和深入的媒体报道,《人民日报》《光明日报》《中国教育报》及新华社等媒体先后对该教学成果进行了报道。

■成果总结报告

## 《高校思政课"三理贯通、三环相扣"的教学理念与实践模式》成果总结报告

西安交通大学长期以来高度重视思政课建设,不断推进思政课教学改革。从2009年开始,我们以国家精品课项目、教育部思政课新课程试点项目、教育部优秀

教学科研团队重点项目、全国重点马克思主义学院建设项目为依托,针对思政课教学中"理论联系实际"的问题,坚持"练内功、求实效、抓教师、促三进"的教改指导思想,形成了"三理贯通"(政理、学理、事理贯通)、"三环相扣"(专题式讲授、主题式开放讨论、多样化主题社会实践相扣)的教学理念和实践模式。

### 一、当前高校思政课"理论联系实际"存在的问题

高校思政课教学要坚持"理论联系实际"。当前思政课教学"理论联系实际"存在以下突出问题。

(一)思政课教学中政理、学理、事理不贯通

主要表现在:①政理阐释空泛,脱离社会实际讲政理,现实解释力不强;学理支撑不足,缺乏相关知识供给和学理分析,说服力不足;事理分析不透,留给学生教条、刻板、干瘪的印象,思想性、启发性与亲和力不足。②单向度地联系社会现象,要么联系正面社会现象、要么联系负面社会现象,价值引领缺乏体系性、实效性。③忽视思政课思想提升和价值引领的根本要求,用传授知识的方法替代思想引领的方法,通常表现为"概念加例子""命题找现象",分析止于表象,讲授止于解释,理论说服力和思想引领力不佳。

(二)思政课教学中课堂讲授、学生讨论、社会实践不衔接

主要表现在:①课堂教学满堂灌,缺少师生对话和互动,教师设定的讨论问题同学生关心的问题不对接。②社会实践与课堂教学不衔接,学生社会实践活动主题同思政课教学要求相脱节。③课堂教学、学生讨论、社会实践缺乏系统性、整体性规划,课堂讲授、问题讨论、社会实践主题不贯通。思政课教学的主渠道、主阵地是课堂讲授,实践教学环节不完善、不配套,实践教学方式随意化、碎片化,主题不够鲜明,没有同课堂讲授进行有效衔接,没有形成课堂讲授、课后实践同频共振的"整体合力"。

(三)思政课教学管理的体制机制同合力育人要求不适应

主要表现在:①思政课教师和辅导员队伍分属不同的管理系列,思政课教师与辅导员队伍各自开展工作的体制机制同思政课实践教学全覆盖的要求不适应,实践教学的学分难以落实。②当前思政课主要实行课程考试的方式进行考核,考核方式单一,难以反映思政课教学的结构化、立体化、多样性,学生课堂讨论情况、社会实践成效未纳入课程考核。

### 二、"三理贯通、三环相扣"教学理念和实践模式的实施

坚持以学理支持政理、知识输送价值、故事激发情感为原则,从专题式课堂讲授、开放式小班讨论、多样化主题社会实践安排教学。

(一)建构"三理贯通"的教学模式

教学内容设计由政理阐释、学理解释、事理解析3个基本部分组成,体现"三理贯通"。以"三理贯通"为主线,将"三理贯通"体现于课前备课、课堂讲授、学生讨论、课后实践的全过程,在推进"理论联系实际"的科学性、实效性中提升思政课的亲

和力和学生的获得感。

教学过程以"问题提出、案例导入、政理阐释、学理分析、事理揭示、组织讨论、教师总结"7个教学环节展开。从社会热点、理论难点、学生疑点的"结合点"上凝练问题。采用内涵故事和多样形式来进行课堂导入激发学习兴趣；在价值定位、规律阐述、现实剖析中进行专题讲授；在学生讨论、思想碰撞中深化理论认识；在教师总结中答疑解惑，实现思想提升。

(二)实施"三环相扣"的教学路径

第一环：专题式教学，以政理为核心实现"三理贯通"。设计教学专题实现"三理贯通"，在社会热点、理论难点、学生疑点的"结合点"上设计教学专题。引入新的方法展现专题内容，以"讲授+"即"课堂讲授+微视频+线上资源+微课程+对话互动"方式展现专题内容。在学术交流中深化专题内容，学院开办"马克思主义理论与交叉学科论坛""北斗论坛""学而讲坛""青马问道"等学术讲座平台，围绕教学热点、重点、难点问题，邀请国内外知名专家进行深度解析和研讨。

第二环：主题引导的开放式讨论，从学理切入实现"三理贯通"。为规范思政课学生讨论，制定了《思政课小班讨论实施办法》，建立"中班上课、分小班组织讨论"的教学机制。实行主讲教师和辅导教师联合上课方式，辅导员跟班听课并主持小班讨论，设置讨论主题，培养发言骨干，鼓励自由思考，强化教师引导，学生参与讨论情况纳入课程考核，实现课堂讨论的规范化。

第三环：多样化主题社会实践，从事理切入实现"三理贯通"。学校每年保障100余万元实践教学经费，在校外建立了134个实践教学基地，切实落实思政课实践教学2学分，主题社会实践凸显时代特色、地域特色和学校特色。学生社会实践主题包括：①改革开放主题。学校同陕西省12市、区共建社会实践基地，围绕改革开放设计数十个主题进行社会调查并撰写调查报告，优秀报告结集出版发行。②红色文化主题。社会实践充分发挥陕西红色文化资源的优势，组织学生参加延安、梁家河等实践基地的教育活动。③"西迁精神"主题。"西迁精神"是学校特有的教育资源，将"西迁精神"教育作为新生入校的"第一课"。

(三)建立"三理贯通、三环相扣"的保障机制

建立思政课教师与辅导员的融合机制。2015年学校成立了"大学生思想教育与实践教育研究中心"，专门负责辅导员参与思政课"小班讨论"活动与多样化主题实践教学活动。两支队伍融合项目2015年入选"教育部全国高校思想政治理论课教学科研团队择优资助项目"。

建立教学与科研相结合的促进机制。学院实行教学科研业绩结构化考核制度；建立集体备课制度，将集体备课的数量与质量纳入年度考核；学院实施青年教师师德师风、科研能力、教学能力提升计划。

建立师德与业务相统一的培训机制。每年设立40万元教师培训专项经费，支持教师参加各级各类思政课教师培训和相关学术会议、教学研讨会议，并组织教师

参加暑期社会考察、研修营活动。

**三、"三理贯通、三环相扣"教学理念和实践模式的创新**

"三理贯通、三环相扣"教学理念和模式,解决了思政课"理论联系实际"的问题,提升教学效果成效显著,成果具有以下创新。

(一)以教学内容建设为核心,提出了"三理贯通"的教学新理念、新模式

针对思政课教学中存在的实效性不强,入脑入心程度欠佳等问题,以理论联系实际的理念和方法为切入点,提出政理、学理、事理"三理贯通"的教学理念,把思政课要联系的"实际"明确为中国实践中正在做的"事情",而不是一般存在的社会现象,围绕改革开放重大实践问题,讲好政理、讲清学理、讲透事理,有效地解决了课堂教学中政理被空悬、学理分析不足、事理分析不透的问题,比较好地解决了理论与实际、"天边"与"身边"、理论与故事相衔接不紧的问题。

(二)以理论教育和实践教育相贯通为宗旨,创立了"三环相扣"的新路径、新方法

通过把专题式讲授、主题引导的开放式讨论、多样化主题社会实践3个环节融为一体,以教师教学主导为着力点,坚持"内容"为王、课堂优化和方法创新,体现主题贯穿、环环相扣、步步深入,实现教师教育主导作用与学生学习主体作用相统一,线下实体教学与线上情景教学相统一,引导性学习与自主性学习相统一;实现课堂讲授"第一课堂"、社会实践"第二课堂"、网络学习"第三课堂"的有机衔接;建立起知、行、情合一,层层递进的教学新模式。

(三)以队伍建设为保障,建立了支撑"三理贯通、三环相扣"的新体制、新机制

建立了思政课教师与辅导员两支队伍融合的体制机制,辅导员参与理论课教学,主持小班讨论和社会实践教学;建立了教师工作量结构化考核机制,要求教师成为教学科研双能手,保证教学过程学术含量的不断提升;建立了集体备课制度和教学质量评价机制;确立了思政课教师培训常态化、持续化发展机制。

**四、"三理贯通、三环相扣"教学理念和实践模式的媒体报道**

"三理贯通、三环相扣"教学理念和实践模式有效地提高了思政课的教学效果,在校内外产生了一定影响,引发了媒体的广泛关注和宣传报道。2017年9月4日,《中国教育报》发表王宏波教授的教学文章,对"学理支持政理,知识输送价值,故事激发情感"的教学理念与方法进行了介绍,被教育部官网、中国社会科学网、高教周刊等多个知名网站转载。2017年9月28日,《中国教育报》以《在创新中增强学生对思政课的"获得感"》为题对思政课改革建设和创新进行报道。2016年5月18日,《人民日报》以《西安交大以多样化教学促进思想政治理论课内容鲜活——丰富知识 坚定信仰》为题进行报道。2016年5月18日,"新华网"以《西安交大:创新思政课教学方式,增强吸引力实效性》为题进行报道。2016年5月19日,《中国教育报》以《讲95后大学生喜欢的思政课》为题进行报道。

■ 成果三十四

# 渗透家国情怀的工科专业育人模式研究与实践

（成果编号：2-278）

■ 获奖等级
二等

■ 完成单位
西安电子科技大学

■ 主持人
郑晓静，女，博士，中国科学院院士，西安电子科技大学教授、博士生导师，曾任西安电子科技大学校长、校党委书记。曾获得国家科技进步奖二等奖（2007）、国家自然科学二等奖（2008）、何梁何利科学与技术进步奖（2014）、周培源力学奖（2017）等奖励。2003年任西安电子科技大学校长，倡导"人才培养是高校的中心工作，本科教育教学是学校经常性的基础工作"的"两个共识"，高度重视人才培养质量和价值导向。主持制订了学校"本科教育质量提升计划"，设立了校长基金，将"西电红色文化传承为特色的思想政治理论课教学模式探索"列为首个支持的重大项目，是陕西省2015年教学成果奖"以红色文化传承为特色创新高校思政课教学模式"和2017年教学成果奖"以微传播为载体的高校思政课多元辅助课堂教学模式探索"的第一完成人。

■ 团队成员
郑晓静，夏永林，石光明，李波，李瑾，秦明，刘建伟，刘丰雷，李云松，刘宏伟，马建峰，傅超，辛红

■ 成果简介
西安电子科技大学的前身是1931年诞生于红都瑞金的中央军委无线电学校，是我党我军的第一所工程技术学校。办学88年来，学校形成了以工为主、多科并进、面向国防前沿和国家重大需求的鲜明特色。当前，我国发展面临着重大科技和

关键核心技术受制于人的瓶颈,国家对具有家国情怀的一流工程科技人才的需求比以往任何时候都更加迫切。西安电子科技大学的主流学科及研究领域也大多是被西方国家封锁和严格限制出口的技术,因而在"为谁培养人、培养什么样的人、怎样培养人"这一根本问题上,学校更加突出强调家国情怀教育与专业教育紧密结合,探索与形成了与之相应的育人模式。

在面向国家需要的一流工程科技人才培养过程中,如何将家国情怀教育与专业教育实现有机融合的问题上,长期以来一直没有得到很好地解决。主要表现在:第一,对家国情怀在人才培养中的重要意义认识不够,没有建立起家国情怀与专业教育紧密耦合的教育理念。第二,人才培养目标较多地强调知识能力目标,而缺乏必不可少的责任担当、理想追求和爱国主义的内容。第三,教学大纲和课程大纲过分强调专业知识逻辑,传统教学内容和方法多强调教学的技术性行为。第四,"重科研轻教学"的教师评价制度导致多数教师无心教学,渗透家国情怀的专业教育更无从谈起。第五,人才培养质量评价内容中,重知识、轻能力和非智力因素,评价主体单一,评价方式重结果、轻过程。

基于对上述问题的解决,实现家国情怀教育与专业教育紧密结合,学校在人才培养上积极推动"三个回归"——即向教育本质回归、向办学本质回归、向科研本质回归;建立"两个体系"——即基于激励和引导学生自我发展的教育教学体系和基于服务国家需求和解决问题导向的创新创造科学研究体系。

本教学成果构建了"渗透的家国情怀工科专业育人模式六重结构"。成果以学校红色基因为发展动力,坚持家国情怀教育与专业教育相结合,围绕国家战略需求,调整新兴学科专业,推动课程教学改革以及校园文化建设,不断吸收现代教育教学研究前沿成果,开展基于学习产出(OBE)的学生评价,培养具有家国情怀的一流工程科技人才。通过改革理念创新,实现了家国情怀教育与专业教育目标实现紧密耦合;通过实践途径创新,实现了家国情怀教育渗透到科研和教学的相互转化中;通过育人过程创新,实现了家国情怀教育与成长成才实现链式迁移效果;通过育人评价创新,实现了评价学生能力和非智力因素的"第二张成绩单"。该模式已经在学校人才培养方面得以实施,学校人才培养的质量和成效得到了国家与社会的高度认同。

■成果总结报告

## 《渗透家国情怀的工科专业育人模式研究与实践》成果总结报告

西安电子科技大学(简称"西电")的前身是1931年诞生于江西瑞金的中央军委无线电学校,是我党我军第一所工程技术学校。办学88年来,学校形成了以工为主、多科并进、面向国防前沿和国家重大需求的鲜明特色。学校的主流学科研究领域多是被西方国家封锁和严格限制出口的技术。当前,我国发展面临着重大科技和关键核心技术受制于人的瓶颈,国家对有家国情怀的一流工程科技人才的需求比以往任何时候都更加迫切。因而在"为谁培养人、培养什么样的人、怎样培养人"这一根本问题上,西安电子科技大学一贯强调家国情怀教育。但随着近年来一流工程人才培养中出现的诸多问题,本成果认为应该更加强调家国情怀教育与专业教育紧密结合,并形成与之相应的育人模式。

### 一、一流工程科技人才培养中存在的主要问题

在面向国家需要的一流工程科技人才的培养过程中,如何将家国情怀教育与专业教育实现有机融合上存在的问题长期以来一直没有得到很好地解决。具体表现在育人过程中存在着以下"五个不适应":第一,理念不适应。工科专业育人对人文素质,尤其是家国情怀在人才培养中的重要意义认识不够,没有建立起家国情怀与专业教育紧密耦合的教育理念。第二,培养目标不适应。工程教育往往单纯地以专业知识学习和能力发展为培养目标,对一流工程科技人才所应具备的能力的综合性认识不足,目标建设中缺乏必不可少的责任担当、理想追求和爱国主义的内容。第三,培养路径不适应。传统的专业教学大纲和课程大纲过分强调专业知识逻辑,传统教学内容和方法多强调教学的技术性行为,导致教书有余、育人不足,家国情怀缺位。第四,制度环境不适应。尤其是"重科研轻教学"的教师评价制度导致多数教师无心教学,渗透家国情怀的专业教育无从谈起。第五,质量保障体制不适应。特别是学生评价制度与人才培养目标和路径的一致性不足,评价内容重知识、轻能力和非智力因素,评价主体单一,评价方式重结果轻过程。

为此,我们认为应该开展渗透家国情怀的工科专业育人模式的研究与实践。

### 二、渗透家国情怀的工科专业育人模式的基本做法

为实现家国情怀教育与专业教育紧密结合,西安电子科技大学推动"三个回归"——向教育本质回归、向办学本质回归、向科研本质回归;建立"两个体系"——基于激励和引导学生自我发展的教育教学体系,基于服务国家需求和解决问题导向

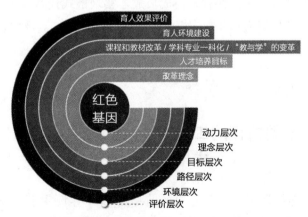

图 34-1 渗透家国情怀的工科专业育人模式六重结构

的创新创造科学研究体系。在这一基本理念的指导下,本成果构建了渗透家国情怀的工科专业育人模式的六重结构(图34-1)。以学校红色基因为发展动力,坚持家国情怀教育与专业教育相结合,围绕国家战略需求,调整新兴学科专业,推动课程教学改革以及校园文化建设,不断吸收现代教育教学研究前沿成果,开展基于学习产出(OBE)的学生评价,培养具有家国情怀的一流工程科技人才。

(一)育人改革理念:家国情怀教育与专业教育紧密结合

西安电子科技大学自诞生起就长期围绕在党中央周围,孕育了"艰苦奋斗、自强不息、求真务实、爱国为民"的"西电精神"。家国情怀教育与此一脉相承,旨在培养学生的爱国之心、报国之志、担当之勇、人文之情。家国情怀教育与专业教育紧密结合是"西电精神"与"三个回归"相结合的具体体现。

(二)育人目标:培养具有家国情怀的一流工程科技人才

学校确立"爱国进取、创新思辨,厚基础、宽口径、精术业、通工程,具有国际视野的行业骨干和引领者"的本科生人才培养目标,旨在培养具有家国情怀的一流工程科技人才。

(三)育人路径:专业设置和专业教学等全面渗透家国情怀

第一,围绕战略急需,实现学科专业一体化。在全国率先成立空间科学与技术学院、网络与信息安全学院、人工智能学院,设置网络空间安全等一级学科,前沿研究与知识学习相结合,实现学科专业一体化,为育人服务。

第二,立足前沿,开展课程和教材建设。其一,为知晓前沿知识和中国国情,将最新科研成果转换为教学资源,2011—2017年出版教材293部。编写了《现代电子装联质量管理》等一批结合企业需求、立足前沿的教材,信息安全专业等系列教材,以及《通信原理及系统实验》等多部实验实践教材。其二,增加前沿课程,删减落后冗余课程,如2018年开设《区块链技术原理与开发实战》,全校600余名学生报名,同步启动MOOC和在线课程。其三,2013年成立终南文化书院,书院开设8门课,计16学分,在周末和假期组织开展经典导读、专题讲座和社会实践等活动,以文化教育促进专业教育,涵养学生的家国情怀。

第三,直接育人与转化育人结合,实施"教与学"变革。其一,理论教学结合西电红色故事,让学生知历史、懂国情。例如,讲授《通信原理》时,把校长王铮指导发明通信联络法,为红军"四渡赤水"立奇功的故事融入其中;将教师家国情怀转化为爱国、奉献和担当,以言传身教贯穿教学,梁昌洪老校长的精美板书,以及2018年4月潘伟涛老师题为《一个通院集成课教师眼中的中兴事件与选课》的微文,都从中渗透着家国情怀。其二,实践教学构建大学生科技创新体系,通过学科竞赛、科技扶贫等创新创业活动,使学生立足前沿、了解国情,如刘志镜教授团队的"农掌门"、大学生创业项目"小满良仓"等都是发挥学校自身学科专业优势科技扶贫惠农的有益尝试,增强了学生的使命感与责任感。其三,以"项目—导师制"的项目学习为牵引,实现理论教学与实践教学相结合,提出从低年级到高年级依次采取以新生研讨课、优秀生项目、学生科研立项和毕业论文设计为载体的 4 阶段模式,学习过程中引导学生在为社会做贡献中升华人生价值。其四,以家国情怀教育涵育学习毅力等,提升自主学习力,网络与信息安全学院张宁教师利用 SPOC 翻转课堂教学方法让学生立足前沿,以编程马拉松等实践环节锻炼学生学习的毅力,收获好评。

（四）育人环境建设:全方位涵养家国情怀

第一,打造渗透家国情怀的育人文化环境。建立了实物资料库、网络数据库等 2 个红色文库,建设了电子信息博物馆、西电笔迹和校史馆等 3 座红色展馆,以及长征路上办学、全心全意为人民服务等 4 座红色雕塑,排演《长征组歌》等高雅艺术,累计投入 3 000 万元。

第二,探索"四位一体"的思政课创新模式。依托课堂教学、社会实践、校园文化和网络媒体等载体,成立红色文化教育研究中心,探索以传承"西电精神"为特色的思政课创新模式。编写思政课辅导用书 16 部,开辟社会实践基地 32 处,建立"西电小喇叭"等自媒体教育平台和"老夏说课"等专家微信公众号,受众覆盖在校师生 7 万多人次。

第三,倡导教师评价"硬期刊"。提出"硬期刊"科研评价,引入自我评价、同行评价等多元教师评价主体,将记载突破核心技术的产品、专利等多种成果形式作为评价对象。教学评价引入课程大数据。2016 年对教室的基础网络、多媒体设备和扩音系统等进行升级改造,通过视频、雨课堂、微助教等多种手段记录"教与学"过程数据,让教师从"能讲一门课"过渡为"能讲好一门课"。

（五）育人效果评价:"第二张成绩单"激发学生的家国情怀

关注能力和非智力因素评价,引入多元评价主体,将结果评价与过程评价相结合。从 2014 年起,在全校本科生培养方案中设置"第二张成绩单",本科 4 年内至少完成基础素质培养部分的 22 个学分,如能完成创新能力提升部分的 40 个基点,就能获得能力素质提升优秀奖。目前,超过 80% 的本科生参与"第二张成绩单"的认定。

### 三、渗透家国情怀的工科专业育人模式研究与实践的创新点

渗透家国情怀的工科专业育人模式研究与实践是本科教育领域的综合性改革,内容涵盖改革理念、目标提升、路径重构、环境建设、评价体系优化等育人全过程,实现了学生、教师和学校管理者共同参与、全校各部门联动,改革成果惠及全体学生。本成果的创新点包括以下几个方面。

（一）改革理念创新

家国情怀教育与专业教育目标实现紧密耦合。本成果紧紧抓住国家原始创新、引领前沿过程中家国情怀的重要作用,凝练了家国情怀教育与专业教育之间的共同目标,突破性地将学校的优势红色基因与专业教育实现紧密耦合,构建了渗透家国情怀的专业育人模式。

（二）实践途径创新

家国情怀教育渗透到科研和教学相互转化中。本成果充分利用西安电子科技

大学作为我党我军第一所工程技术学校的特殊背景,以及长期承担的大部分科研项目都具有国防背景这一鲜明特色,通过课堂讲授相关红色学科史,教师言传身教感染学生等手段,构建了科研和教学相互转化、直接育人和转化育人相结合的渗透家国情怀的工科专业育人路径。

(三)育人过程创新

家国情怀教育与成长成才实现链式迁移效果。本成果坚定了大学生的理想信念,增强了学习的主动性,使其专业学习目的更加明确,成效良好,实现了链式迁移效果——爱国奉献、勇于担当的老一辈教师,感染了有理想有能力的青年教师;创新自信、始终瞄准前沿研究的教师队伍,促进了有追求、有情怀的大学生培养;埋头苦干、甘于在关键科技领域默默奉献的校友群体,带动了大学生择业时做出符合国家需求的选择。

(四)育人评价创新

评价学生能力和非智力因素的"第二张成绩单"。"第二张成绩单"即"能力素质拓展模块",着力培养学生拥有"爱国、知礼、诚信"的道德品质和"阳光、进取"的健全人格,量化记录学生开展创新创业活动情况,学科竞赛、创新创业计划项目、论文发表等活动都被纳入其中,带动了学生扎根中国大地、了解国情民情,在创新创业中增长智慧才干,在艰苦奋斗中锤炼意志品质。

**四、渗透家国情怀的工科专业育人模式的效果评价及社会影响**

该模式育人效果显著,呈现人才培养的"西电现象"。大批杰出校友在关键科技领域建功立业。近10年来,具有西安电子科技大学本科学历背景的毕业研究生,在军工和国家重点行业企业集团入职的比例高达70%。育人做法得到广泛积极的评价,受到习近平总书记的肯定。

(一)育人效果显著,呈现人才培养的"西电现象"

大批西安电子科技大学校友在关键科技领域建功立业。集中涌现了"天宫"总师杨宏,"嫦娥五号"总师杨孟飞,火星探测总师张荣桥,航天科技委主任包为民,中国电科董事长熊群力,以及嫦娥工程前副总指挥阴和俊、王志刚等西安电子科技大学改革开放后的校友代表;近年来又有一批中青年西安电子科技大学校友在反隐身雷达、预警机、航母雷达等关键科技领域负责人队伍中锻炼和成长起来。

毕业生扎根国家关键科技领域。据统计,国内最大军工集团中国电子科技集团公司下属的45个成员单位中,60%以上的所长和总工程师毕业于西安电子科技大学,在中国实力最强的通信设备公司华为和中兴,西安电子科技大学毕业生数量始终稳居全国高校前列。近10年来,具有西安电子科技大学本科学历背景的毕业研究生,在军工和国家重点行业企业集团入职的比例高达70%。

教师于家为国、务实创新、引领前沿、人才辈出。党的十八大以来,学校在信息与通信领域新增的长江学者教授数位居全国前列(共8人),入选长江学者、卓青、杰青、优青、青拔等国字号人才和高层次创新团队的数量持续增长。

（二）育人做法辐射全国，得到广泛积极评价，受到习近平总书记的肯定

学生自我评价高。华中科技大学院校发展研究中心2016年发布的《西安电子科技大学本科生学习与发展调查报告》显示：西安电子科技大学学生对"学校注重学生爱国进取精神的培养"认同度高达98%。

育人做法多次获奖。挖掘红色教育资源的做法入选教育部典型案例，多次获奖。2014年以来，新增国家级教学成果奖4项、省级教学成果奖4项、省级教学名师4人。

主流媒体追踪报道。在工科育人中渗透家国情怀的做法，被中央电视台《新闻联播》以及《人民日报》《中国科学报》《中国教育报》《中国社会科学报》等主流媒体累计报道百余篇次，引起社会高度关注。

改革理念和模式被认可。电子科技大学、同济大学、华中科技大学、华南理工大学、华中农业大学、兰州理工大学、中南林业科技大学、中北大学、杭州电子科技大学等多所高校来校调研。

"青年红色筑梦之旅"主题教育成为典型。2017年，学校承办第三届中国"互联网+"大学生创新创业大赛，首创"青年红色筑梦之旅"，队员们自发向习近平总书记写信汇报，总书记回信中评价学生"既取得了积极成效，又受到了思想洗礼"。目前，该主题活动已成为"互联网+"大赛固定项目，受到高校青年学子热捧。

## 成果三十五

# 首创教学质量实时监测大数据平台
# 打造采评督帮"四精模式"新课堂

(成果编号:2-301)

### ■获奖等级
二等

### ■完成单位
西安交通大学

### ■主持人
郑庆华,博士,西安交通大学副校长,博士生导师,西安交通大学计算机学院教授,国家杰青、长江学者特聘教授、国家"万人计划"首批科技创新领军人才、"新世纪百千万人才工程"人选、国家自然科学基金创新群体负责人、教育部创新团队负责人、"计算机网络与体系结构国家级教学团队"负责人。获得3项国家科技进步奖二等奖(2项排1),国家教学成果奖一等奖(排2)和二等奖3项(2项排1),以及7项省部级科技进步奖一等奖(排名1、2)等。先后获得中国科协"求是"杰出青年奖、中国青年科技奖、国务院政府特殊津贴专家、宝钢优秀教师特等奖、全国高等学校优秀骨干教师、教育部新世纪人才、全国信息产业科技创新先进工作者等荣誉。

### ■团队成员
郑庆华,田锋,锁志海,张萍,徐墨,鲍崇高,刘俊,张俊斌,周远,李德成

### ■成果简介
"心存敬畏、行有担当"的课堂教学是人才培养的首责和主阵地。经过14年系统研究和实践,首创教学质量实时监测大数据平台,建立了技术—制度—管理—服务协调联动的新机制,实现所有课堂的精准采集、精准评价、精准督导、精准帮扶的"四精模式"新课堂。发表教改论文12篇,学术论文44篇,发明专利12项,实现教

学管理理论、质量评价体系、技术实现手段的综合创新,实现课堂教学"经常抓、抓经常",起到了师生共同敬畏课堂、提质增效的重要作用。以瞿振元教授为组长的专家委员会鉴定认为:在教学质量大数据实时采集、汇聚融合、分析挖掘、科学评价、精准服务等方面达到国际领先水平,首创教学质量实时监测大数据平台,填补国内空白,具有重大的应用价值和推广前景。已在西北农林科技大学、西安电子科技大学、陕西师范大学等高校应用。

### ■成果总结报告

## 《首创教学质量实时监测大数据平台打造采评督帮"四精模式"新课堂》成果总结报告

课堂教学是人才培养的主渠道、主阵地。"心存敬畏、行有担当"的课堂教学是高等教育的首责和立德树人的关键。2017年10月,教育部发布的首份《中国高校本科教育质量报告》指出:"我国高校课堂教学总体状况存在不少令人担忧之处。""随着大数据时代的到来,科学化、系统化教学质量保障体系建设亟待深度融合先进技术手段。"

自2004年起,在国家自然科学基金、高等教育科学研究重大课题等支持下,本着"问题导向、平台驱动、机制创新、提质增效"的思路,经150余人14年的系统研究与实践,首创教学质量实时监测大数据平台,建立技术—制度—管理—服务协调联动的质量提升新机制,实现所有课堂的精准采集、精准评价、精准督导、精准帮扶,打造"四精模式"新课堂,真正起到了师生共同敬畏课堂、提升质量、促进发展的作用。

2017年11月,以中国高教学会原会长瞿振元教授为组长的专家委员会鉴定认为:"成果在教学大数据实时采集、汇聚融合、分析挖掘、科学评价、精准服务等方面达到国际领先水平,首创教学质量实时监测大数据平台,填补国内空白。""具有重大应用价值和推广前景。"

**一、成果主要解决的突出问题**

成果解决了经长期大量实证研究得出的影响课堂教学质量的4个突出问题。

(1)数据精准采集难。以往问卷调查、督导抽查的采集方式存在时效差、偏主观、难覆盖、难持续等问题,也很难实时准确采集到课率、抬头率、师生互动、师生表情、教室场景等数据,考勤等教学管理有制度难落实;同时,因涉及隐私保护、数据安全与跨部门共享等技术和制度壁垒,导致管理部门难以掌握真实学情。

(2)课堂精准评价难。问卷评价方式数据源单一,评价指标粒度粗,重宏观轻细节,难以适配不同类型课堂;期中、期末终结性评价结果滞后;学生、同行、督导等多源评价时有分歧且难融合,导致结果片面模糊,信度低,无法精准发现具体课堂问题和问题课堂,流于形式,评而难导,影响公信力。

(3)教师精准督导难。以往随机抽查、片段式听课的督导方式因精力和人力所限,往往偏重课堂纪律与外在表现,难以实现课堂质量横、纵向比较分析,导致教学问题内涵抓不准,重督轻导,难以精准查摆问题并指导教师改进教学。

(4)学生精准帮扶难。因精力受限,辅导员、班主任、教师等难以对所有学生的学业进展、经济状况、身心健康、师生关系等进行逐一分析和帮扶,导致学生学业困难、翘课打工、沉溺网络、性格怪异等频现,休学、退学多发,严重影响了学生的发展。

上述 4 个问题具有基础性、全局性特点,仅靠传统人工方式已很难解决,且严重影响教风学风,损害教书育人。

### 二、成果解决上述问题的详细方法描述

提出"问题导向、平台驱动、机制创新、提质增效"的研究思路,以创建技术—制度—管理—服务协调联动的新机制为核心,运用大数据、人工智能、云计算、物联网等技术,研制出支撑采评督帮"四精模式"决策支持分析的教学质量实时监测大数据平台,制定 6 项新制度,将评价结果作为教风学风、绩效分配、职称晋升的主要依据,创建教务、学工等多部门协调联动的精准督导与帮扶机制,营造师生共同敬畏课堂、促进全面发展的"四精模式"新课堂。

(1)研制出"物联网+云计算"数据精准采集方法。研制与师生身份绑定的访问控制精准化实时数据采集技术,确保数据真实可信,研制数据脱敏隐私保护技术,确保信息安全。自动实时采集全校年均 6 028 门次第一课堂和学生成长第二课堂数据,年数据量达 6PB;研制出不同业务系统之间的数据交换共享接口。自 2011 年以来,已采集量表、文本、音/视频等超过 4.1 亿条教学质量大数据。

(2)提出"分类评测—多维排序—结果融合"评价方法。将课堂分为理论、实验、体育、艺术、医学见习 5 种类型,设计与之相配的教学态度、内容、方法、效果、秩序五维评价指标;采用自然语言处理、深度学习与模式识别等算法,从 4 亿多大数据中挖掘出反映课堂教学质量的细粒度特征,研制出多维指标排序算法、权重自适应调整的多维融合方法,自动识别态度不端正、内容不严谨等五大类 1 626 个问题课堂和 12 万余条具体课堂问题(如照本宣科、互动少),解决了课堂教学精准评价的难题。

(3)建立问题驱动的精准督导机制。建立专职督导团队,构建校、院、系三级立体交叉的督导机制,成立教师教学发展中心。针对发现的问题课堂和课堂问题,采用现场点评、课后还原、约谈警示、递进培训、专家会诊等个性化、跟踪式精准督导方式,指导纠正各类问题 5 397 人次;开展精彩课堂评选和名师培育,形成"评价、引导、反馈、提高"的督导闭环。

(4)实施个性化精准帮扶策略。本着因材施教、全面发展的原则,基于大数据分析生成涵盖学业、社团、社交、消费、上网、作息六维特征的学生精准画像,引导学生规划大学生涯。研制出学生成绩分析预测、生活行为异常研判、贫困生识别等算法,可精准回答学生喜欢上什么课、是否网络沉溺以及作息规律、参与活动等。自 2011

年以来,在学业辅导、心理疏导、贫困资助等方面精准帮扶学生1.3万余人次。

上述4个方法环环相扣,在平台与机制保障下,解决了精准采集、评价、督导、帮扶4个难题,真正实现课堂教学"经常抓、抓经常",为提升教学质量、促进师生发展起到了以往人工方式难以企及的作用。

**三、成果的3个核心创新点**

运用"教育+互联网"的思想,实现了教学管理理论、质量评价体系、技术实现手段的综合创新,是理论与实践深度融合的创新性成果。

(1)建立大数据驱动的采评督帮"四精模式"新课堂、新机制。其创新内涵为:精准采集"听诊器",实时采集教学状态数据;精准评价"超声仪",找出课堂存在的问题;精准督导"理疗仪",指导教师改进教学;精准帮扶"导航仪",个性引导学生发展;建立技术—制度—管理—服务多部门联动的教学质量提升新机制。实现"心存敬畏、行有担当"的课堂教学,促进教书育人、管理育人、服务育人,有效保障人才培养目标的实现。

(2)建立大数据综合分析的分类、多维评价指标体系和方法。构建多类多维教学质量评价体系,利用深度学习与人工智能技术,解决了从评教文本、课堂视频等多模态大数据中挖掘教学质量细粒度特征的难题,所提出的多源数据融合决策方法实现了从教学态度、内容、方法、效果和秩序五维核心指标的权重计算、多维排序与结果融合,克服了之前终结性评价数据来源单一、结果滞后、信度差等问题,且评价结果符合客观实际的正态分布。

(3)首创教学质量实时监测大数据平台。运用"物联网+云计算"技术,采集第一课堂、第二课堂、学生生活及社交、招生就业等数据;实现从入学到毕业的全口径、全过程大数据综合分析和应用,实现了教学质量管理从模糊宏观到量化精准,从期中期末终结性评价到实时过程性评价,从部分随机督导(之前不到全部课堂的20%)到全面覆盖,从事后帮扶到即时帮扶的四大转变,不仅营造了师生共同敬畏课堂的氛围,也为提升教学质量、降低管理成本、实现精准帮扶提供了技术和数据支撑。

平台具有经济实用、可复制、可推广的技术特点,管理制度和运行机制可供各高校借鉴。专家鉴定认为:成果在创建"四精模式"新课堂、提升教学质量、促进师生发展方面具有人工难以替代的重要促进作用。

**四、成果推广的实际成效**

1. 促进教学管理和服务育人提质增效

(1)精准采集。自2011年以来平台采集了第一课堂实时考勤、评教、全校398个教室视/音频等13项教学状态数据1.8亿条,第二课堂15项2 851万条,学生成长发展18项2.1亿条,累计4.1亿条。日采集量超过40万条;制定《西安交通大学数据共享保密责任书》及其三级安全保障体系,保证数据安全、可信、可审计、可追溯。至今无一泄露、滥用。

（2）严肃教学秩序，师生共同敬畏课堂。学生到课率从2011年的74.18%增长到2017年的96.37%；2014年以前认定的教学事故中教师迟到的比例为75%，2016年降为20%，2017年为零。

（3）精准评价。之前的教学评价结果优良率达97%，与事实不符，且不符合正态分布，排名后1%的教师申诉多。采用本平台后，评价后1%教师的申诉率由2012年的16.67%降至2017年的3.33%，且结果符合正态分布，评价信度明显提升。

（4）精准督导。6年38期共培训3 122名教师，满意度达99.6%；面对面帮扶1 299名教师；个性化培优612名，帮扶37名教师通过资格认定；2014年以来，评价后1%教师共129名经帮扶后，重返课堂教学效果评价优良率达97%。

（5）精准帮扶。自2012年以来，平台学业预警近8 000人次；不及格人数从2012年的18.51%下降到2017年的17.48%；对网络沉溺等异常学生实施心理帮扶2 393人次。

（6）教学质量逐年提升。毕业生继续深造率从2012年的57.72%提升到2017年的66.07%，位居全国前五；学生获得国际奖项从2014年的51项232人次增加到2017年的86项447人次。

2. 专家组的意见

2017年5月教育部本科教学工作审核评估专家组的意见为："建立了教学质量监测大数据平台，在全国处于领先地位。对教学评价末位教师的帮扶制度有效，对学习困难学生的指导切实可行，教学质量保障体系运行效果良好。"

3. 教育部领导视察评价

教育部杜占元副部长现场考察后指出："西安交大利用信息化技术对如何发现课堂教学中的问题以及如何改善教学质量给出了很好的解决方案。"林蕙青副部长听取汇报后表示："有助于营造师生共同敬畏课堂氛围，有利于教学质量提升，值得推广。"

4. 全国各类大会报告及反响

在中国高等教育学会、教育部科技司组织的高教改革、教育信息化大会上向500多所高校做了11场主题报告，反响强烈，且主动对接。清华大学陈皓明教授评价："平台的建立可以看出西安交大对本科生教学质量的重视。"

5. 6省教育厅26所兄弟高校来校考察

黑龙江、河南、云南等省教育厅和清华大学、哈尔滨工业大学等26所高校来校调研并高度评价。中央电视台2套《经济半小时》节目2018年8月17日做了专题报道。

6. 正在兄弟高校积极推广应用

目前，已在西安电子科技大学、西北农林科技大学、陕西师范大学等高校推广应用，并正在陕西省教育厅组织向全省高校推广应用。

### 成果三十六

# 科学选拔,因材施教,敦笃育人
## ——西安交大少年班32年拔尖创新人才培养探索与实践

（成果编号:2-323）

■**获奖等级**
二等

■**完成单位**
西安交通大学

■**主持人**

朱世华,教授,博士生导师,1982年获得西安交通大学无线电技术学士学位,1984和1987年分别获得英国Essex大学Telecommunication Systems硕士学位和Electronic Systems Engineering博士学位。历任西安交通大学学科教授、学院院长和副校长,作为全国教学指导委员会委员和工程教育专业认证委员会委员,获得省部级及以上奖励8项,承担了多项少年班教育教学改革和管理工作。包括组织开展少年班培养模式研究,结合特殊人才实际成长规律,分析其特点、培养优势和困难,提出相应的改革方案和制度设计;针对少年班超常初中生招生的特点,不断组织设计科学、公平、透明、有效的招生流程与选拔办法;基于钱学森创新科学精神及教育理念指引,组织因材施教的教学方案设计和特色教材建设;推进少年班的学习管理制度与改革方案的不断完善、创新。

■**团队成员**
朱世华,郑庆华,杨森,宋红霞,王娟,邱捷,訾艳阳,李福利,张爱民,梅红,王佩东,张昕

■**成果简介**

如何发现智力超常少年并因材施教,是古今中外教育领域公认的一项极具挑战

科学选拔,因材施教,敦笃育人——西安交大少年班32年拔尖创新人才培养探索与实践

性的难题,是各国创新人才培养的制高点。早在1974年5月,诺贝尔物理学奖获得者李政道教授上书周总理,提出"从少年人才入手"培养一支"少而精的基础科学工作队伍"。1978年,邓小平指出:"在人才的问题上,必须打破常规去发现、选拔和培养杰出的人才。"时任校长蒋德明提出:"响应邓小平同志号召,交大责无旁贷,党中央的要求就是我们的责任。"1985年,西安交通大学正式成为教育部批准的13所开展少年班招生培养试点高校。历经32年5任校长300多名教师的艰难探索和创新实践,形成了一套适合中国国情自主创新的"破格选拔,因材施教,发掘潜能,注重品行,培育精英"的少年班选拔和培养体系。

成果实现了"人才培养制度创新、招生选拔模式创新、教学体制机制创新、育人成才理念创新"四大创新。西安交通大学少年班通过人才培养制度创新,引发中学与大学换位思考,开创资优早慧少年协同育人道路;通过招生选拔模式创新,打破"一考定终身"和"唯分数论"的传统人才选拔路径;通过教学体制机制创新,促进拔尖创新人才多样化、个性化成长;通过育人成才理念创新,转变片面强调知识灌输的育人传统,实施"知识—能力—思维—品行"四位一体全人发展新理念。以上创新不仅培养出了陈曦、郑海涛、吴翰清、付春刚等大批优秀人才,同时还带动了全校通识教育改革、"2+4+X"培养模式改革,成效辐射全社会,并获得社会各界高度评价。国家教育咨询委员会专家杨乐院士、李延保、张玉台等认为,西安交通大学"遴选、培训精英的好做法及少年班的设立,对于国家鼓励和倡导创新具有重要战略意义","解决了从中学超常少年培养到大学系统教育培养模式的有效衔接问题,是全国教育的骄傲"!

■成果总结报告

## 《科学选拔,因材施教,敦笃育人——西安交大少年班32年拔尖创新人才培养探索与实践》成果总结报告

"少年智则国智,少年强则国强。"如何发现智力超常少年并因材施教,是古今中外教育领域公认的一项极具挑战性的难题,亦是国家高端人才培养的制高点。西安交通大学自1985年响应国家号召"打破常规、培养英才少年",创办少年班,开启拔尖创新人才培养探索;历经5任校长,跨越世纪、矢志不渝、艰难探索,通过人才培养制度、招生选拔模式、教学体制机制和育人成才理念的创新,构建了一套"跨界协同、科学选拔、贯通培养、敦笃育人"的智力超常拔尖创新人才选拔与培养模式,培养了一批少年英才,众多校友在30岁左右就做出了令世界瞩目的成绩。

西安交通大学历经32年5任校长300多名教师的艰难探索和创新实践,已发展形成一套适合中国国情自主创新的少年班选拔和培养体系。受高考指挥棒的影响,基础教育多以应试教育为主,采取唯分数的评价和升学制度,遏制了早慧资优少

年的成长发展,与高等教育的人才理念、教学方式、学籍管理、学习环境等存在显著差异。我国每年逾千万的中学毕业生无论个人天资、知识、能力高低,最后只能以高考分数为依据继续升学。1%～3%的智力超常少年亦无专门科学甄别的有效途径,作为国家重要的拔尖创新人才资源,给予的专门选拔探索严重不足,错失为国家培养创新人才的最佳时机。传统教育培养模式过度关注学习的集中性、整齐性、秩序性,教育目标、教学方案、课程内容、专业选择、授课方式等多趋于整齐划一,缺乏一套"大学预科(高中)—本科—硕士—博士"贯通式培养方案,忽略了部分智力超常少年多样化、个性化的发展需求,因材施教的教学管理方案设计难、出台难、落地实施难。实现"身体和心理的协调发展、智力与品行的协调发展、知识与能力的协调发展"是少年班培养的最大困难,也是消除社会有关"少年班拔苗助长"质疑的关键所在。

学校围绕素质教育思想下早慧拔尖创新人才如何在高考体制外科学选才、平稳过渡、创新培养的问题,秉承钱学森教育思想精髓,构建了"跨界协同、科学选拔、贯通培养、敦笃育人"的特殊人才培养特区。首创"基础—高等"协同育人制度,引发中学与大学换位思考的人才定位。设置预科阶段,融通知识内容、衔接两级教学体系、改革教学方法,实现"预科—本科"无缝衔接;大学与中学共同编撰全国首套少年班教材,开创资优早慧少年协同育人道路。打破"一考定终身"和"唯分数论"的传统人才选拔路径,首创"两阶段四模块"多元化科学选拔模式。通过初试、复试两阶段科学甄别优秀人才;设立"特色笔试、心智测量、体能测试、综合面试"四模块,发掘"学科素养、道德品质和创新潜能"优异人才;引入自评估,通过第三方测评的选拔效度检验,确保人才科学甄选。构建"基础—专业—创新"梯次推进的教育体制,促进拔尖创新人才多样化、个性化成长。通过夯实基础教育,定制数理基础坚实、科学与人文素养兼修的贯通式培养方案;因材施教、优化专业教育,量身打造灵活多样的专业培养方案;实施全方位科研训练,打通本科与研究生学术创新界限,注重学生创新能力培养。转变片面强调知识灌输的育人传统,构建"知识—能力—思维—品行"四位一体新理念。成立钱学森荣誉学院,将使命感、荣誉感融入创新人才成长全过程;设立钱学森大讲堂、邀请国内外知名专家开设前沿科学讲座,拓宽知识、提升能力;开展形式多样的爱国主义教育活动,促进思维创新与品行养成,全面践行四位一体育人新理念。

提升学业绩效水平、优秀学子不断涌现。少年班应届生比同龄学生"学业超前"3年时间,在学习和就业方面均有明显的年龄优势。自2010年以来,少年班学生中继续研究生深造、出国、进入世界前50名大学就读的比例高于西安交通大学同期统招生,学业优势明显。

《中国高教研究》和《复旦教育论坛》等最新研究显示:少年班学生"学术多样性经历、个体创新行为、创造力"得分水平显著优于其他学生。自2010年以来,学生在全国青少年信息学奥林匹克竞赛、数学建模竞赛、英语竞赛、机器人大赛等重大赛事上的累计获奖数远高于普通本科生。

少年班共招收1 834名学子,毕业899人,毕业生分布于教育科研、国有企业、政府及事业单位等各个领域,大批优秀人才成长为本领域的中流砥柱。少年班毕业生中,多达80%获得硕士或博士学位,众多校友在30岁左右就做出了令世界瞩目的成就,如获得美国政府官方授予青年学者的最高奖励"2008年度美国青年科学家总统奖"、中组部千人学者的陈曦等。

近年来,学校为少年班教育教学新建一批教改课程,包括6门预科核心课,完成《工科数学分析》等教材的编写,形成首套基础—高等教育有机衔接的教材;开设《经济学概论》等通识课,《高等数学》等课程入选学校"名师、名课、名教材"工程。一批高水平教学名师担当少年班教学任务,教学相长、相得益彰。

延承少年班创新人才培养改革和探索,国内高校陆续开办本硕连读学硕班、基地班、创新人才试验班、侯宗濂医学班、校企合作菁英班等,改革成果不断辐射。西安交通大学自创办少年班起,陆续开办学硕班、工科试验班(钱学森班)、医学实验班(侯宗濂班)、理科试验班(数学、物理、化学生物、计算机、人工智能)。

西安交通大学30年矢志不渝的探索取得了广泛的社会影响。目前,北京大学、清华大学2018年恢复少年班招生。"两阶段四模块"选拔方式被清华大学、四川大学等20余所高校,北京八中、哈尔滨工业大学附属中学、济南外国语学校等40余所中学借鉴。少年班培养模式被西安交通大学附属中学、南开中学、苏州中学3校推广应用,促使中学"更有针对性地对普通学生培养模式进行了改进"。陕西省科协多次来校调研,在其承担的全国中学生英才计划中全面借鉴西安交通大学少年班招生、选拔和人才培养模式,具体举措推广辐射至入选英才计划的重点中学。上述经验不仅为发现"潜在人才"提供了思路和方法,也传递了"拔尖创新人才不仅是分数一流考生,而且是综合素质高、具备创新潜能的一流学生"的科学信息。创新人才培养经验受到社会各界的广泛关注。自2010年以来,国家教育咨询委员会等来校开展16次调研,中央电视台等陆续刊发专题报道330次;《光明日报》评论西安交通大学"坚持贯通式少年英才培养模式,打通基础教育向高等教育过渡,为早慧少年成才辟蹊径"。

专家评价:西安交通大学持续32年的艰苦探索和改革创新得到了教育部及教育界对改革成果的高度评价。

2012年10月,国家教育咨询委员会来校调研少年班,李延保组长、杨乐院士等评价:"国家、社会、家庭对交大这样的名校寄予厚望,学校确实应该把拔尖人才培养放在非常重要的位置上。希望西安交大进一步打好基础,立足优势,加强交流,培养更多拔尖创新人才。"

2016年10月,国务院发展研究中心主任张玉台率领的国家教育咨询委员会专家组调研并认为少年班"培养思路明晰、定位准确,注重学生人格教育,形成了自己的鲜明特色"。张玉台组长评价:"西安交大少年班启迪科学智慧,因材施教、激发灵感,创新人才培养成绩显著。"

2015年12月,教育部高教司来校调研少年班并评价:"遴选、培训精英的好做法及少年班的设立,对国家鼓励和倡导创新具有重要战略意义。"

2015年12月,陕西省教育厅等高度评价"遴选、培训精英的好做法及少年班的设立,对于国家鼓励和倡导创新具有重要战略意义","解决了从中学超常少年培养到大学系统教育培养模式的有效衔接问题,是全国教育的骄傲"!

需要进一步探索的问题:

1. 因校制宜,差异化发展。每所大学都有自己的特色与理念,在长期的人才培养活动中也逐渐形成了独有的风格,资优拔尖创新人才培养改革也应该研判所在学校的办学特点、学科特色、重点教学与科研任务情况,并在此基础上开展探索,避免一个模式简单复制的现象,真正发现、形成适用于不同类型学校、不同特点人才的招生考试专业设置、教师聘任、评价考核等方面的特色政策。

2. 规范改革,完善相关立法。世界各国为确保国家资金、政策支持,特殊化教育活动与服务的有效落实,纷纷通过完善制度、制定立法等形式护航资优人才教育。例如,20世纪五六十年代,美国通过《天才儿童教育法》《杰维斯资赋优异学生教育法案》及其修正法案;1985年,德国政府专设"天才教育署";2002年,韩国政府颁布《英才教育法令》……随着我国资优少年教育改革的深入,如何从学校层面进一步加强制度化保障,从国家层面完善政策与法律支持,仍有待继续改革探索,确保资优教育得到制度、体制上的根本保障。

■ 成果三十七

# 创新驱动,构建知行合一卓越工程人才培养体系

(成果编号:2-326)

■ **获奖等级**
二等

■ **完成单位**
长安大学

■ **主持人**
韩玲,教授,博士生导师。长安大学科技处处长,教育部测绘类教学指导委员会委员、国际工程教育认证专家、本科教学审核评估专家,陕西省土地整治重点实验室主任,地理信息工程国家重点实验室长安大学合作部主任,陕西省遥感科学与技术教学团队负责人,陕西省遥感技术精品资源共享课程负责人,陕西省测绘与地理信息实验教学示范中心主任。长期从事遥感理论与技术及地学信息解译方面的教学和科研工作,讲授遥感科学方面的课程。主持包括973项目在内的课题30余项,获得国家、省部级教学科研奖励6项。发表学术论文80余篇,其中SCI、EI检索20余篇,出版教材、专著6部,获批发明专利6项、软件著作权12项,获得陕西省"巾帼建功标兵"称号。

■ **团队成员**
韩玲,王腾军,白璘,李艳波,惠萌,田永瑞,黄鹤,汪贵平,王会峰,黄观文,赵超英,顾俊凯,武奇生,雷旭,杨耘,王爱萍

■ **成果简介**
创新驱动实质上是人才驱动。针对我国人才培养供给侧与产业需求侧不完全适应的问题,结合遥感科学与技术专业向信息化、自动化和智能化发展的趋势,在

"注重实践环节,培养测绘创新人才"等12项国家级和省级教改项目的支持下,以卓越工程师教育培养计划为切入点,逐步形成了3个体系(课程教学、实践教学、创新创业训练体系)和1支校企协同师资队伍构成的"3+1"知行合一人才培养体系。经过10年探索与实践,培养了一批具有创新意识和创新能力的卓越工程人才。取得如下显著成果:

(1)创建了"3+1"知行合一人才培养体系。围绕卓越工程人才培养问题,从"教什么、怎么教、在哪儿教、谁来教"着手,构建课程教学体系和实践教学体系,搭建创新创业训练平台,组建校企协同师资队伍。将理论教学和实践教学融为一体,学中做,掌握知识运用方法;做中学,熟悉原理和技术;学做结合,实现知行合一。为适应创新企业对人才素质和能力的要求,以企业应用项目为主线,将理论创新、实践创新和集成创新等引入教学全过程,创新驱动人才培养体系与行业转型升级相适应,实现教育链、人才链与创新链、产业链有机衔接。

(2)构建了"1+1"实践教学培养模式。将工程实践能力的培养按层次划分,构建了"四层次三结合"的实践教学体系。以工程项目为主线,学生组建团队多次合作完成CDIO-OBE全过程,提高学生解决复杂工程问题的能力和创新意识。根据学生的兴趣组建团队,利用"三位一体"的创新创业训练平台,校企双导师指导,直接以企业研发项目开展实践教学活动,提高学生的创新创业能力。

(3)建设了产学协同育人师资队伍。送教入企,师生参与企业项目研发,促进企业创新;引企入教,企业工程师参与人才培养,提升师生的工程创新能力。两种途径打造产学协同育人的师资队伍,为卓越工程人才的培养提供保障。

成果实施以来,校内试点专业3 000余名学生直接受益。成果推广到武汉大学、同济大学、中国矿业大学等10余所高校,辐射示范作用显著。

## ■成果总结报告

# 《创新驱动,构建知行合一卓越工程人才培养体系》成果总结报告

### 一、成果产生的背景

创新驱动实质上是人才驱动。贯彻落实《国家中长期教育改革和发展规划纲要(2010—2020年)》的重要举措之一就是要培养具有工程创新能力、工程实践能力,能够解决复杂工程问题的卓越工程人才。

遥感地理信息科技正在向智能化方向发展,需要计算机科学、信息科学、空间科学、现代通信科学、地球科学等多学科交叉开展协同创新,实现地理空间信息的实时化、自动化、智能化服务,推进国家的经济建设、国防建设和生态文明建设,惠及大众民生。遥感地理信息科技创新正迎来前所未有的大好时代,急需大批高素质测绘类

和装备制造人才自主创新、协同创新和跨界创新。

然而,我国高等学校测绘类科技人才的培养远不能满足当今遥感地理信息科技及产业发展的需求,人才培养供给侧与产业需求侧矛盾突出。如何跨学科培养卓越工程创新人才,为测绘类高等工程教育改革提出了新的挑战。长安大学在开展教学综合改革过程中,在卓越工程人才培养方面遇到如下现实问题:高校人才培养理科化倾向严重,重知识传授,轻能力培养;教师选拔"从高校到高校",重科研,缺实际工程经验等。

针对上述问题,自2008年起,以遥感信息类专业为综合改革切入点,在12项国家级和省级教改项目的支持下,获得如下教育教学成果:"创新驱动,构建实践教学体系,培养卓越工程人才",2015年获得陕西省教育教学成果奖特等奖;"自动化专业卓越人才培养课程体系改革的研究与实践",2013年获得陕西省教育教学成果奖特等奖;"创新实践教学模式,建设一流实践教育基地,培养卓越工程人才",2013年获得陕西省教育教学成果奖一等奖;"基于创新人才培养的现代工程训练模式的研究与实践",2011年获得陕西省教育教学成果奖二等奖。

经过10年的探索与实践,逐步形成了3个体系(课程教学、实践教学、创新创业训练体系)和1支校企协同师资队伍构成的"3+1"知行合一人才培养体系(图37-1),着力解决如下教学问题:

(1)如何将创新创业融入人才培养全过程,以学科前沿、产业最新发展成果推进教学内容更新,构建与之相匹配的课程体系。

(2)如何以学生为中心构建实践教学体系,以创新链为导向搭建创新创业平台。

(3)如何提高教师的工程实践能力和创新能力,建设校企协同育人师资队伍。

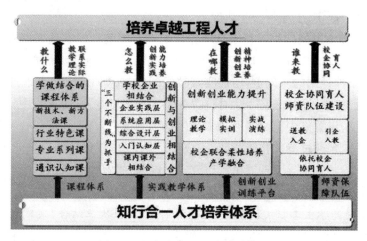

图37-1 知行合一人才培养体系

## 二、成果的具体内容

(一)构建多学科交叉、学做结合的课程体系,将创新创业融入人才培养全过程

为适应国家重大需求及现代测绘发展趋势,遥感信息类专业将地理学、空间大

数据、计算机科学、自动控制、人工智能等多学科知识架构交叉融合，拓宽学生的知识面，从而提高学生的综合素质和创新创业能力。

随着测绘现代技术的发展，现有单一学科的课程体系已不能适应行业、产业创新发展对人才培养的需求。为此，需建立多学科交叉融合、学做结合的课程体系，将创新创业融入人才培养全过程。

结合卓越工程师对知识、能力、素质的要求，依据学校办学定位，根据行业需求，整理原有遥感信息类专业课程，形成公共基础系列课程、专业系列课程；根据创新需求，融合多学科新理论、新方法、新技术，增设前沿技术系列课程；根据学校行业特色，增设行业特色系列课程；三者相结合，形成专业课程体系。该课程体系体现了新技术与学科交叉融合，课内教学有知识、实验和典型案例，课外有围绕工程项目的实训，毕业设计结合企业需求选题，校企双导师共同指导，促进成果落地。建设原则如下：按对应学做关系重组课程知识点和知识单元，形成知识领域，建设课程；课程内容经反复论证，删除陈旧知识；系列课程中设置学与做对应的2~3个典型案例；系列课程开设2~4周的综合实训、综合实验或科研训练项目，要求学生按2~4人一组完成1次CDIO-OBE全过程。

以遥感科学技术专业为例构建的课程体系如下：

（1）公共基础课程。在原有公共基础课程的基础上，增设创新创业启蒙课程、数据库原理课、CAD制图等。

（2）专业系列课程。在原有专业课程的基础上，增设地球科学概论、计算机图形学、自然地理学、土建工程概论等。

（3）行业特色系列课程。在原有培养计划中新增行业特色系列课程，如地质灾害监测、土地资源学、土地与房产估价等。

（4）前沿技术系列课程。在原有培养计划中新增前沿技术系列课程，如创新创业训练课程、科技论文写作、GIS应用与开发、合成孔径雷达干涉测量等。

在原有培养计划的基础上，增加实践教学的比重，如增设"数字地形测量实验"课程，课时由14学时增加到32学时；在"典型工程测量专题"等课程中，将工程典型案例引入课堂；设置集中教学实习，如"数字地形测量学"为期4周综合实训，课外利用各类实验平台，通过参加技能竞赛，完成项目实训；毕业设计结合企业工程项目选题，在校企双导师的指导下开展工程研究，进行创新能力和创新意识的培养，做到学做结合，知行合一。

（二）以提高学生工程实践能力为目标，创建"四层次三结合"实践教学体系

以学生为中心，以提高学生工程实践能力为目标（图37-2），运用目标分解法，以遥感科学和测绘工程专业为试点专业，将培养目标分解到各学期，分别建设贯穿4年的层次越高，对应知识—能力—素质相应提升的6个一级项目（基础）、5个二级项目（综合）。

入门认知层包括入学教育、通识参观实习、合作企业参观实习等实践环节。"数

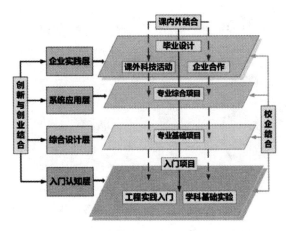

图 37-2 "四层次三结合"实践教学体系

字地形测量实验",数字地形测量学实习、地貌实习基础实践课程以及学科基础实验。认识地形图,测绘地形图,熟悉地形图生产流程,通过实践环节使大一新生对专业有初步认识,激发学习兴趣。

综合设计层包括"测量平差基础"课程设计、"测绘程序设计"课程设计、摄影测量与遥感等专业基础实验项目。结合工程实践项目,设计测量控制网技术方案、控制网平差程序等。采用基于项目的课程组织原则和启发式教学方式,集理论教学、实际操作和项目设计于一体,全面强化学生工程实践能力训练。

系统应用层包括工程测量实习等3个应用实践环节。工程测量实习为综合实习,针对各种典型工程建设项目,从工程勘测设计中各种地形图测量、施工期间的控制测量设计与实施和施工放样各种技术方法的实训到工程变形监测,能综合运用上述知识。实习期间,学生分组进入测绘类企业参与生产项目,提高学生的工程实践能力。

企业实践层包括地理信息系统实习、遥感实习、毕业设计等。依托学校、行业特色,与行业内知名企事业和研究院所建立10余个工程实践基地,采用校企联合柔性培养模式。项目运行方式主要包括轮岗实习、工程项目设计与实测训练、与企业导师联合指导毕业设计3个环节。引导学生基于原理寻求方法,提高求解问题的能力。

以"三个不断线"为抓手,融合课堂、实验室、企业工程环境,有效支撑实践教学体系建设,提升学生的创新能力(图37-3)。

课内专业实践不断线。以学生为中心,在典型案例教学的基础上,引导学生自主设计、独立完成工程项目训练。

课外科技活动不断线。依托校院两级机构,搭建校内创新创业平台;以各类学科竞赛为载体,以赛促学;利用"渭梦创客空间"、创新创业大赛等提升创新创业能力。

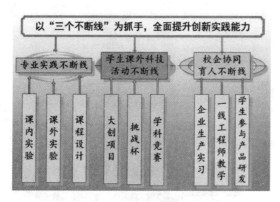

图 37-3 "三个不断线"培养措施

校企协同育人不断线。依托实习基地,让学生走进企业,分别进行企业认知实习、生产实习;将企业家、工程师请进课堂,选拔高年级学生进入科研团队参与产品研发等工作。

(三)搭建"三位一体"的训练平台,全面提升学生的创新创业能力

以创新链为导向,建立"低年级通识+高年级选修"的创新创业课程;学生组建"中海达"无人机科技活动俱乐部,参加大学生创新创业训练项目、"创青春"等各类创新创业大赛,融合多专业知识,开展模拟实训;企业捐赠创新基金,设立微小课题,学校遴选指导教师,学生跨专业组队,进入创客空间、孵化基地平台进行实战演练,提升学生的创新创业能力。如针对无人机测绘的行业需求,利用遥感与信息专业的学科互补,融合遥感、电子、自动化和通信等多学科知识点,共同设计了无人机低空摄影测量系统,完成专业综合项目设计。将创新创业融入人才培养全过程。

举办"企业家邀约""创新创业教育高端论坛""创业英雄进校园"等各类讲座,邀请知名企业家、创业教育家、创业成功人士来校开讲座。开展"挑战杯"大学生科技创新与创业计划竞赛、创业先锋挑战赛,评选大学生"创业之星",培育了一批学生创业团队。

学校每年投入学生"挑战杯"专项与大学生创新创业训练项目经费 200 余万元,支持专利申报资助与奖励专项经费 100 余万元,结合专业特长和研究兴趣,支持学生开展创新创业训练计划、创业实践、创新创业竞赛以及学生社会实践等项目。以"互联网+"和"挑战杯"竞赛为龙头,鼓励学生以专业为依托积极开展创造发明,形成专利技术。按照小资金培育、梯次资助、不断推进的机制,支持学生自主、师生联合创新创业。出台和完善了创新创业奖励体系及成果认定办法,对符合创新创业成果的参赛学生及指导教师给予相应的奖励,激发参赛主体的积极性。

(四)通过"送教入企,引企入教"两种途径打造校企协同育人的师资队伍

与陕西测绘局、中煤航测遥感集团等 10 余家企业建立合作联盟。送教入企,师生参与合作单位的工程项目,促进企业产品创新,提升教师的工程实践能力和创新能力;与渭南市高新区合作成立研究院,选派教师去企业挂职,企业获得工程研发的

新理论,教师获知产业新需求,实现校企共赢。企业工程师参与培养计划的修订,对教师进行实际工程能力培训;聘任企业兼职教师开设工程实例课程,共同编写教材,指导学生创新创业。促进人才培养供给侧与产业需求侧结构要素全方位融合。

### 三、成果的推广应用效果

（一）应用效果

1. 人才培养质量明显提高

成果的实施使学生工程能力和创新意识得到全面提升,测绘信息类专业 3 000 余名学生直接受益。近 5 年获批国家、省级创新创业训练项目 200 余项,参加"挑战杯""互联网+"创新创业大赛、测绘与 GIS 技能大赛、电子设计竞赛等 150 余次,学生参与率达 80% 以上,获奖 96 项。获得发明专利授权 10 项,实用新型专利和软件著作权 113 项。在长安大学工科专业中名列前茅。

2017 年 9 月 18 日,第三届中国"互联网+"大学生创新创业大赛,王文威等同学获得全国总决赛银奖,实现了长安大学在该项赛事全国赛的新突破。2016—2017 年,刘云山、赵乐际等中央领导,省委书记娄勤俭、西安市委书记王永康,先后来校调研,参观本专业学生的创客空间和创新创业成果并高度评价。2016 年 5 月 16 日《人民日报》刊登 2013 级遥感专业学生方唯振入学时想转专业,通过认知实习对专业感兴趣,与自动化专业学生李叔新组队经创新训练获得挑战杯金奖的过程。最终方唯振被保送到北京大学攻读研究生。

2. 促进了本科教学工程建设

获批国家级、省级教改项目 12 项,支撑申报获批国家级虚拟仿真中心 1 个,国家级工程实践教育中心 1 个,省级实验教学示范中心 2 个,省级人才培养模式创新试验区 2 个,省级精品资源共享课程 16 门。

成果相关内容在《中国大学教学》等核心期刊上发表教学研究论文 9 篇,其他论文 34 篇,编写教材 29 部。参与编写《数字地形测量》,发行 14.6 万册,100 余所高校使用;《工程测量学》发行 2.8 万册,60 余所高校使用;主编教材《物联网技术与应用》,发行 1 万余册,30 余所高校使用。

培养省级教学团队 3 个,省级教学名师 3 人;6 人在测绘教学指导委员会青年教师讲课竞赛中获奖,其中 1 人获得特等奖。

成果支撑地质工程与测绘工程学院、电子与控制工程学院分别获批陕西省创新创业试点学院;测绘工程、自动化专业获批陕西省一流建设专业;学校入选"全国高校实践育人创新创业基地"。

3. 校企协同合作共赢

与陕西测绘局、中煤航测遥感集团等 11 个单位建立合作关系,与南方测绘、中海达等知名企业共建创新实验室,与航天 16 所共建惯性技术与智能测绘工程研究中心,获批教育部产学研协同育人项目 38 项,项目数占全校的 80%,促进了产学融合。

## (二)校内外推广情况

成果在长安大学工科专业推广,对全校工程教育改革起到示范和推动作用。在武汉大学、同济大学、中国矿业大学等10余所高校相关专业交流和推广。中南大学、中国地质大学等30多所高校派考察团到长安大学参观学习。在国家教学指导委员会主办的会议上做报告和交流10余次,项目主持人在"面向先进制造的高等工程教育变革"2016年科教发展战略国际研讨会做主题报告,参会800余人,起到了非常好的示范辐射作用。实践教学成果连续5年代表学校参加"陕西省大学生创新创业暨教育成果展"。获批的陕西省科协高端智库项目"创新驱动发展战略下陕西省高校新型校企合作模式研究"为省政府提供了咨询报告。成果对新工科背景下高等工程教育人才培养起到了重要示范作用。

■ 成果三十八

# 西部地方高校应用型创新人才可持续发展能力培养体系的研究与实践

（成果编号:2-360）

■ **获奖等级**
二等

■ **完成单位**
西安建筑科技大学

■ **主持人**

刘晓君,女,汉族,山西运城人,中共党员,二级教授。1982年毕业于西安冶金建筑学院工业与民用建筑专业,1998年7月在西安交通大学管理学院获得博士学位。历任校监察审计处副处长、审计处处长、教务处处长,2009年5月至2016年5月任西安建筑科技大学党委常委、副校长。2016年5月至2016年6月任西安建筑科技大学党委副书记、副校长,2016年6月任西安建筑科技大学校长、党委副书记。长期从事弱势群体住房保障及住房产业化、绿色建造系统节能技术经济分析、新型城市化背景下基础设施建设投融资决策等领域的研究工作,现为国家精品资源共享课程(技术经济学)和工程经济学国家级教学团队负责人、西安建筑科技大学投资与房地产研究所所长。获得国家教学成果奖二等奖2项,陕西省教学成果奖特等奖2项、一等奖2项;出版教材15部,获得陕西省优秀教材一等奖1项。先后主持国家级项目5项,教育部项目4项,省级重大及重点项目3项;发表论文120余篇,出版专著10部;获得陕西省科学技术奖二等奖4项,陕西省哲学社会科学奖二等奖1项,中国建筑协会科技进步一等奖1项,陕西省高等学校科学技术奖一等奖4项。兼任教育部高等学校工程管理和工程造价学科专业指导委员会副主任委员、住建部高校工程管理类专业评估委员会主任委员、中国建筑学会建筑经济分会副理事长、中国冶金教育学会学位与研究生教育研究会理事长等职。享受国务院政府特殊津贴专家,曾被评为陕西省先进工作者、陕西省三八红旗手、陕西省青年教师标兵和陕西省教学名师。

■ **团队成员**

刘晓君,高明章,邵必林,马川鑫,黄廷林,郭振宇,高旭阔,张成中,姚继涛,何廷树,赵会朋,周元臻,陈向阳,郑成华,任建国

■ **成果简介**

中华民族的伟大复兴离不开西部振兴。为西部一线培养德智体美全面发展且拥有知识转化和技术开发能力的应用型创新人才,是西部地方高校的重要使命。在科技革命方兴未艾、产业变革频率加速的形势下,培养学生具有以品德优、基础实、善学习、适应快、有后劲为特征的可持续发展能力,是实现这一使命的重要途径。西安建筑科技大学在"大学生可持续发展能力培养体系优化研究""以学生发展能力为导向的人才培养模式创新路径研究"等6个省部级重点教改研究项目的支持下,形成了应用型创新人才可持续发展能力培养体系的研究成果。

成果秉持"站在未来看现在"的战略思维,将学生终身发展需求纳入全面发展的培养目标,阐明了可持续发展能力的基本概念、基本特征和潜在要素;明确并细化了以家国情怀、科学精神、学习能力、专业技能及创新意识为一体的可持续发展能力"5维度"培养目标;构建了"3+3+3"的人才培养模式("通识核心""专业基础""专业方向"3阶段教育模块,"课程集群""专业集群""综合素质教育体系"3个资源共享平台,"课内+课外""理论+实践""教学+科研"3结合创新创业教育路径);建立了以培养学生可持续发展能力为目标的管理保障制度,形成了应用型创新人才可持续发展能力培养体系。

培养体系运行以来,西安建筑科技大学人才培养质量明显提高,学生可持续发展能力得到社会充分肯定。本研究成果公开发表论文13篇,出版专著1部,被5所西部高校借鉴和采纳,28所高校来校交流考察。

■ **成果总结报告**

# 《西部地方高校应用型创新人才可持续发展能力培养体系的研究与实践》成果总结报告

## 一、研究的历程

中华民族的伟大复兴离不开西部振兴。为西部一线岗位培养德智体美全面发展的应用型创新人才是西安建筑科技大学这所具有120余年办学史、62年并校史的地方高水平大学孜孜以求的目标。在科技革命方兴未艾、产业变革频率加速的形势下,培养学生具有以品德优、基础实、善学习、适应快、有后劲为特征的可持续发展能

力,是实现这一目标的重要途径。自2006年以来,学校秉持"站在未来看现在"的战略思维,将学生终身发展需求纳入全面发展的培养目标,开始大学生可持续发展能力培养体系的研究。

在2007年陕西高等教育教学改革重点项目"大学生可持续发展能力培养体系优化研究(2009结题等级:优秀)"成果的基础上,2009年开始实施应用型创新人才可持续发展能力培养体系重要组成部分的"课外素质教育"改革。接着,在陕西高等教育教学改革2个重点攻关项目(2009、2011),2个重点项目(2011、2015)以及2010年工程科技人才培养重点委托项目资助下,研究探索不断深入。2012年,学校决定在"课外素质教育"改革的基础上,开始全面实施应用型创新人才可持续发展能力培养体系,旨在培养学生的家国情怀、科学精神、学习能力、专业技能及创新意识。

经过12年的持续探索与实践,学校逐渐形成了以"5维度"培养目标、"3+3+3"人才培养模式和管理保障制度为主要内容的可持续发展能力培养体系(图38-1)。

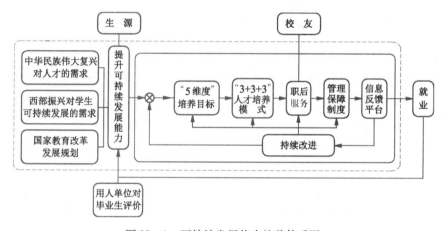

图38-1 可持续发展能力培养体系图

**二、成果的内容**

(一)阐明并细化大学生可持续发展能力的概念,达成应用型创新人才培养目标共识

在分析1990年1月至2008年7月有关学生能力研究文献和对教育专家访谈及用人单位调研的基础上,采用质性研究法发现西部用人单位认为最重要的3个人才特质是吃苦耐劳的拼搏精神和积极进取的开拓精神,诚实守信的道德品质和高度负责的职业操守,较强的适应能力、创造能力和良好的学习能力。以此为切入点,阐明了应用型创新人才可持续发展能力的概念:在大学阶段及毕业后的全寿命周期职业生涯中,能运用所学去获取新知识、解决新问题、应对新挑战,从而不断地为社会创造价值并始终保持发展态势的能力;明确了可持续发展能力的基本特征为品德优、基础实、善学习、适应快、有后劲;厘清了可持续发展能力的潜在要素为家国情怀、科学精神、学习能力、专业技能及创新意识,据此明确具有可持续发展能力的应用型创新人才的"5维度"培养目标。通过能力实现矩阵,将培养目标细化为知识体系、课

程体系和实践教学体系,形成教学环节及教学方式方法(表38-1),运用根本原因分析法明确需要优化和改进的主要方面,形成改革思路。

表38-1 可持续发展能力与教学环节及教学方式方法的对应关系表

| 大学生可持续发展能力 | 通识核心教育 | | 专业教育 | | 综合素质教育 | |
|---|---|---|---|---|---|---|
| | 理论教学 | 实践教学 | 理论教学 | 实践教学 | 通识拓展教育 | 课外素质教育 |
| 家国情怀 | 理想信念<br>奉献精神 | 意志品质<br>服务意识 | 进取精神<br>职业道德 | 帮助他人<br>动手能力 | 多元文化知识<br>审美情趣 | 道德情操<br>扶贫帮困 |
| 科学精神 | 批判思维<br>表达能力 | 团队意识<br>身体素质 | 自信心<br>组织能力 | 自立能力<br>合作精神 | 接收不同文化<br>较宽的知识面 | 与人和谐相处<br>集体协作精神 |
| 学习能力和专业技能 | 学习兴趣<br>融会贯通能力 | 学以致用<br>鉴赏能力 | 专业知识<br>学习方法 | 观察能力<br>统计分析能力 | 跨文化交流能力<br>发现欲望 | 了解社会<br>调查研究能力 |
| 创新意识 | 探索精神<br>启迪创新思维 | 自我决策<br>创新实践 | 创新原理<br>创新规律 | 学会发现<br>追求卓越 | 开拓创新视野<br>储备创业知识 | 自我规划<br>自我指导 |

通过教学工作会议和教改成果交流会组织全校性、系列化、多层面的教育研讨,逐步达成了应用型创新人才可持续发展能力培养体系的共识,纳入学校中长期事业发展规划,通过校院联动和处室协同全面贯彻落实。

(二)构建大学生可持续发展能力的"3+3+3"培养模式,明确新形势下培养应用型创新人才的实施方案

为提高学生的文化品位、审美情趣、人文素养和科学素质,2008年学校优化教学内容,设计了以"厚基础、重实践、强能力、多层次、个性化"为特征的3个模块及12种主要平台的人才培养体系(图38-2),并规定学生取得学位必须修满8个课外素质教育学分。

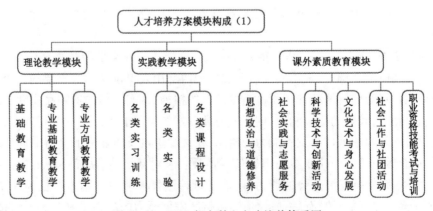

图38-2 2008年本科生人才培养体系图

经过4年的实践,2012年制定《本科生综合素质教育学分考核认定办法》,构建

了由专业教育和综合素质教育组成的2个模块和20种主要平台的人才培养体系（图38-3），并规定学生取得学位必须修满20个综合素质教育学分。

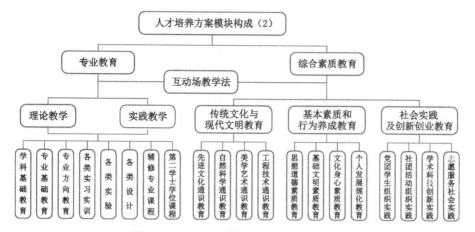

图38-3　2012年本科生人才培养体系图

再经过4年的实践，2016年按照"纵向分段、横向开放、全程融入"的思路，重建了人文素养和科学精神相统一、通识教育和专业教育相互融通、相辅相成的"3+3+3"人才培养模式（图38-4）。

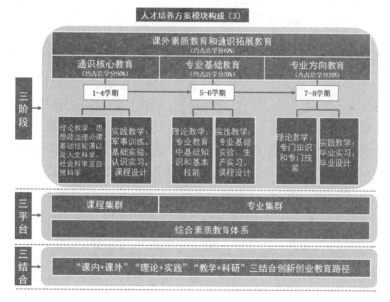

图38-4　"3+3+3"培养模式图

### 1.3 阶段教育模块

根据"5维度"培养目标，构建相互衔接、持续强化的"通识核心""专业基础""专业方向"3阶段教育模块，并通过"职后服务"关注学生的终身发展。

（1）重建"通识核心"教育模块，实行"教师挂牌"授课制度。"通识核心"教育模块旨在培养学生的社会主义核心价值观、健全人格和科学思维方法,使学生掌握公共基础知识和工具知识。2014年,学校设立了专项建设基金,按照每门课程5万元的资助标准搭建"课程集群"平台,建设了思政类、高等数学类、大学物理类、工程制图类、外语类等11类通识核心课程集群。由于相同课程由多位教师开出,为并行排课、"教师挂牌"奠定了基础,学生可根据各专业的培养计划自主选择授课教师。2017年,全校通识核心课程中凡任课教师≥2人的均实行挂牌授课。

(2)重建"专业基础"教育模块,实行"学生选课"制度。"专业基础"教育模块旨在培养专业教育中的基础知识和基本技能。2012年,根据产业转型、升级与换代,纵向全产业链延伸,横向业务渗透与交叉等3个维度搭建"专业集群"平台,探索了专业集群建设的7条路径,构建了建筑类专业集群、建筑文化类专业集群、土木交通类专业集群等10个专业集群。专业集群的建立,为不同专业学生的自由选课提供了便利条件。改革后,每学期约有500余名学生跨专业选择自己感兴趣的课程,或有计划选修某专业的课程,修满辅修专业课程获得辅修证书。

2. 3个资源共享平台

通过立项建设和开放度绩效奖励搭建旨在实施"互动场"教学法的3个资源共享平台:第一个是11类"课程集群"平台,实施272门通识核心课程并行排课、教师挂牌授课制度;第二个是10类"专业集群"平台,实施1 591门专业课程跨专业、跨年级学生选课制度,实现2 630项实验项目开放共享;第三个是"综合素质教育体系"平台,124门通识拓展课程和3个方面12大类项目满足学生全面发展和个性化发展需要。

(1)构建综合素质教育体系。综合素质教育体系包括通识拓展课程和课外素质教育两部分。学校建设了先进文化、自然科学、美学艺术、创新创业等4类124门通识拓展课程供学生选择;搭建了3个方面12大类项目的课外素质教育平台,即基本素质和行为养成教育(思想道德素质、基础文明素质、文化身心素质、个人发展规划),先进文化与现代文明教育(工程技术、美学艺术、自然科学、先进文化),社会实践及操作技能(党团学生组织、社团活动组织、学术科技创新、志愿服务社会实践),并规定学生取得学位必须修满10学分通识拓展课程和10学分课外素质教育。

将拓展性实验项目等7类实验项目纳入综合素质教育中的课外素质教育学分并纳入学生学业成绩单,实施学生网上自查与及时督促提醒的过程管理,构建了二级单位绩效考核与实验技术岗位聘任相融合的实验室开放约束激励机制,实现了2 630项实验项目开放共享。

(3)提出并实施了"互动场"教学法。在搭建教学资源开放共享平台的基础上,通过建立包括心灵导师、学业导师、兴趣导师和朋辈导师的多元化导师制,提出并实施了教书育人、管理育人、服务育人和文化育人的"互动场"教学法,在课堂、实验室、研究项目、导师工作室、教育教学场馆、现代书院和校外实践基地开放的环境中,让教师、辅导员、班主任与学生,管理人员与学生,不同国家和地区、不同专业和年级的学生与学生,校外专家与学生,进行充分、自由的交流,启发、感染和熏陶学生,扩展学生的知识面,为学生可持续发展增加知识储备;让学生以研究项目中的问题为导向,在导师指导下,会查阅所需资料,会筛选有价值的信息,会学习新的知识,会发现问题,会分析和解决问题,为学生可持续发展掌握学习方法。

3.3 结合创新创业教育路径

构建了全程化、全员化和全要素融入的"课内+课外""理论+实践""教学+科研"的3结合创新创业教育路径。

(1)"课内+课外"。一是指课程教学的开放性,即课堂教学在内容、时间和空间上的向外延伸性。将以"教师、教室、教材"为中心的教学转变为以"教室、实验室、图书馆"为中心的教学。二是指根据培养目标,科学规划人才培养的各个环节,打破学生管理与教学管理的界限,实现课外教育与课堂教学的无缝结合。

(2)"理论+实践"。一是指将理论课堂与实践教学融为一体。教学过程要求学生积极参加教学实践活动,投入时间和精力,与实际问题进行零距离接触。二是指各实验室根据学科特点,以能力培养为主线,建立分层次、多模块并与科研相结合的实验课程体系。

(3)"教学+科研"。一是指构建"1+1+X"的创新创业教育课程体系,学校面向全体学生开设1门"创新创业基础"必修课,各专业重点建设至少1门融合创新创业教育理念的专业必修课程,学校开设"X"门全校性创新创业通识拓展课程。二是指设立实验室开放基金,建立一系列管理制度,鼓励教师把有助于学生开展研究性实验的科研成果转化为实验教学项目。

(三)保障培养体系良性运行,建立以培养学生可持续发展能力为目标的工作机制

为保证"5维度"培养目标的达成,学校按照"3+3+3"人才培养模式不断优化人才培养方案,将学生综合素质教育纳入人才培养方案的学分认定系统。通过学校制定的人才培养方案修订原则意见,分类指导各学科专业,将可持续发展能力培养体系多样化地体现到人才培养方案中。

从2016年开始,学校建立人才培养联席会议制度,每年召开由各学院院长,主管本科教学、研究生培养、学生工作负责人,本科生、研究生校教学督导组组长和教务处、学生处、校团委、创新创业教育办公室、实验室与设备管理处、校董校友会办公室、人事处、研究生院等部门负责人参加的工作计划安排会、工作检查会和工作总结会。按照优化的人才培养方案再造工作流程,重建人才培养质量量化考核办法和教育教学信息网络反馈平台,建立二级单位绩效考核、全员岗位聘任、职称评定和学生学业奖惩相融合的"5维度"培养目标达成度的约束激励机制,保证了各培养环节工作在学生可持续发展能力培养上的聚焦、同向和协力(图38-5)。

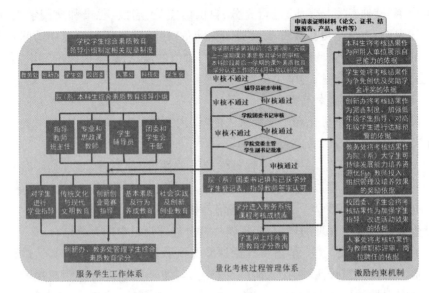

图38-5 综合素质教育服务学生工作体系、量化考核过程管理体系和激励机制

### 三、效果与推广

（一）应用效果

西安建筑科技大学的应用型创新人才可持续发展能力培养体系运行后，取得了如下效果。

1. 人才培养质量持续改善，受到社会普遍好评

通过近4年对毕业生的跟踪调查，发现用人单位对学生家国情怀（奉献意识及服务意识）、学习能力（接受新知识及应用能力）、创新意识及能力、团队精神等方面表现的评价持续提升。学校大学生初次就业率始终保持在95%以上，2012年被国务院授予15所"全国就业先进工作单位"之一。

2. 学生建设西部、报效祖国的热情明显提高

优秀毕业生赴西藏和新疆艰苦地区任基层公务员的人数由2015年第一批的4人增加至2017年的12人。2017年暑期，近400名学生志愿者赴商洛市洛南县开展美丽乡村建设规划，助力扶贫攻坚。2010年暑期，学生组建服务团赴汉中市南郑县协税镇开展震后重建。在校生10余年为下岗职工子女义务家教，受助家庭累计1 000余户，被陕西省民政厅和慈善协会授予"三秦慈善奖"。

3. 学生参与创新创业竞赛的积极性大幅提高

大学生参与创新创业竞赛项目数由2010年的69个增加到2017年的162个，参加各级各类竞赛的学生人次数从2010年的2 099人次增加到2017年的26 070人次，省级以上竞赛获奖数量由2010年的356项增加到2017年的1 028项。与此同时，学生获得国际、全国竞赛项目数和人次数不断增加。

4. 全员关注学生可持续发展能力培养蔚然成风

实施教书育人、管理育人、服务育人和文化育人的"互动场"教学法后，出现了朋

辈导师、心灵导师、学业导师、兴趣导师积极帮助学生正心明德、立志笃行的感人局面。自2012年以来,新增40名心灵导师进入书院帮助学生正心明德、立志笃行,新增398名学业导师进入书院开展专业思想教育,新增360名特长导师进入书院开展相关内容的培训指导,其中包括被中央电视台《新闻30分》节目报道的扎根新疆55年的西安建筑科技大学校友、双聘院士王小东和《经典咏流传》节目报道的94岁高龄仍给学生讲古诗词的高等数学教师潘鼎坤教授。

**四、成果的推广**

（一）成果被他引和报道

成果在《中国高等教育》等期刊上共发表相关论文13篇,其中发表在《中国大学教学》2011年第2期上的题为《提高大学生可持续发展能力的探索与实践》的文章被下载429次,引用16次。2018年2月出版学术专著《提高大学生可持续发展能力的探索与实践》。《人民日报》:《助力新时代人才持续发展》;《中国教育报》:《可持续发展能力培养体系助大学生成才》;《中国建设报》:《"三三制"提升学生可持续发展能力》;《陕西日报》:《为大学生成才插上翅膀》;中国社会科学网、陕西日报官网、陕西省教育厅官网等网络媒体也做了报道。

（二）成果被评价和采用

2016年本科教学审核评估专家组组长李向农在评估反馈会上说:"具有可持续发展能力的高素质应用型高级专门人才的人才培养总目标,契合国家及区域经济社会发展的要求,增强了学生和社会各界对学校和专业的认同度。"此外,成果被西安科技大学、西安石油大学等5所西部高校借鉴和采纳。同时,石河子大学、贵州理工学院、宝鸡文理学院、陕西理工大学等28所高校专程来校交流考察。

（三）成果宣传和推广

在2010年第三届和2016年第九届"中国大学教学论坛"上,受邀面向全国300余所高校的1 400余名教师和教学管理人员分别做了题为《提高大学生可持续发展能力探索与实践》(重点介绍课外素质教育平台)和《关于提高大学生可持续发展能力探索与实践》(重点介绍整个体系)的主题报告,其中在第九届"中国大学教学论坛"上的主题报告的PPT在全国高等学校教学研究中心网站上被下载5 378次。

■ 成果三十九

# 理论引领,平台支撑,模式创新,高校教师专业能力发展的有效探索与实践

(成果编号:2-367)

■ **获奖等级**
二等

■ **完成单位**
陕西师范大学

■ **主持人**
赵彬,男,1965年10月生,教授,博士生导师。主要研究方向为拓扑学、高校管理。发表科研论文140多篇,主要发表在《Topology and its Applications》《Journal of Mathematical Analysis and Applications》《Fuzzy Sets and Systems》《Archive for Mathematical Logic》《Houston Journal of Mathematics》《Applied Categorical Structures》《Semigroup Forum》和《中国科学》《科学通报》《数学学报》等期刊上。主持完成国家自然科学基金项目4项,教育部高等学校青年教师奖项目1项。参与完成国家自然科学基金项目和省部级项目10余项。目前正在主持国家自然科学基金重点项目。获得第七届全国高等院校霍英东优秀青年教师奖,作为主持人获得陕西省高等教育教学成果奖特等奖1项、一等奖及二等奖多项。2018年,作为主持人获得国家高等教育教学成果奖二等奖1项。

■ **团队成员**
赵彬,胡卫平,党怀兴,李贵安,何聚厚,傅钢善,石洛祥,石云,胡雯洁,王文博,李正德,段海军

■ **成果简介**
本成果提出了反映教学本质、在国内外有重要影响的思维型教学理论和教师专

业能力层级结构;建成了集研究、实训与评价为一体的教师专业能力发展平台;制订了高校教师专业能力标准;构建了"新任教师的基本能力和基本教学能力、骨干教师的学科教学能力和教育能力、优秀教师的教学研究能力和教学创新能力、教学困难教师的个别咨询与辅导"的教师专业能力发展模式;探索出"理论指导＋案例分析＋情景模拟＋自主反思＋行为反馈"的教师专业能力发展实施模式;形成了"互联网＋教师专业能力发展"的服务模式。本成果在提升本校教师专业能力的同时,引领了一批高校教师的教学发展,产生了巨大的社会影响。

主要解决的教学问题如下:

(1)高校教师教学发展缺乏科学的教学理论指导。高校教师教学发展的目标是通过提高教师的专业能力,提高人才培养质量。教学能力是教师专业能力的核心,是教师掌握教学规律、学会教学的过程。现行高校教师教学发展工作大多以经验式传授和零散式活动为主,缺乏关于学生学习规律、教学理念、教学思想、教学规律的学习,缺乏科学的教学理论指导,导致教师对教学规律认识不足,专业能力提升不够。

(2)高校教师教学发展缺乏系统设计与有效实施模式。高校教师专业能力的发展是一个循序渐进的过程,贯穿于教师职业生涯发展的各个阶段,表现为从新任教师、骨干教师到专家教师的不同发展层级,具有不同的思维特点、能力水平和发展诉求。教师专业能力的培养需要遵循教师成长规律,系统设计和分层实施相结合,理论与实践相结合,为不同水平的教师制定相应的教师专业能力培养模式。但现行高校教师教学发展缺乏基于教师成长规律的科学设计和系统规划,以及理论与实践相结合的有效方法。

(3)高校教师教学发展缺乏专业化的平台支撑。信息技术的高度发展对高等教育产生了深远的影响,已成为高校提高教师专业能力的重要手段。虽然国内高校都认识到信息技术对教学和教师发展的作用,但过多依赖商业化产品,不能贴合本校实际需求,用于支撑教师教学发展的平台、资源和软件等比较缺乏,信息技术与教师教学发展的深度融合不够,严重影响了教师教学发展的效果。

(4)高校教师教学发展缺乏多元化评价标准。高校教师教学发展是一个系统性工程,需要多元化的评价标准。但国内高校缺乏针对不同层级教师专业能力的比较完善的评价标准,导致一方面不能科学评价教师专业能力的实际水平,无法有针对性地设计教师教学发展的内容和方法,另一方面也无法有效评估教师教学的发展效果。

■ 成果总结报告

# 《理论引领,平台支撑,模式创新,高校教师专业能力发展的有效探索与实践》成果总结报告

## 一、成果的内容

2011年,《国家中长期教育改革和发展规划纲要(2010—2020)》中指出,要"进一步深化本科教育教学改革,提高本科教育教学质量,大力提升人才培养水平"。教育部2012年出台了《教育部关于全面提高高等教育质量的若干意见》,将提高中青年教师的专业水平和教学能力作为高等学校的重要工作之一。陕西师范大学作为教育部直属、世界一流学科建设高校、国家"211工程"重点建设大学,一直是国家培养高等院校、中等学校师资和教育管理干部以及其他高级专门人才的重要基地,享有西北地区"教师的摇篮"之美誉。早在1986年,教育部就依托陕西师范大学成立了西北高等学校师资培训中心,承担西北及全国高校教师岗前培训、高校中青年骨干教师培训及高校对口支援工作等任务,累计培训高校教师2万余人次。2008年,教育部高等教育司在陕西师范大学设立了全国高校教师网络培训中心陕西省分中心,先后开设了392门网络同步课程,累计实施了16 266余人次的高校教师培训。

2005年,学校确定了"以教师教育为主要特色"的办学目标,并于2008年设立了副处级建制的教师教育办公室。为建强做优教师教育,全面提升教师素质能力,建设一支高素质专业化创新型教师队伍,经过10余年的探索、研究和教学实践,学校提出了反映教学本质并在国内外有重要影响的思维型教学理论和教师专业能力层级结构;建成了集研究、实训与评价为一体的教师专业能力发展平台;制订了高校教师专业能力发展多元化评价标准;构建了"新手教师的基本能力和基本教学能力、骨干教师的学科教学能力和教育能力、优秀教师的教学研究能力和教学创新能力、教学困难教师的个别咨询与辅导"的教师专业能力发展模式;探索出"理论指导+案例分析+情景模拟+自主反思+行为反馈"的教师专业能力发展实施模式;形成了"人人皆学、处处能学、时时可学"的"互联网+教师专业能力发展"服务模式。在提升本校教师专业能力的同时,引领了一批高校教师教学发展,产生了巨大的社会影响。主要成果如下。

(一)研究教学的本质和规律,提出"思维型教学理论"

以胡卫平教授为首的研究团队基于对教学本质和规律的研究,结合现代学习理论、学习科学、脑科学的理论研究和实践探索,提出了"思维型教学理论"。

"思维型教学理论"强调学生的创新素质和课堂教学中学生积极思维的培养,提出教学中应遵循动机激发、认知冲突、自主建构、自我监控和应用迁移等五大教学原理。通过创设问题情境,以引起认知冲突,激发学生积极思维;注重生生、师生之间的互动;引导学生对活动对象、活动过程、思维方式、经验教训等进行反思和迁移。

该理论被2015年版《国际思维教学手册》全文介绍,相关研究成果在《北京师范大学学报》等期刊上发表,被人大复印资料《教育学》转载,并评价其为"开启了全新的课堂教学范式"。《光明日报》《中国教育报》、中国网、新华网等权威媒体报道了相关成果及应用,为学校教师专业能力发展模式的建构和教师专业能力的提升,奠定了科学的理论基础。

在"思维型教学理论"的有效指导下,学校围绕"引导教师从知识传授向培养学生学习思维转变"这一核心问题开展教师专业能力提升工作。通过指导教师培养学生思维能力、创新能力、合作交流能力等核心素养发展,从而提高其教学能力和教学质量。

(二)建构教师专业能力层级结构,制订系统的教师教学发展规划

基于"思维型教学理论",结合对已有研究文献的梳理和对教育专家及优秀教师的案例分析,学校教学研究团队确定了教师专业能力的核心要素,建构了教师专业能力的层级结构模型(图39-1)。该模型认为,教师的专业能力包括基本能力、教学能力、教育能力、自我发展能力、教学创新能力等5种能力。这5种能力螺旋上升,形成完整的层级结构,覆盖了从新手教师到专家教师的终身专业发展过程。

图39-1 教师专业能力层级结构

基于这一层级结构模型,学校构建了"新手教师发展基本能力和基本教学能力、骨干教师发展学科教学能力和教育能力、优秀教师发展教学研究能力和教学创新能力"的教师专业能力发展模式,量身制订了针对不同发展阶段教师的发展规划,实现教师专业能力的系统化提升。

(三)开展理论指导下的教师专业能力发展实践,探索有效的实施模式

在"思维型教学理论"指导下,探索出"理论指导+案例分析+情景模拟+自主反思+行为反馈"的教师专业能力发展实施模式(图39-2)。通过理论结合实践、自我发展结合个性化指导,实现教师自身成长与能力提升。具体做法如下:

一是组织开展"教学模式创新与实践研究""课堂教学创新综合研究"等具有学科特点的教学实践研究,引导骨干教师及优秀教师在"思维型教学理论"指导和现代信息技术支撑下,将科学的学习理论与现代信息技术深度融合,不断更新教学理念,改进教学手段及方法,进而提升教学水平和教学质量,促进创新人才的培养。

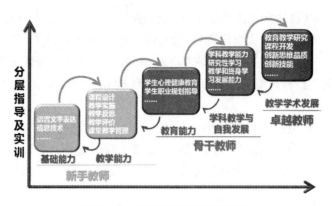

图 39-2　个性化指导及咨询服务

二是基于"理论指导+案例分析+情景模拟+自主反思+行为反馈"的实施模式,应用"线下学习—在线学习、实践和评价—集中展示讨论"的 PAA 实训方法,开展新教师教学能力培训、以混合式教学为主要特色的专题培训及工作坊等,培养新手教师的教学技能、教学设计、教学实践等基础教学能力,培养骨干教师的信息化能力在学科教学中的有效运用能力等。

三是通过定期举办"科技与教学论坛""名师风采大讲堂""教师教学大讲堂"等各类教学学术报告,从教师教学发展、教学能力提升、学科教学研究和教学教育研究 4 个方面,拓展优秀教师的学术视野,加深其对教学本质和教学规律的理解,促进自身教学思想和高品位教学文化的开拓,以教学学术促进教学创新能力的不断提升。

四是通过举办"青年教师教学基本功大赛""教师实验教学技能创新大赛""课堂教学创新大赛"等各类教学比赛,形成"以赛促教、以赛促学、赛教结合"的教学发展氛围,促进教师相互交流、不断反思,提高教师的学科教学与自我发展能力。

(四)建设现代化的教师专业能力研究与实训平台,研发系统化的软件和资源

学校基于聚合科技的思想,以教与学、创造性和教师专业能力发展研究为核心,以认知神经科学、信息技术、技术集成为支撑,以创造性人才培养为目标,建成了在国内外有一定影响的、国内唯一研究教学问题的教育部重点实验室——现代教学技术教育部重点实验室,为高校教师专业能力发展提供了科学、规范、专业化的研究平台。

学校依托国家教师教育"985 工程优势学科创新平台"项目,充分利用现代信息技术,建成了教师专业能力发展中心,为高校教师专业能力发展搭建了实训平台。该中心 2012 年被评为国家级教师教学发展示范中心,成为全国 30 个教师教学发展示范中心之一。

中心研发了教师专业能力发展的网络平台,开发了教学设计、教学反思、信息技术与课程整合、课堂互动等 12 个专题实训资源及案例库,为高校教师专业能力发展创建了先进的数字化学习空间和精准化的训练平台。

（五）制订了教师专业能力发展多元化评价标准，促进教师专业能力全面提升

学校基于教师专业能力的层级结构，制订了针对新任教师、骨干教师和优秀教师的专业能力标准，建立了"诊断评估—专题辅导—个性化咨询与指导—不称职淘汰"的教师专业能力发展保障机制，对教学优秀教师进行表彰，教学困难教师进行一对一咨询和指导。

## 二、成果的应用

通过系统化的培养，陕西师范大学教师的专业能力整体得到显著提高。

（一）推动本校教师专业能力提升

一是快速提升新手教师基本教学能力。2010 年以来，共组织开展新入职教师岗前培训和高校教师网络培训各 8 期；2014—2017 年，组织开展教学能力发展培训 4 期。对新入职教师的基本教学能力进行系统训练，有效帮助新手教师建立科学的教学思想及理念，迅速掌握基于学生学习规律的教学方法和技巧，累计培训 1 332 人次，实现青年教师全覆盖。

二是以赛促进青年教师教学能力提升。连续 10 年举行"青年教师教学基本功大赛"，开展"教师实验教学技能创新大赛""课堂教学创新大赛"等，组织教师参加陕西省微课教学比赛、全国微课教学比赛，并依托教师教学发展中心提供个性化的教学咨询和指导，通过比赛有效地促进教师教学水平的提升。自 2008 年以来，共有 3 800 余人参加了校级教学比赛，800 余人次受到个性化指导，29 部作品在陕西省微课教学比赛中获奖，其中，一等奖 14 项，二等奖 6 项，三等奖 6 项，优秀奖 3 项；9 部作品在首届全国微课教学比赛中获奖，其中，一等奖 1 项，二等奖 2 项，三等奖 2 项，优秀奖 4 项，位居全国高校前列。一大批优秀青年教师通过教学比赛脱颖而出，成为学校教学工作的中坚力量。

三是全面提高骨干教师信息化教学水平。组织开展基于翻转课堂、对分课堂、BB 平台等混合式教学和 MOOC、SPOC 等网络课程建设为主要内容的专题培训、工作坊等，提高教师应用信息化技术的能力，有效地促进学生学习方式的转变和课堂教学质量的提高。依托 Blackboard 网络教学平台，分 4 批立项建设了校级信息化示范课程 210 余门，教师在平台上自行建设 100 多门，近 1 000 名教师积极参与，占全校教师人数的 62.5%，其中有 150 余门课程已成功在 Blackboard 网络教学平台上开展教学实践。

四是有效推进优秀教师教学学术发展。引导和组织教师开展围绕教学本质的教学模式、教学改革、教师教育研究，将教学改革研究、教学成果推广应用与教学实践相结合。自 2008 年以来，共立项建项 849 个教改项目，其中校级教学改革研究项目 405 项，教师教育研究项目 305 项，教学模式创新项目 139 项；承担陕西省高等教育教学改革研究项目 38 项，总计资助经费约 1 690 余万元。

五是不断培育优秀教育教学成果。自 2008 年以来，学校建成国家级精品开放课程 21 门、省级精品资源共享课程 42 门；获评国家级教学名师 2 人、省级教学名师

15人;获评国家级教学团队3个、省级教学团队28个;评选校级教学成果奖109项,获得国家高等教育教学成果奖3项、省级教学成果奖45项;共评选校级教学成果奖123项,教师先后获得国家高等教育教学成果奖一等奖1项、二等奖7项;获得陕西省高等教育教学成果奖70项,其中特等奖10项、一等奖18项、二等奖42项。

(二)引领兄弟院校教师教学发展

一是接待国内外高校观摩学习。教师专业能力发展中心自建成以来,先后有清华大学、北京大学、浙江大学、北京师范大学、美国密歇根大学、美国纽约州立大学等国内外高校来陕西师范大学观摩学习,接待的国(境)内外高校、单位及教育团体观摩学习交流共计900余人次。

二是指导教师教学发展中心建设。基于陕西师范大学教师教学发展模式和理念,指导兰州大学、肇庆学院、青海师范大学、河西学院、广西玉林师范学院等西部地方院校,设计建设教师教学发展中心软/硬件环境,构建教师教学发展运行模式及服务体系。其中,肇庆学院省级中小学教师发展中心受到了教育部教师工作司王定华司长的称赞。

三是促进西部高校教学水平提升。将陕西师范大学教师专业能力发展模式推广运用于"陕西省高等院校中青年教师职业素养及教学能力专题培训班""全国高校教师教学能力提升高级研修班""教师教学发展中心西北联盟'微课与信息化教学'研修班""云南省高等学校教师培训管理者培训班""西部高校青年教师教学能力提升培训班""陕西高校青年教师教学能力提升专题培训班""中西部高校新入职教师国培示范项目"等,先后为北方民族大学、空军工程大学、西安翻译学院、伊犁师范学院、青海师范大学、昌吉学院、西南科技大学等省内外200余所高校累计培训教师6 600余人次,组织省内外高校教师开展网络课程集中学习和网络课程在线学习33 900余人次。

四是举办全国或区域学术会议及活动。积极承担全省高校教师微课大赛、西北地区教师教学技能大赛等,主办"陕西高校课堂教学观摩周",全省89所普通高校的585名教师参与了观摩活动,观摩数达1 890人次,举行集中互动交流活动5场次,参与教师200余人次,引领示范,促进教学能力提升。

### 三、成果的社会影响与评价

(一)获得党和国家领导人、教育部领导的赞誉

党和国家领导人,教育部、省、市相关领导先后30余人次莅临学校视察指导工作。国务委员刘延东莅临中心视察后指出:"刚才看了教师专业能力发展中心,做得很好,希望陕西师大再接再厉,继续努力。"教育部原副部长李卫红莅临中心视察时指出:"该中心解决了国内许多年想解决但又一直没有解决的问题,探索出了一条教师专业能力有效发展的途径。像陕师大这样的硬件条件和理念,要给全国做出表率、做出示范。"

(二)受教育部邀请推介教师教学发展成果

学校受邀参加"西北地区高等学校教师教学发展中心联盟会员大会""中国高

校教师教学发展中心的协作与共赢"圆桌会议,教育部高等教育司、教师工作司举办的各类研修班等,通过做报告、座谈等形式,推介陕西师范大学教师专业能力发展工作的经验和做法;2017年举办"全国高校教师教学发展研讨会",吸引了复旦大学、中国科学技术大学、山东大学、东南大学、西安交通大学、北京师范大学、西北工业大学、兰州大学、重庆大学、西安电子科技大学等50余所高校教师教学中心参加,共同探讨新形势下教师教学发展模式的创新思路。

(三)受到媒体广泛关注

"陕西师范大学多举措创新课堂教学提升教师教学能力"专题报道在陕西省教育厅网站等教育行政主管部门网站进行推介;相关成果《基于教师专业发展的高校教师教学发展探索与实践》《信息技术"点燃"激情飞扬的课堂》《陕师大:创建教师发展新模式》在《中国大学教学》《中国教育报》《中国教师报》等知名教育报刊上发表。

(四)得到国外著名高校认可

鉴于先进的教学理念和丰富的实践经验,与国际知名大学开展教师专业能力发展模式的国际合作,与美国加州大学、美国印第安纳大学、美国西北大学、美国纽约州立大学布法罗分校、美国俄亥俄州立大学、德国应用管理大学以及英国伦敦大学等开展教学研究与实训项目合作。

■ 成果四十

# 校企协同、创新引领,打造"两交叉四融合"菁英班实践育人新模式

(成果编号:2-380)

■ **获奖等级**
二等

■ **完成单位**
西安交通大学

■ **主持人**

徐忠锋,男,1967年生,教授,博士研究生,现任西安交通大学本科生院副院长、教务处处长、创新创业学院院长。曾获得陕西省首批"特支计划"教学名师领军人才、国家教学成果奖二等奖(2项)、陕西省教学成果奖特等奖和一等奖多项、第八届霍英东教育基金会青年教师奖、陕西高校"优秀青年教师标兵"称号等。近5年主持省部级教改项目7项,参编教材3部,主编、参编辅助教材3部,发表高水平教改论文6篇;主持国家自然科学基金项目4项,教育部高等学校博士学科点专项科研基金(博导类)项目1项,发表SCI收录论文20余篇。

■ **团队成员**

徐忠锋,管晓宏,王小华,陈立斌,段玉岗,罗新民,吴莹,陈磊,曹猛,高腾

■ **成果简介**

我国"现役"和"后备"工程师数量均排名世界第一,但在瑞士洛桑发布的《世界竞争力报告》中,标志创新能力的合格工程师数量和总体质量,在参加排名的55个国家中却排在第48位,与发达国家存在着明显差距。为何如此庞大的数量却培养不出卓越工程人才?值得我们深思并付之行动。建校122年,西安交通大学铸就了"起点高、基础厚、要求严、重实践"的办学特色。自2009年以来,先后经过"研究型

大学卓越工程师培养实践教学体系的改革与实践""面向卓越本科人才培养的校企合作育人模式研究与实践"等11个省部级教改项目的研究与实践,明确了以"学科专业交叉,校企协同,模式创建,知行合一培养卓越人才"为指导思想,以改革实践育人机制与方法、创建创新实践育人平台为突破口,以培养面向科技与产业前沿领域具有领军潜质的卓越人才为目标,面向科技与产业前沿,以多学科专业交叉创办菁英班和跨学科交叉创建创新实践平台为支撑,创新引领,首创"四融合"(修读专业方向融合、校企师资融合、培养方法融合和学生素能融合)的实践育人新机制,提出"一一二"实践育人新方法,构建校企协同育人新范式,从而打造了"两交叉四融合"菁英班实践培育卓越人才新模式,推动工程人才培养方法、结构与层次趋向多元、交叉与融合,解决了卓越人才培养过程中实践教育教学普遍存在的3个脱节的突出问题。成果成效显著,理念先进,符合当前新工科教育理念,引领工程实践教育改革发展方向。教育部高等教育教学评估专家组在审核评估报告中认为:"西安交大利用校企合作、教学科研协同创办'菁英班'……为育人水平的持续提高提供资源保障。"以中国高教学会原会长瞿振元教授为鉴定组长的鉴定委员会认为:"本成果创新卓越人才培养新机制、实践育人新模式,符合当前新工科教育理念,引领工程实践教育改革发展方向……达到了国内领先水平,为我国卓越人才培养起到了示范作用,具有很强的应用和推广价值,应加快向其他高校辐射。"

■成果总结报告

## 《校企协同、创新引领,打造"两交叉四融合"菁英班实践育人新模式》成果总结报告

### 一、建设背景

我国在校大学生中工科专业学生约占35%,"现役"和"后备"工程师的数量均排名世界第一。但在瑞士洛桑发布的《世界竞争力报告》中,标志创新能力的合格工程师数量和总体质量,在参加排名的55个国家中却排在第48位,与发达国家存在着明显差距。为何如此庞大的数量却培养不出卓越工程人才?对标《中国制造2025》需求,聚焦国家发展战略,面向未来技术和产业,如何培养具有领军潜质的卓越人才,值得我们深思并付诸实践。通过调研、分析与研究,我们发现,目前在卓越人才的培养过程中实践教育教学方面存在3个脱节的突出问题:

(1)专业设置与社会发展之需求脱节。随着我国社会经济的发展,面向科技与产业前沿,急需多学科专业交叉的复合型卓越人才;而高校工科专业设置大多借鉴苏联模式,普遍存在着专业设置面窄,交叉融合弱,不利于学生交叉融合创新能力培养的问题,难以满足社会发展的需求。

(2)教师工程实践能力与实践教学改革创新之需求脱节。我国高校,特别是一

流大学教师发展轨迹多从"高校"到"高校",选拔、考核与晋升主要看论文、数项目。由此产生三大问题:一是教师工程实践能力欠缺,创新实践教学引领不足;二是实践教学内容单一,问题导向、学科交叉、项目驱动实践育人功能不足;三是实践教学方法陈旧,难以兼顾学生团队协作精神与个性化发展融合培养。

(3)创新实践平台与卓越人才创新能力培养之需求脱节。我国以工科人才培养为主的高校,过去均建有校办工厂,"工匠精神"培养卓有成效。现在这些工厂关闭,取而代之的是以各类教学实验中心、工程训练中心等为主的实践教育平台,学科相对单一,难以支撑学生开展综合性、交叉性较强的科创类项目。高校自身还没有建立起能够满足卓越人才培养的创新实践平台,企业参与度又低,尚未形成校企融合为学生营造复杂工程实践环境的有效机制。

"三个脱节"问题是工科专业卓越人才培养中普遍存在的问题,制约创新能力、团队合作能力、解决复杂工程问题能力等的培养,难以支撑国家对具有领军潜质卓越人才的需求。

## 二、建设思路

(1)总体目标。培养面向科技与产业前沿领域具有领军潜质的卓越人才。

(2)指导思想。学科专业交叉,校企协同,模式创建,知行合一培养卓越人才。

(3)秉承的原则。校企协同,交叉融合,创新引领。

(4)改革突破口。创新实践育人机制与方法;创建跨学科交叉创新实践育人平台。

(5)改革的整体思路。

"两交叉"建班建平台:面向科技与产业前沿选择方向,与相应龙头企业、著名科研院所合作,学科专业交叉创办菁英班(图40-1);校企协同创建跨学科交叉创新实践教育平台。

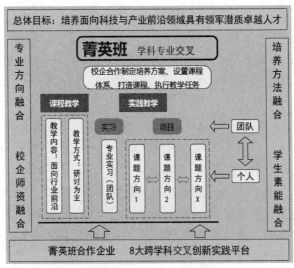

图40-1　菁英班建设思路

"四融合"创建实践育人机制:修读专业方向融合,校企师资融合,培养方法融合和学生素能融合。

"一一二"创新实践育人方法:一队一策双师资,一人一题双导师。

"互利共赢"构建校企协同育人范式:企业与高校互利共赢,学校获得适合多学科交叉融合的综合型工程人才培养实践环境,融合了企业师资,培养了卓越人才;企业则收获卓越人才、创新思维和优秀科研实践成果。

### 三、菁英班现状

学校采取科教结合、校企合作协同育人模式,与国内外著名科研院所和龙头企业合作举办菁英班,是学校创新本科生培养方式的一种尝试;是走出校门,引入优质资源,弥补自身短板,引导学生学以致用、以用促学,培养卓越工程人才的组成部分。2012年创建"自动化"菁英班,通过3年实践探索与完善,2016年又新增了3个菁英班,2017年达到7个菁英班,2018年达到12个菁英班,2019年达到15个菁英班,共培养优秀学子454人,已形成可复制、可推广的"两交叉四融合"菁英班卓越人才培养新模式。

### 四、菁英班运行模式

1. 学科专业高度交叉,面向科技与产业前沿创办菁英班,实现学生原修读专业方向与菁英班修读方向的融合培养

(1)方向选择。学校面向科技与产业前沿,创建了云计算、大数据与人工智能等模式多元的菁英班,强化专业交叉融合,满足了卓越人才复合型能力培养的需求。

(2)培养要求。为学有余力的学生创造开放性、不设天花板的学习和成长空间。菁英班学生修读原专业(本科生约155学分)外,同时为达成卓越人才培养要求为菁英班定制了1年或2年制培养计划,实现原修读专业方向与菁英班前沿方向的融合培养。

(3)学生选拔。采用校企联合专家组面试的形式,不分学科专业、不分年级、不分身份(本科生、硕士生和博士生),组成多层次人才融合培养的菁英班。

2. 校企双方师资融合,打造新型交叉课程,创新人才培养方法,实现学生科学素养与创新能力的融合培养

(1)校企协同范式。校企师资协同,制订培养方案、构建课程体系,贯穿学生培养全过程。在课程内容上,面向科技与产业前沿,合作打造交叉类课程10门;在教学方式上,由企业资深专家和不同专业的教师组成教学团队,理论教学以研讨式为主,实践教学采用项目驱动方式。通过校企协同,破解了实践教学内容单一、高校教师自身创新实践教学引领不足的问题(图40-2)。

(2)"一一二"实践育人方法。由3~5名菁英班学生组成一个面向科技与产业前沿的项目团队,制订一个培养计划,由校企双师资共同完成。团队中的每个学生,主导一个项目中的前沿方向课题,由学校和企业组建双导师指导(图40-3)。

累计50位企业专家和25位学校教师指导了20个菁英班学生团队,实现学生

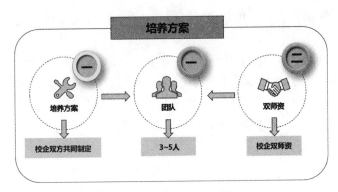

图 40-2　一队一策双师资

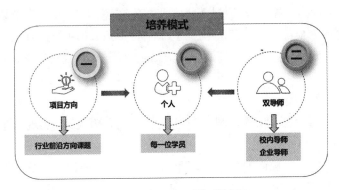

图 40-3　一人一题双导师

团队合作精神与个性化发展融合培养。项目团队面向校企联合导师组答辩,依据项目团队及个人完成情况进行成绩评定。

案例分析。以云计算菁英班的一个团队为例,团队成员由杨硕、邵琛蓉、李美娜3人组成,在校企导师的共同指导下,开展科创计划项目"交通大数据拥堵预测及通行模式挖掘"研究,每个学生负责项目的不同方向。为了支撑科创计划项目的研究,在专业实习环节,导师将李美娜、杨硕分至 IaaS 服务产品部,在企业导师的指导下参与公有云 IaaS 层云服务开发,学习公有云基础架构、云服务开发上线流程、OpenStack 架构等;邵琛蓉被分至 FusionInsight 数据洞察开发部,参与 FusionInsight 大数据平台产品研发,熟悉和掌握业界热门的 Hadoop 架构。在校企双方导师的指导下,经过3人的分工协作和共同努力,他们的科创计划项目在全国参赛者中脱颖而出,获得了以技术服务生活的创新性比赛"公有云开发者大赛"第三名(图 40-4)。

3. 创建8个学科高度交叉创新实践平台,支撑菁英班实践育人新模式落地生根

(1)建设方法。学校秉承学科高度交叉的原则,每个平台涵盖至少4个学科融合建设,突破了原有平台的单一学科桎梏。采用一个学科主导,联合多个学科,并引入华为、陕鼓、NI 等知名企业,建设了机电一体、新能源、智能微网等8个跨学科交叉创新实践平台,支撑了实践培育菁英班学生创新能力的需求(图 40-5)。

## 成果四十
校企协同、创新引领,打造"两交叉四融合"菁英班实践育人新模式

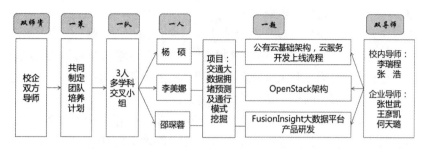

图 40-4 云计算菁英班"一一二"实践育人新方法案例

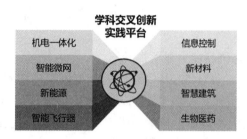

图 40-5 八大学科交叉创新实践平台

(2)平台功能。以校企协同为保障,校企联合建设平台,校企导师合作进行指导;以问题需求为导向,项目来源于实际问题;以综合项目为纽带,支持菁英班学生团队开展项目实践。

**五、成果的创新点**

1. 首创"四融合"实践育人新机制

校企协同学科专业交叉建设菁英班,校企协同共创跨学科交叉创新实践教育支撑平台,达到学生修读专业方向、校企师资、实践育人方法和学生素能的"四融合"。首创卓越人才培养新机制,为面向未来工程技术领域的卓越人才培养探索出了一条新路。培养理念符合当前新工科教育理念,引领工程实践教育改革的发展方向(图 40-6)。

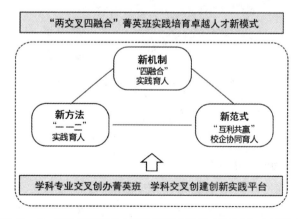

图 40-6 "两交叉四融合"菁英班实践培育创新人才新模式

### 2. 提出"一—二"实践育人新方法

根据菁英班学生的培养需求,融合学生团队合作精神与个性化发展,提出"一—二"的实践育人新方法,即"一队一策双师资"和"一人一题双导师",培养学生解决复杂工程问题的能力,为卓越人才的培养提供了一种新型的可推广、可复制的方法。

### 3. 构建"互利共赢"的校企协同育人新范式

校企深度协同,制订培养方案,构建课程体系,贯穿学生培养全过程。学校在合作中获得适合多学科交叉融合的综合型工程人才培养实践环境,融合了企业师资,培养了卓越人才;企业则收获卓越人才、创新思维和优秀科研实践成果,形成互利共赢的校企合作新范式,打造了卓越人才培养的试验田和新高地。

## 六、建设成效

### 1. 学生科学素质与创新能力显著提升

菁英班累计培养学生454名,其中云计算菁英班累计培养学生116名,学生在学业与德育成绩、社会实践和科技创新活动等方面的表现均有显著提升。以2018年菁英班结业学生为例,菁英班本科生和研究生获得奖学金的比例分别为57.5%和16.67%,分别比全校对应学生获奖的比例高出20.11%和11.03%;本科生国内升学率比全校本科生高出22.13%,出国出境留学学生比率比全校本科生高出5.75%。菁英班毕业生就业单位集中在百度、搜狗、阿里巴巴、腾讯、字节跳动、大疆等行业龙头企业。以云计算菁英班为例,在90名毕业生中,46.6%的学生选择继续深造,53.4%的学生签约百度、搜狗、中电科28研究所等企事业单位工作,去华为技术有限公司工作的学生占到就业人数的73%,形成了良好的人才培养及输出闭环。

菁英班合作企业对菁英班学生的"道德品质""工作态度与积极性""责任担当精神""工程实践能力""工作适应能力""学习与再创造能力"等6项指标评价的分值接近满分(图40-7)。

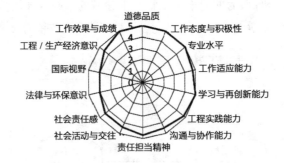

图40-7 合作单位对菁英班学生各项能力达成情况的评价结果

### 2. 师资队伍结构明显优化

菁英班引进天舟一号应用系统总师、奇虎360首席隐私官、百度云首席数据科学家等113名行业顶级专家,仅华为菁英班就引进了华为CLOUD BU的50名行业顶级专家为学生授课、指导。校企师资融合为学生授课、指导创新实践项目,有效弥补了西安交通大学师资队伍工程实践能力不足的问题,优化了实践教学师资队伍结构。

3. 校内外实践资源显著增强

2010年以来,学校投资3 160余万元,合作企业捐赠1 990余万元,构建了机电一体、新能源、智能微网等8个跨学科交叉创新实践平台,有效支撑了菁英班学生开展创新实践活动,并辐射至全校学生。菁英班学生依托交叉创新实践平台参加国家级、省级大学生创新创业项目和国内外各类竞赛100多项,获得国际、国内一、二等奖28项,如获得2017年VEX机器人世界锦标赛和2018年SAE国际航空设计大赛世界冠军。其中,云计算菁英班学生表现非常突出,获得第三届中国"互联网+"大学生创新创业大赛国赛金奖、美国大学生数学建模竞赛Honorable Mentions奖等。

4. 全国各类大会报告及媒体反响

围绕菁英班人才培养模式,在"2017首届中国高校创新创业教育联盟年会""第二届中国高等工程教育峰会"等全国重大会议上做主题报告4次,邀请报告12次。

菁英班人才培养理念被国务院教育督导委员会办公室编印的《教育督导决策参考》专题报道,并受到中国网、《中国青年报》和《中国教育报》等媒体的报道。

## 成果四十一

# 以提升学生实践与创新能力为核心的"多学科融合式"基础实验教学探索与实践

（成果编号:2-399）

### ■获奖等级
二等

### ■完成单位
陕西师范大学

### ■主持人
张尊听,男,1965年生,教授。现任陕西师范大学基础实验教学中心主任。长期从事天然药物有效成分的提取、分离和结构修饰工作,开展杂环和稠杂环化合物的合成研究。主讲《有机化学》《有机化学实验》《有机分析》《天然有机化学》《波谱学》和《大学科学实验》等课程,主编《大学科学实验》教材和参编《植物化学》（普通高校"十三五"规划教材）、《中级有机化学》和《综合化学实验》等教材3部。主持国家自然科学基金项目4项、省部级项目4项、横向课题6项。申报国家发明专利18项,其中15项已获得授权。在《Org. Lett.》《J. Org. Chem.》《Green Chem.》《中国科学B辑（化学）》等国内外刊物上发表学术论文100余篇,其中SCI论文80余篇。2007年、2018年获得陕西省高校科学技术奖一等奖,2008年获得陕西省人民政府科学技术奖二等奖。2017年获得陕西师范大学教学质量优秀奖和陕西省高等教育教学成果奖特等奖,2018年获得高等教育国家级教学成果奖二等奖。

### ■团队成员
张尊听,白云山,杨万民,张宗权,段玉峰,刘志存,彭菊芳,秦健,张玉梅,闫生忠,苏惠敏,强雪

### ■成果简介
为了充分发挥基础实验教学环节在学生实践与创新能力培养方面的先导性和

基础作用,针对单学科基础实验教学难以适应跨学科、复合型、创新型人才培养的问题,自2008年以来,陕西师范大学以"打通学科壁垒、夯实基础训练、强化实践能力、启迪创新思维"理念为指导,融合全校基础实验教学资源,融合不同学科教学队伍,融合不同专业的实验课程内容,融合分散化的教学管理,实现了多学科基础实验教学的教学资源共享、教学队伍共建、教学活动共度、教学问题共商,形成了"多学科融合式"基础实验教学模式。在本科基础实验教学阶段,建成了适应新时代人才培养需求的多学科无缝交互的实验实践平台;构建了以提升学生实践和创新能力为核心的多学科融合课程体系;建设了一支规模化、高水平的基础实验教学与研究队伍;创建了以"四融四共"为特色的多学科融合基础实验教学管理体制和运行机制。

在"多学科融合式"基础实验教学实践中,学校打破单学科基础实验教学条块化管理与独立运行的体制与机制,设立了由主管校长、各职能部门负责人、学院教学副院长及专家教授组成的学校实验教学指导委员会,协调与决策全校基础实验教学中的重大问题;建立融物理、化学、材料、生物、地理、食品和计算机等7个一级学科的校级基础实验教学中心,负责全校基础实验教学的管理与运行。新的管理体制与机制为多学科融合基础实验教学的实施,提供了组织保障。经过7年的探索与实践,有效地解决了基础实验教学在跨学科、复合型、创新型人才培养中存在的几个问题:

(1)单学科基础实验教学资源有限,难以支撑跨学科实验教学对资源多样化及集成性的需求。单学科基础实验教学资源分散、统筹使用困难、资源利用率低,无法保障跨学科实验教学对资源的优化配置。

(2)单学科基础实验教学队伍缺乏学科群体优势,难以有效承担多学科融合的实验教学。单学科基础实验教学队伍人员分散、被边缘化以及专业技能和学术水平提升困难等主客观因素,制约了基础实验教学队伍知识结构的优化和创新活力的激发。

(3)单学科基础实验内容学科融合度低,难以满足跨学科、复合型、创新型人才培养的需求。单学科基础实验教学内容缺乏学科交叉融合,限制了学生知识视野的拓展与综合能力的培养。

(4)单学科基础实验教学管理体制和运行机制,制约了教学资源、教学队伍、课程内容的有效融合。单学科基础实验教学的条块化管理和分散运行,限制了多学科融合对教学资源配置、教师队伍建设和课程内容革新。

■成果总结报告

## 《以提升学生实践与创新能力为核心的"多学科融合式"基础实验教学探索与实践》成果总结报告

为了充分发挥基础实验教学环节在学生实践与创新能力培养方面的先导性和

基础作用，针对单学科基础实验教学难以适应跨学科、复合型、创新型人才培养的问题，陕西师范大学以"打通学科壁垒、夯实基础训练、强化实践能力、启迪创新思维"理念为指导，融合全校基础实验教学资源，融合不同学科教学队伍，融合不同专业的实验课程内容，融合分散化的教学管理，实现了多学科基础实验教学的教学资源共享、教学队伍共建、教学活动共度、教学问题共商，形成了"多学科融合式"基础实验教学模式。在本科基础实验教学阶段，建成了适应新时代人才培养需求的多学科无缝交互的实验实践平台；构建了以提升学生实践和创新能力为核心的多学科融合课程体系；建设了一支规模化、高水平的基础实验教学与研究队伍；创建了以"四融四共"为特色的多学科融合基础实验教学管理体制和运行机制。经过 7 年的教学实践，取得了一系列可喜成绩。学生实践与创新能力普遍提升，承担国家级大学生创新创业项目 534 项，在国际、国内实践创新竞赛中获奖 2 300 余人次；教师教研水平普遍提高，获得省部级以上教学奖 13 项，创制科教仪器 60 种，获得授权专利 62 件，获奖 29 项，发表教改论文 136 篇，出版实验教材 16 部；成果社会影响度不断扩大，先后有 35 所兄弟院校到中心访问交流、借鉴成果，产生了良好的社会效益。

**一、背景与问题的提出**

在 21 世纪的今天，社会发展对人才"规格"的要求更加多样化。跨学科、复合型是目前社会对人才要求的主旋律，但最本质的要求还是其创新能力。跨学科、复合型、创新型人才的培养是一个系统工程，实验教学是高等院校训练学生实践技能和知识综合运用能力、培养学生创新精神的重要环节。而基础实验课作为高等院校理工科学生的首门实践类课程，在学生创新与实践能力培养方面的先导性和基础作用并未得到充分发掘。特别是长期以来高校基础实验教学普遍采用单科独进的教学模式，往往侧重的是本专业知识的系统性传授，而忽视了学生交叉型知识结构的形成，限制了学生科学视野的拓宽和综合能力的培养，不利于跨学科、复合型、创新型人才的培养。

高校基础实验教学在跨学科、复合型、创新型人才培养中普遍存在的几个问题：

(1) 单学科基础实验教学资源有限，难以支撑跨学科实验教学对资源多样化及集成性的需求。单学科基础实验教学资源分散、统筹使用困难、资源利用率低，无法保障跨学科实验教学对资源的优化配置。

(2) 单学科基础实验教学队伍缺乏学科群体优势，难以有效承担多学科融合的实验教学。单学科基础实验教学队伍人员分散、被边缘化以及专业技能和学术水平提升困难等主客观因素，制约了基础实验教学队伍知识结构的优化和创新活力的激发。

(3) 单学科基础实验内容学科融合度低，难以满足跨学科、复合型、创新型人才培养的需求。单学科基础实验教学内容缺乏学科交叉融合，限制了学生知识视野的拓宽与综合能力的培养。

(4) 单学科基础实验教学管理体制和运行机制，制约了教学资源、教学队伍、课程内容的有效融合。单学科基础实验教学的条块化管理和分散运行,限制了多学科融合对教学资源配置、教师队伍建设和课程内容革新。

## 二、研究与规划

2008年,陕西师范大学为适应社会发展对复合型、交叉型、创新型人才的需求,解决传统单学科基础实验教学模式不能适应跨学科、复合型、创新型人才培养的问题,明确了以"打通学科壁垒、夯实基础训练、强化实践能力、启迪创新思维"为理念,在本科生通识教育阶段(一、二年级)的基础实验教学环节强化学生实践与创新能力的培养。

在历经3年充分调研论证的基础上,2011年陕西师范大学设立了由主管校长、教务处、实验室建设与管理处等职能部门负责人,相关学院教学副院长和资深专家教授组成的基础实验教学指导委员会,负责全校基础实验教学实验室的规划建设、资源配置、实验课程大纲审定等重大问题决策。改革多年来形成的各学科基础实验教学独立进行的传统教学模式,成立了物理、化学、材料、生物、地理、食品、计算机等多学科融合的基础实验教学中心,对全校基础实验教学实验室进行集中管理、整体规划、统一建设,负责组织日常实验教学及教研活动。建立了由基础实验教学指导委员会决策和基础实验教学中心为执行机构的管理新体制,从组织上保障了"多学科融合式"基础实验教学模式的实施。

"多学科融合式"基础实验教学以"四融四共"为特点,即将全校的实验教学资源融合、不同学科的教学队伍融合、不同专业的实验课程内容融合、分散的条块化管理融合,建立教学资源共享、教学队伍共建、教学活动共度、教学问题共商的运行机制,发挥了基础实验教学在学生创新思维与实践能力培养方面的先导性和基础作用。

自2011年以来,在"基于'以赛促教、以赛促学、教学互动'的高校课堂教学改革创新机制与实践""陕西省通用技术区域推进策略研究"等国家级、省级教学改革项目支持下,多学科融合的基础实验教学在教学模式改革、新课程体系建立、教学资源优化和管理机制创新等方面进行了探索和实践,为跨学科、复合型、创新型人才的培养奠定了坚实的基础。

## 三、建设过程(解决问题的方法)

"多学科融合式"基础实验教学是对单学科基础实验教学的系统性、综合性改革,以"打通学科壁垒、夯实基础训练、强化实践能力、启迪创新思维"理念为指导,涉及实验教学模式改革、教学资源整合、课程体系变革、管理机制创新等多个方面。

(一)融合教学资源,建立提升学生实践和创新能力的实验实践平台

(1)集中基础实验教学资源。将物理、化学、材料、生物、地理、食品和计算机等7个学科的实验教学资源集中统一管理,实现了基础实验教学人员、实验室、建设经费和仪器设备等的统一管理和优化配置。

(2)建设创新实验实践平台。建设大学生创新训练实践基地、科普实验基地和

大学科学实验室,成立科学教育仪器研发中心,为教师开展多学科融合的应用研究、学生进行创新实验活动搭建了平台。

(二)融合教学队伍,满足提升学生实践和创新能力的师资需求

组织多学科实验教学人员共同参加教学教研活动,激发教学队伍创新活力,优化师资知识结构,提升教学队伍的专业技能和学术水平。

(1)制定基础实验教学管理办法、基础实验任课教师教学规范等制度,规范教学行为;教学委员会日常教学问题督导,保障各学科教学水平与质量共同提升。

(2)采用"初赛+决赛+获奖选手实验教学观摩"的方式,每年举办全校7个学科260多名教师参与的"实验教师教学创新技能大赛",以赛促教、以赛促改。

(3)组织骨干教师和实验技术人员组成光学、电磁学、化学、教育机器人及人工智能虚拟现实等5个研发团队,研制具有自主知识产权的教学仪器60种,改革教学内容和方法,激发队伍活力,提升教学质量;开发虚拟实验仿真软件、VR软件、无人机图像采集处理软件26套,丰富教学内容,促进实验教学人员在学科间更广泛地交流与合作(图41-1)。

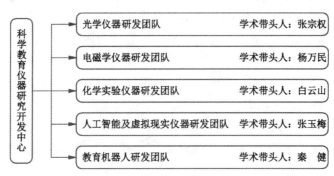

图41-1 科学教育仪器研究开发中心研发团队及学术带头人

(三)融合教学内容,形成有利于提升学生实践和创新能力的课程体系

(1)开发多学科深度融合的通识实验、综合实验和创新实验(图41-2),丰富教

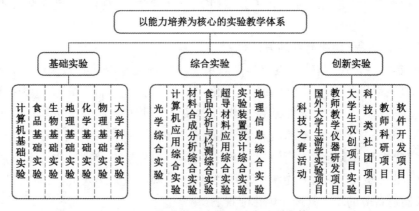

图41-2 多学科融合的基础实验课程体系

学内容,拓展学生的知识视野,扩大学生的实践创新领域,有效促进跨学科、复合型、创新型人才培养。

面向全校学生设计开发通识教育课程的《大学科学实验》。课程内容融合7个学科,涉及自然现象类、生活常识类、实验技术类和信息科学类39个实验项目(图41-3)。

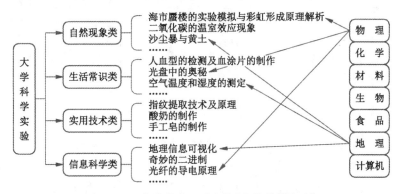

图41-3 多学科交叉融合的《大学科学实验》

(2)开发了多学科融合的《地理信息综合实验》《超导材料应用综合实验》《材料合成分析》等7门综合实验课。

(3)组织学生承担大学生创新创业项目、参与教师科研项目和仪器开发项目。

(4)组织学生参加"科技之春"活动和国外大学生游学实验项目。

(5)年均200多位教师指导学生科技类社团(如问天社、大学生科技协会、计算机科学协会、TRIZ协会、电子协会和"绿之洲"食品学社等)开展活动,丰富创新实验内容。

(四)融合教学管理,为多学科融合的基础实验教学提供组织和实施保障

(1)设立学校基础实验教学指导委员会。基础实验教学指导委员会负责全校基础实验教学规划、资源配置、实验课程设置等决策,协调职能部门及相关学院之间的关系(图41-4)。

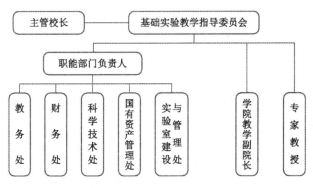

图41-4 学校基础实验教学指导委员会

(2)成立校级基础实验教学中心,承担全校基础实验教学任务,负责实验室的建设和管理工作(图41-5)。

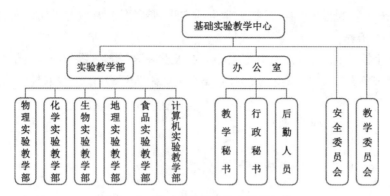

图 41-5 基础实验教学中心组织架构

（3）建立运行保障机制。实行实验室建设统一规划、实验资源统筹调配、教学队伍统一建设、教研活动常规化开展,保障多学科融合基础实验教学的可持续开展。

采用教学资源共享、教学队伍共建、教学问题共商、教学活动共度的"多学科融合式"教学实践运行机制,提升基础实验—综合实验—创新实验课程体系的教学水平。中心制定了《基础实验教学管理办法》《实验课教师教学规范》《实验课教学质量监督、考核、奖励办法》等制度,统一实验教学规范,强化监督管理;组织常态化的教研等活动。

### 四、成效和影响

#### （一）校内实践成效

1. 实验教学资源效能充分发挥

自 2012 年以来,整合 3 个国家级、4 个省级实验教学示范中心的优质资源,建设多学科融合实验实践平台,每年为全校 8 000 余名本科生开设 71 门实验课程,实验项目 573 个;综合性实验课程 7 门,实验项目 156 项及多种形式的创新实验。同时也为机器人协会、问天社、创客空间等学生科技社团,国内外学生游学项目、科技之春、春笋计划、中学生奥林匹克竞赛训练等活动提供技术指导和实践平台。

2. 学生实践与创新能力普遍提升

自 2012 年以来,学生承担大学生创新创业训练项目 534 项,参与教师科研、仪器研发、软件开发、教学改革等项目人数达 4 600 多人。2012 级化学专业何春秀、王之君同学加入白云山副教授研发团队,研发的表面张力测定仪在陕西师范大学及复旦大学等多所大学的本科实验教学中使用。

在全国大学生物理、化学实验邀请赛、"VEX 机器人"世界排名赛、挑战杯、"优利德杯"大学生与研究生自制教具与设计实验展评等国内外实践类比赛中获奖 2 300 余人次;获奖学生人数逐年上升,如全国大学生数学建模赛获奖人数从 2012 年的 66 人增加到 2017 年的 151 人。

面向全校学生开设多学科融合的通识实验课程《大学科学实验》,年均授课 1.5 万人时数,激发了学生的科学兴趣。加入机器人协会、创客空间、大学生科协、问天社、食品学社等科技社团的学生人数从2014年的224人增加到2017年968人,其中文科和术科学生数量增长达30%以上。教育学专业刘宝瑞、赵晓辉等7位同学组队,2016年在中国香港参加了VEX机器人世界排名赛并获得全能奖。

"多学科融合式"基础实验教学培养了大批创新型人才。如任教于广西北海第二实验学校的陕西师范大学2015年教育技术专业毕业生刘洪宁,获得广西青少年科技创新大赛"优秀科技辅导员"称号,指导中学生参加各级科技创新大赛,获得国家级奖1项,省、市级奖29项。

3. 教研活动丰富多彩,成效显著

每年有7个学科260多名教师参加"实验教师教学创新技能大赛";83名教师组成光学、电磁学、化学、教育机器人及人工智能虚拟现实等5个实验教学仪器研发团队;年均220名教师指导1 500余名学生进行科研实践活动。

多学科融合性教研活动培养了大批实验教学骨干,青年教师张琦2016年参加首届教师实验技能大赛获得一等奖,并指导本科生参加第十届全国大学生化学实验邀请赛获得一等奖,参编有机化学实验教材1部,已成为有机化学实验教学的骨干。张宗权教师的光学仪器研发团队研制教学仪器15种,获得发明专利32件,在全国物理实验教学仪器展评中获得一等奖3项,2016年晋升为正高级实验师。

自2012年以来,教师承担各类实验教改项目149项,获得省部级以上教学实践类奖项13项,创制科教仪器60种,获授权专利62件并获奖29项,发表实验教改论文136篇,出版实验教材16部,开设中国大学MOOC课程《如何做创客教育》。

(二)校外成果推广

1. 多学科融合的基础实验教学模式形成有效辐射

基础实验教学中心积极参加全国各类实验教学会议,相关成果受到与会专家的好评,如张尊听教授在第十六届全国高等师范院校化学课程结构与教学改革研讨会上做《多学科融合式基础实验教学体系的建立与实践》报告,张宗权正高级实验师在全国高校第十三届物理实验教学研讨会上做《渐进式拓展型系列物理实验仪器研制与应用》报告,杨万民教授在中国澳门2017科技周暨中华文明与科技创新展上做《磁悬浮技术及其应用》报告,均受到了与会专家的广泛关注和高度评价。杨万民教授开发的超导磁悬浮系列实验在2017全国科学实验展演汇演活动中获得一等奖。张宗权团队研发的梯度折射率光学实验仪在第四届全国高等学校自制实验教学仪器设备评选活动中获得二等奖。

北京大学、西安交通大学、福州大学、上海大学、湖北大学、西北师范大学、山东师范大学、德国萨尔兰大学等35所国内外院校同行多次来中心调研多学科融合基础实验教学管理体制和运行模式。

教育部装备研究与发展中心副主任李平指出,"这种大规模融合共享实验教学管理模式值得在高校实验教学中推广";清华大学武晓峰教授认为,"多学科穿插融合的实验教学体系有利于复合型创新性人才的培养"。

湖北大学借鉴本成果建立了多学科融合的实验实训中心,解放军边防海防学院依托该中心建立了"边海防学院实验教学基地"。

有关多学科融合式基础实验教学成果的新闻报道达百余篇,在《西安日报》、腾讯网、科学网、西部网、陕西新闻网等媒体追踪报道。

2. 自主研发成果得到广泛应用

创制的超导磁悬浮列车模型装置、表面张力测定仪、梯度折射率光学实验仪等分别推广到法国国家科研中心、复旦大学、西北工业大学、上海大学、西北大学、长安大学、青海师范大学等26家单位。自制的气体发生器、氢气在氯气中燃烧反应装置等在西安铁一中、西安高新一中等96所中学应用。师生共同研发的虚拟实验仿真软件、VR软件、无人机图像采集处理软件等推广到河南师范大学、福建师范大学等102家单位。

### 五、成果的创新点

"多学科融合式"基础实验教学是对基础实验教学的系统性、综合性改革,涵盖课程体系融合、教学资源整合、教学队伍建设、管理机制创新4个方面。在"打通学科壁垒、夯实基础训练、强化实践能力、启迪创新思维"理念指导下,通过"四融四共"管理体制与运行机制的实施和学生、实验教学人员全员参与以及学校多个职能部门与基础实验教学中心的联动,突破了单学科基础实验教学模式,实现了人力、物力、财力等实验教学资源效能的最大化,受益面覆盖全体本科生。主要创新点包括以下几个方面:

(1)课程体系创新。形成了多学科融合的"基础性实验—综合性实验—创新型实验"课程体系。发挥多学科融合的实验教学资源优势,拓展基础性实验内容;开设多门深度融合多学科内容的综合性实验课程;突破学科界线,开发不同形式的创新型实验,有效促进了跨学科、复合型、创新型人才的培养。

(2)实验实践平台建设创新。建立了多学科融合的实验教学平台。整合多学科实验教学资源,建立面向全校不同专业学生的多学科融合科普实验基地、大学科学实验室和大学生创新训练实践基地,全方位开放实验室,提升学生的实践与创新能力。

(3)教学队伍建设创新。建设了多学科融合规模化的基础实验教学队伍。采用"教学资源共享、教学队伍共建、教学问题共商、教学活动共度"的实验教学管理运行机制,促进不同学科间人员的交流合作,丰富教学教研活动,有效激发了实验教学队伍的创新活力,建设了一支多学科融合的专业化基础实验教学与研究队伍。

(4)管理体制机制创新。创建了提升学生实践和创新能力需求的实验教学管理体制与运行机制。通过学校顶层设计成立的多学科融合校级基础实验教学中心,协同全校多个单位联动,打破单学科管理体制的束缚,实现人力、财力及实验室资源的集约化管理,使学生既成为教学改革的受益者,又成为推动教学改革的发动机,推动基础实验教学管理体制、运行机制和教学体系的全面改革。